律师批注版

条款目的
风险提示
相关案例
法律规定

企业常用合同范本

买卖类合同

Contracts of Purchasement and Sales

骆志生/编著

丛书编写说明

经济活动中,合同无处不在。个人之间的交易需要合同,企业的经营活动更是离不开合同,合同是保障当事人权益的有效手段。但是,合同既是一种合作,又是一场战争,我们必须有足够的战略战术去应对。

我们必须了解,在"白纸黑字"之间,每个合同条款的设置,到底有何目的?隐含着哪些风险?法律如何救济?

1. 丛书宗旨

摒弃简单合同范本罗列,从多角度批注合同范本条款:解读范本条款的设置目的;提示范本条款隐含的风险;提供可参考的相关案例;列出所依据的法律规定。

2. 丛书作者

本丛书各分册作者均由知名律师事务所具有相应业务专长的资深律师、高级合伙人律师担纲。

3. 丛书结构

(1) 基本结构:本丛书由作者根据自身的业务特长,给出合同范本,并从多角度逐条对合同范本进行以下几个方面的批注:

① 条款目的;

② 风险提示;

③ 法律规定;

④ 相关案例。

(2) 特殊安排:个别分册,写作时体例参照"基本结构"作了一些调整,以符合行业特点。

4. 提供合同范本免费下载服务

(1) 丛书文后一般附有完整的合同范本,便于读者整体把握、参考使用。

(2) 丛书出版一定时期后,各分册的"合同范本"将由北京大学出版社第五图书事业部官网(www.yandayuanzhao.com)提供免费下载。

5. 分批出版

本丛书在推出第一批作品后,会陆续推出后续分册。

本丛书可以帮助读者全方位、立体地掌握相关合同制定和审查的要领,是一套实用性极强的合同起草、签约工具书。

编者

2013 年 5 月 12 日

前　言

买卖类合同是经济生活中应用最广泛、最常见的一类合同,无论公民个人还是广大工商业者,在日常生活、生产经营过程中均无法回避,小到家具、家电、日常生活物资,大到房产、工矿产品、机器设备等,可以说与我们的生产、生活息息相关。事实上,一份详细完备、合法合理的买卖合同对买卖当事双方可以进行有效的约束,并保护双方合法权益不受损害。实践中,经常出现因买卖合同条款欠缺或约定不明,导致一方利益严重受损的情形,更有部分企业因买卖合同纠纷而陷入生产经营困境,甚至关闭、破产。因此,深入了解买卖类合同引发的相关法律风险,高度重视相关条款的拟订、审核与履行,做到预防为先,就可以最大限度降低合同风险。笔者结合执业实践中遇到的相关实务问题,对买卖类合同涉及的相关条文逐一进行详细解读,希望能够带给广大读者朋友一些启发。

本书共分四章:

第一章(一般商品买卖合同范本律师批注)就一般商品买卖合同条款中涉及的共性问题进行了详细解读,通过本章的介绍,希望读者朋友能够认识、了解普通商品买卖合同中普遍存在的一些法律风险,并从中找到预防风险的办法,从而减少因潜在合同纠纷所引发的利益受损情形。

第二章(普通商品买卖合同范本律师批注)就普通商品买卖合同中最常见的诸如一般工业品、工矿产品、机器设备、煤炭、家具、商品房、汽车、软件等常用买卖合同条款逐一进行了解读,这些买卖合同虽不能涵盖生产、生活中遇到的全部买卖合同,但希望通过对这些类别合同的解读批注,能够起到抛砖引玉的功效,能够对读者朋友有所启发。

第三章(特殊买卖合同范本律师批注)介绍了几种特殊的买卖合同,如凭样品买卖、试用买卖、分期付款买卖、货物赊欠买卖、招投标买卖、委托拍卖以及易货等,对这些特殊的买卖合同,应引起足够重视。特殊买卖合同的多数条款与普通商品买卖合同并无区别,但对不同的特殊买卖合同中的买方、卖方的要求有其特殊性,出卖人和买受人应结合自身实际情况,作出有利于己方的选择。此外,本章还介绍了在商务往来中,尤其是重大商务合同正式签订前,买卖双方所签署的一类特殊合同即预约合同,主要包括认购书、订购书、预订书、意向书、备忘录等。

第四章(销售组织形式协议范本律师批注)包括商品代销合同、品牌特许经营合同等,详细介绍了此类合同条款中应注意的问题。

我的同事万元律师为本书的编写做了很多工作,帮助搜集整理了大量资料,对万元律师的辛勤付出深表感谢。本书部分章节条款的批注还借鉴、吸收了某些专家、学者的观点、意见,在此一并致谢。最后,非常感谢我的同事徐平律师大公无私的帮助,感谢本书策划陆建华先生、责任编辑王建君女士的辛苦付出。

由于时间仓促,编者水平所限,书中一定有许多不足之处,敬请广大读者朋友能够批评指正。

骆志生

2013 年 5 月

目 录

第一章　一般商品买卖合同范本律师批注 ·············· 001
第二章　普通商品买卖合同范本律师批注 ·············· 053
　一、一般工业品买卖合同 ························· 053
　二、工矿产品订货合同 ··························· 060
　三、机器设备买卖合同 ··························· 063
　四、煤炭买卖合同 ······························· 080
　五、家具买卖合同 ······························· 082
　六、商品房买卖合同 ····························· 086
　　1. 商品房预售合同 ··························· 086
　　2. 商品房现房买卖合同 ······················· 113
　七、汽车买卖合同 ······························· 130
　八、软件买卖合同 ······························· 142
第三章　特殊买卖合同范本律师批注 ·················· 152
　一、预约文书——备忘录、采购意向书、认购书（商品房） ········ 152
　二、凭样品买卖合同 ····························· 154
　三、试用买卖合同 ······························· 161
　四、分期付款买卖合同 ··························· 167
　五、货物赊欠买卖合同 ··························· 176
　六、招投标买卖合同 ····························· 179
　七、委托拍卖合同 ······························· 200
　八、互易合同 ··································· 217

第四章　销售组织形式协议范本律师批注 …………………… 221
　一、商品代销合同 …………………………………………… 221
　二、品牌特许经营合同 ……………………………………… 233
附录一　买卖类合同范本 ……………………………………… 245
附录二　本书涉及的重要法律法规及司法解释 ……………… 363

第一章　一般商品买卖合同范本律师批注

一般商品买卖合同

合同编号：_____

买方：_____（下称甲方）　　卖方：_____（下称乙方）
地址：_____　　　　　　　　地址：_____
邮编：_____　　　　　　　　邮编：_____
电话：_____　　　　　　　　电话：_____
传真：_____　　　　　　　　传真：_____
电子邮箱：_____　　　　　　电子邮箱：_____

● **律师批注**

【条款目的】

确定合同的双方当事人，包括姓名、住所地、联系电话等。

【风险提示】

1. 明确签约主体的基本身份信息

自然人的姓名应当依其合法有效的身份证件或户口簿所载明的姓名为准，笔名、昵称、网名等不能作为订立合同时的姓名。为保证自然人主体的明确，还应当将该自然人的附带身份信息一并列明，具体包括身份证号码、住所地、联系方式；一定情况下，还可将其身份证复印件作为合同的附件以准确确定其身份。

法人或其他组织应当以其在主管部门登记注册的全称为准。法人需要附带列明的基本信息包括住所地、联系方式、法定代表人姓名及职务等，也可以将公司营业执照副本的复印件作为合同附件。

需要特别说明的是，住所地的确定是一个重要事项，关系到交付的履行地的确定，以及发生纠纷时双方沟通联系的渠道。公民以他的户籍所在地为住所，经常居住地与住所不一致的，经常居住地视为住所。公民离开住所地最后连续居住满1年以上的地方，为经常居住地，但因治病就医的情形除外。自然人离开其户籍所在地，尚无经常居住地的，以其户籍所在地为住所。法人的住所地是指法人的主要营业地或者主要办事机构所在地，如果当事人是不具有法人资格的其他组织形式,又没有办事机构的,则应由注册登记地人民法院管辖。

2. 应重点关注签约主体的缔约能力

(1)当事人订立合同,应当具有相应的民事权利能力和民事行为能力。签约主体一方如果是自然人,则应重点关注其是否具有相应的民事行为能力。限制行为能力的自然人只能订立与其年龄、智力、精神状态相适应的合同,其他合同只能由其法定代理人代为订立,或者经法定代理人同意后订立。无行为能力的自然人不能作为合同主体。签约主体一方如果是法人和其他组织,则应考虑该法人和其他组织自身的权利能力,如果法人和其他组织超越经营范围订立合同、尚未设立或已经注销,均有可能导致合同无效。因此,对合同相对方的资格进行审查,必要时应查看对方的营业执照和企业年检资料,确定对方是否为依法注册并有效存续的法律主体,了解对方的经营范围,以及其资金、信用、经营情况,是否具有法定的资格进行合同项下的业务。

因此,对签约主体,无论是自然人还是法人或其他组织,都应依法进行资格审查,对自然人应重点审查其身份证明等证明材料,对法人或其他组织则应重点关注其《法人营业执照》及其年检情况以及其相关的资信情况。

(2)签约的经办人应当有相应的授权,具备对外履行签约手续的权力。一是审查签约主体是否是标的物的所有人或对标的物具有处分权,包括核实标的物来源、相关买卖发票、权利证书、委托代理手续等。二是对合同经办人尤其是签字代表进行身份审查,核实授权委托书,包括该授权委托书签字、盖章是否真实、授权范围是否明确、有无存在涂改之处,以确定对方签约人的合法身份和权限范围,确保合同的合法性和有效性。三是单位内部不具备缔约资格的职能部门订立的合同、法律禁止某些主体订立的特定合同无效。

【相关案例】
例1-1:限制民事行为能力人订立合同的效力待定

李某(13岁)平时迷恋网络,为了偿还自己因上网而拖欠的网吧上网费等,偷偷将家里的电视机卖给王某,后被家人发现,李某的家人要求取回电视机。后双方发生争议,诉至法院。

评析:

在本案中,李某属于限制行为能力人,不具备签订合同的完全行为能力,该合同只有经其法定代理人追认才能生效。由于李某的法定代理人并没有进行追认,因此,李某和王某签订的电视机买卖合同不能生效。限制行为能力人,即10周岁以上未成年人和不能完全辨认自己行为的精神病人,只能订立与其年龄、智力、精神状态相适应的合同,其他合同只能由其法定代理人代为订立或者经法定代理人同意后订立。当然,限制行为能力人可以订立一些纯获得利益而不承担任何义务的合同,如接受奖励、赠与、报酬等。

例1-2 超越经营范围的合同可能无效

2009年3月,A公司得知没有种子经营资质的B公司有"中优402"种子,便签订购买协议。同年3月4日,B公司出具一张盖有该公司公章的"请开具质量合格证和检疫证,该批种子质量我公司负责"的便条给B市种子站,该种子站在既未见到种子,也未对其进行检验的情况下,便出具了质量合格证和植物检疫证书,A公司得到上述证书后,即将1.6万公斤"中优402"种子分销给当地农民。经鉴定,该种子为非"中优402"早稻杂交种子,给农民造成经济损失3 717 540元。随后,A公司诉请法院依法判令B公司、B市种子站、B市农业局等赔偿因买卖假种子给农户造成的经济损失3 717 540元。

评析：

根据《最高人民法院关于适用〈中华人民共和国合同法〉若干问题的解释(一)》第10条的规定,超越经营范围订立的合同在一般情况下是有效的。但是违反国家限制经营、特许经营以及法律、行政法规禁止经营规定的合同除外。B公司在未取得省农业行政主管部门核发的农作物种子经营许可证的情况下,仍进行主要农作物种子的经营,属于无证经营,且A公司也明知其属于无证经营。因此,A公司与B公司签订的农作物种子购销合同应认定为无效合同。

例1-3：表见代理行为的认定

2008年7月至2009年2月,张某在担任A公司实习采购员期间,私刻公章,伪造购货《请购单》、《订购单》和《销售合同》,以A公司名义对外采购,共骗取供货商回扣款14.5万元,后被上海市虹口区人民法院以诈骗罪判刑。在上述期间,张某曾多次在A公司向B公司传真订购单、请购单,在B公司按要求将价值409余万元的货物交给张某后,张某向B公司出具了欠条,并在欠条上加盖了A公司的印章。之后,由于B公司索要货款无着,遂诉请法院判令A公司向其支付相应的货款和违约金。

评析：

本案的争议焦点在于张某的行为是否构成表见代理。表见代理制度从表面上看,是为了维护善意第三方的利益,但其根本目的是维护正常的交易秩序。其中,"相对人有理由相信行为人有代理权"这一制度的核心要件,要结合当前市场交易常规作出判断。

本案中,B公司在审查张某是否具有代理权方面存在明显的过失:

(1)面对不熟悉的客户——A公司和张某,没有要求对方出示代理证书、介绍信、身份证明,未了解和证实对方身份、代理权限和期限,亦未向A公司进行核实,故法院认为B公司缺乏信任张某的事实基础。

(2)未尽到合理审慎的注意义务,张某作为采购员,其购货数量、金额与其职位明显不一致,订货所使用的单据不合常规,交货行为亦存在明显异常。由此可知,公司在交易环节未尽合理审慎的注意义务,在审查张某是否具有代理权方面存在明显的过失。法院依法认定张某的行为不构成表见代理,遂驳回了B公司的诉讼请求。

【法律规定】
《中华人民共和国民法通则》(1987.01.01施行)
第六十三条　公民、法人可以通过代理人实施民事法律行为。

代理人在代理权限内,以被代理人的名义实施民事法律行为。被代理人对代理人的代理行为,承担民事责任。

依照法律规定或者按照双方当事人约定,应当由本人实施的民事法律行为,不得代理。

《中华人民共和国合同法》(1999.10.01施行)
第二条　本法所称合同是平等主体的自然人、法人、其他组织之间设立、变更、终止民事权利义务关系的协议。

第九条　当事人订立合同,应当具有相应的民事权利能力和民事行为能力。

当事人依法可以委托代理人订立合同。

第四十七条　限制民事行为能力人订立的合同,经法定代理人追认后,该合同有效,但纯获利益的合同或者与其年龄、智力、精神健康状况相适应而订立的合同,不必经法定代理人追认。

相对人可以催告法定代理人在一个月内予以追认。法定代理人未作表示的,视为拒绝追认。合同被追认之前,善意相对人有撤销的权利。撤销应当以通知的方式作出。

第四十八条　行为人没有代理权、超越代理权或者代理权终止后以被代理人名义订立的合同,未经被代理人追认,对被代理人不发生效力,由行为人承担责任。

相对人可以催告被代理人在一个月内予以追认。被代理人未作表示的,视为拒绝追认。合同被追认之前,善意相对人有撤销的权利。撤销应当以通知的方式作出。

第四十九条　行为人没有代理权、超越代理权或者代理权终止后以被代理人名义订立合同,相对人有理由相信行为人有代理权的,该代理行为有效。

第五十条　法人或者其他组织的法定代表人、负责人超越权限订立的合同,除相对人知道或者应当知道其超越权限的以外,该代表行为有效。

第五十一条　无处分权的人处分他人财产,经权利人追认或者无处分权的人订立合同后取得处分权的,该合同有效。

《最高人民法院关于适用〈中华人民共和国合同法〉若干问题的解释（一）》(1999.12.29施行)

第十条　当事人超越经营范围订立合同,人民法院不因此认定合同无效。但违反国家限制经营、特许经营以及法律、行政法规禁止经营规定的除外。

《最高人民法院关于适用〈中华人民共和国民事诉讼法〉若干问题的意见》(1992.7.14施行)

第四条　公民的住所地是指公民的户籍所在地,法人的住所地是指法人的主要营业地或者主要办事机构所在地。

第五条　公民的经常居住地是指公民离开住所地至起诉时已连续居住一年以上的地方。但公民住院就医的地方除外。

《最高人民法院关于审理买卖合同纠纷案件适用法律问题的解释》(2012.07.01施行)

第三条　当事人一方以出卖人在缔约时对标的物没有所有权或者处分权为由主张合同无效的,人民法院不予支持。

出卖人因未取得所有权或者处分权致使标的物所有权不能转移,买受人要求出卖人承担违约责任或者要求解除合同并主张损害赔偿的,人民法院应予支持。

> 鉴于甲乙双方经过充分协商,本着自愿及平等互利的原则,根据《中华人民共和国合同法》等有关法律的规定,就甲方向乙方采购产品达成以下买卖协议。

● **律师批注**

【条款目的】

此条为合同订立的法律适用、原则及目的,又称为鉴于条款。

【风险提示】

对于鉴于条款,大多数合同当事人并未给予充分重视,认为可有可无,或者认为是"假大空"条款。但事实上,鉴于条款的作用并不简单。一般而言,鉴于条款主要包括以下几类:第一类,阐明合同当事人签订合同的初衷及希望达成的目的,即目的类鉴于条款;第二类,言明合同签订的背景、所依赖的事实条件或基础性法律行为,即基础类鉴于条款;第三类,描述合同标的物的情况,包括权属状况、物理状况等,即标的类鉴于条款。

鉴于条款一般不直接约定交易条件、交易方式,不直接调整当事人的权利义务,也不涉及违约责任、合同解除条件、纠纷解决方式等重要内容,因此,鉴于条款不是合同的必备条款。合同当事人在拟定、签订合同时,常常忽视鉴于条款的作用。笔者认为,鉴于条款具有重要的作用,尤其在争议发生时,鉴于条款有助于查明当事人的真实意思表示,而且能够减轻当事人的举证责任,能够起到"一招定乾坤"的作用。

在根本违约情形下,目的类鉴于条款有助于保障当事人的法定解除权。《中华人民共和国合同法》(以下简称《合同法》)第94条规定:"有下列情形之一的,当事人可以解除合同:(一)因不可抗力致使不能实现合同目的……(四)当事人一方迟延履行债务或者有其他违约行为致使不能实现合同目的……"因不可抗力或一方违约导致守约方合同目的不能实现时,守约方有权解除合同。但实践中往往对合同目的是否无法实现存在较大争议,如果鉴于条款明确约定了当事人订立合同的目的,将大大减少双方的争议,有助于保障当事人的法定解除权。

【相关案例】
例1-4:鉴于条款的内容构成合同成立的前提条件

2008年2月,国美电器通过竞拍取得三联集团持有的三联商社2 700万股股票,取代三联集团成为三联商社第一大股东。随后,双方就"三联"品牌使用权发生争议。国美电器认为,取得三联商社控制权后完全可以继续使用"三联"商标,并在竞拍成功后在三联商社门店周边连开多家连锁店。三联集团则坚称,三联集团是"三联"服务商标的唯一合法所有人,国美接盘后进行同业竞争,三联商社继续使用"三联"服务商标已属侵权。2009年,三联商社向济南市中级人民法院提起诉讼,请求判令三联集团停止将第779479号"三联"商标转让给第三方的行为,判令被告将之无偿转让给三联商社。

评析:

在该案审理中,鉴于条款中的"许可人是被许可人的第一大股东"对三联集团来说显然是极为有利的条款,构成三联集团允许三联商社无偿使用商标的前提条件。三联集团据此答辩称,其已不再是三联商社的第一大股东,三联集团已没有义务继续履行《商标许可使用合同》,三联商社无权要求无偿受让三联商标。

通过在鉴于条款中预设合同签订的背景条件,三联集团取得了诉讼的优势地位,并最终保住了三联商标的品牌使用权。因此,合理地设置鉴于条款,必要时可以达到"四两拨千斤"的奇效,合同各方应当重视其作用,充分利用。2011年6月,三联商社接到济南市中级人民法院一审判决,驳回三联商社的请求;2012年1月18日,本案二审维持原判。

【法律规定】
《中华人民共和国民法通则》(1987.01.01 施行)
第四条 民事活动应当遵循自愿、公平、等价有偿、诚实信用的原则。
《中华人民共和国合同法》(1999.10.01 施行)
第三条 合同当事人的法律地位平等,一方不得将自己的意志强加给另一方。
第四条 当事人依法享有自愿订立合同的权利,任何单位和个人不得非法干预。
第五条 当事人应当遵循公平原则确定各方的权利和义务。
第六条 当事人行使权利、履行义务应当遵循诚实信用原则。
第九十四条 有下列情形之一的,当事人可以解除合同:
(一)因不可抗力致使不能实现合同目的;
……
(四)当事人一方迟延履行债务或者有其他违约行为致使不能实现合同目的;
……
第一百二十五条 当事人对合同条款的理解有争议的,应当按照合同所使用的词句、合同的有关条款、合同的目的、交易习惯以及诚实信用原则,确定该条款的真实意思。

合同文本采用两种以上文字订立并约定具有同等效力的,对各文本使用的词句推定具有相同含义。各文本使用的词句不一致的,应当根据合同的目的予以解释。

第一条 名称、品种、规格和质量

1. 名称、品种、规格:

_____(应注明产品的牌号或商标)。

2. 质量,按下列第____项执行:

(1)按_____标准执行(须注明按国家标准或部颁或企业具体标准,如标准代号、编号和标准名称等)。

(2)按样本,样本作为合同的附件(应注明样本封存及保管方式)。

(3)按双方商定的要求执行,具体为:_____(应具体约定产品质量要求)。

● **律师批注**

【条款目的】

买卖双方要明确买卖合同的标的物,即明确买卖合同权利、义务指向的对象,同时对标的物的质量标准作出约定。

【风险提示】

1. 关于标的物的名称、权属方面,应当注意以下问题

(1) 对标的物各项指标用语应当规范,避免对标的物名称、品种、规格、质量标准等用语不规范,导致双方当事人对标的物的认识产生分歧。

(2) 核实标的物的权属关系,避免出现无权代理、表见代理等易产生纠纷的情形,买方出于谨慎考虑,应当要求卖方出具标的物权属的证明文件,必要时,还应前往标的物相关主管登记部门调查核实。

(3) 对于法律禁止转让的标的物,应及时终止缔约行为;对于法律限制转让的标的物,应当核实对方有无相关主管部门核发的允许交易的批文。根据我国法律及行政法规的规定,限制转让的标的物主要有:第一,我国实行专卖制度的产品或物品,如烟草、农药、化肥、酒等。专卖商品的经营必须是垄断式的,只有国家指定和特许的企业方可生产、制造、加工专卖商品。专卖必须是国家所为,其他任何组织或个人都不能对某种商品实行独家经营,否则就构成了非法垄断。专利商品不在此限制范围内。第二,在一定期限内不允许自由转让的标的物,如经济适用房未住满5年不允许上市交易;根据有关法律规定,出卖租赁期间的房屋,所有人必须提前3个月通知承租人,在同等条件下,承租人有优先购买权。

2. 标的物质量标准的确定原则

(1) 当事人有约定的依照约定。当事人可以在合同中约定标的物的质量标准,只要该约定不违反法律和行政法规的强行性规定,即可以按当事人约定的标准判断出卖人交付的标的物是否符合要求。

(2) 当事人对合同标的物的质量标准未作约定或者约定不明确的,依《合同法》第61条的规定,可以协议补充;不能达成补充协议的,可以按照买卖合同的有关条款或者交易习惯确定。

(3) 当事人就有关标的物的质量标准未作约定或者约定不明确,依照《合同法》第61条的规定仍然不能确定的,则依《合同法》第62条第1项的规定,按照国家标准、行业标准履行;没有国家标准、行业标准的,按照通常标准或者符合合同目的的特定标准履行。这里的"通常标准"应与国际公约以及国外法律作相同的解释,即符合中等品质的要求。

(4) 出卖人的说明构成对标的物的明示保证。说明是指出卖人向买受

人所作的关于标的物的构造、性能、特征、功用和注意事项等方面的陈述。出卖人在出卖标的物时，往往会通过产品介绍、产品说明书等书面形式或者口头形式对标的物的品质进行说明，如果合同中没有明确约定，但出卖人提供了有关标的物的质量说明的，该说明即构成出卖人对标的物品质的明示担保，如果实际交付的标的物与该说明不符，即属于交付标的物的质量不符合要求。对于这些说明，买受人应当注意保留相关证据，包括宣传资料、录音、通话记录等，在必要时，可作为标的物质量的补充说明。

【相关案例】
例1-5：买卖合同产品质量纠纷
　　2006年4月底，原告天津市某旅游公司向A公司购买B公司生产的某品牌豪华旅游客车，每辆价值37.8万元，从事客运经营。2006年6月初，该旅游公司发现7辆大客车车身均有断裂、开焊等"严重不合格"问题，存在安全隐患。遂与生产商B公司协商，均未得到有效解决。经该旅游公司自行委托某检测站（仅有汽车维修质量鉴定资质）对大客车进行鉴定，确认大客车存在开焊、断裂问题。随后向人民法院提起诉讼。案件审理中，被告A公司拒绝出庭应诉，且其已经成为"皮包公司"。

评析：
　　本案争议的焦点为：鉴定机构没有鉴定资质，能否采纳其鉴定结论；生产商B公司的诉讼地位及应否承担法律责任？
　　1. 鉴定机构没有鉴定资质，能否采纳其鉴定结论？
　　法院通过分析某检测站的鉴定结论认为：《鉴定报告》虽因某检测站无汽车生产质量鉴定资质而存在缺陷，但该鉴定结论所参照的汽车维修质量标准规范对汽车安全系数指标的要求低于汽车生产质量的安全系数指标，故认定某检测站的《鉴定报告》具有重要的参考价值。结合7辆大客车在运行较短时间内规律性出现类似故障，按照日常生活经验判断，大客车生产质量无疑存在缺陷，故法院认为，鉴定结论客观、可信，采纳了该《鉴定报告》。法院裁决：重新指定某检测站另外组织专家对大客车进行鉴定，对有缺陷的鉴定报告通过补充论证，弥补其不足，并将其作为证据采纳，作为定案的重要依据。
　　2. 生产商B公司并非买卖合同对方，其诉讼地位如何确定？应否承担责任？
　　考虑到销售者A公司已经是"皮包公司"，且无实际履行能力，根据《中华人民共和国民事诉讼法》（以下简称《民事诉讼法》）第56条第2款关于"……对当事人双方的诉讼标的，第三人虽然没有独立请求权，但案件处理结果同他有法律上的利害关系的,可以申请参加诉讼,或者由人民法院通知他参加诉讼。人民法院判决承担民事责任的第三人,有当事人的诉讼权利义务"的规定,结合旅游公司提出更换新车,否则退车返还购车款的诉讼请求与生产者B公司有法律上的利害关系,故决定将销售者A公司列为被告,将生产者B公司列为第三人,并最终判决由第三人B公司与被告A公司共同对原告某旅游公司承担民事责任。

【法律规定】

《中华人民共和国合同法》(1999.10.01施行)

第十二条 合同的内容由当事人约定,一般包括以下条款:

(一)当事人的名称或者姓名和住所;

(二)标的;

(三)数量;

(四)质量;

……

第六十一条 合同生效后,当事人就质量、价款或者报酬、履行地点等内容没有约定或者约定不明确的,可以协议补充;不能达成补充协议的,按照合同有关条款或者交易习惯确定。

第六十二条 当事人就有关合同内容约定不明确,依照本法第六十一条的规定仍不能确定的,适用下列规定:

(一)质量要求不明确的,按照国家标准、行业标准履行;没有国家标准、行业标准的,按照通常标准或者符合合同目的的特定标准履行。

……

《中华人民共和国民法通则》(1987.01.01施行)

第八十八条 合同的当事人应当按照合同的约定,全部履行自己的义务。

合同中有关质量、期限、地点或者价款约定不明确,按照合同有关条款内容不能确定,当事人又不能通过协商达成协议的,适用下列规定:

(一)质量要求不明确的,按照国家质量标准履行,没有国家质量标准的,按照通常标准履行。

……

第二条 数量和计量单位、计量方法

1. 数量:_____。

2. 计量单位和方法:_____。

3. 交货数量的正负尾差、合理磅差和在途自然增(减)量规定及计算方法:_____。

● 律师批注

【条款目的】

明确买卖合同标的物的具体数量及计量单位、计量方法。

【风险提示】

(1) 实践中,如对标的物数量计量标准或方法约定概念不清或抽象,比如写成"一车"、"一件"等,由于当事人考虑的角度不同,很可能导致双方对实际供货数量产生分歧。

(2) 对于交货数量的正负尾差、合理磅差和在途自然增(减)量规定及计算方法,行业或有关部门有相关规定的,应当参照相应规定,在合同中注明合理的差额及计算方法;如果没有相关规定,当事人应当自行作出约定。

【法律规定】

《中华人民共和国合同法》(1999.10.01 施行)

第十二条 合同的内容由当事人约定,一般包括以下条款:

(一) 当事人的名称或者姓名和住所;

(二) 标的;

(三) 数量;

(四) 质量;

……

第三条 包装方式和包装品的处理

_____(应尽可能注明所采用的包装标准是否国家或主管部门标准,自行约定包装标准应具体可行,包装材料由谁供应,包装费用的负担)。

● 律师批注

【条款目的】

明确买卖合同标的物的具体包装方式及包装要求。

【风险提示】

在商品买卖中,一般都存在运输、搬运、仓储保管等多个环节,对货物进行必要包装,能够避免货物在交付环节造成损坏。包装,一般由出卖人负责。包装方式包括对包装技术和包装器物的要求。合理的包装方式,应当根据国家或主管部门的相关标准,或者当事人的约定,保证货物交付时质量、品质、性能和外观等不受损害确定。因卖方提供的包装不符合要求致使标的物受到毁损、灭失的,应由卖方承担责任。

对于包装品的使用后的处理,合同也应当作出明确约定,包括买方支付押金,卖方定期回收,或者买方自行处理等。

【相关案例】
例1-6:国际货物买卖合同中的包装条款

中国某工业品进出口公司与澳大利亚某化学制品公司按照FOB广州条件签订了一笔化工原料买卖合同。中国公司在规定的装运期届满前三天将货物装上澳大利亚某化学制品公司指派的中国某香港船公司的海轮上,且装船前检验时,货物品质良好,符合合同规定。货到目的港悉尼,澳大利亚某化学制品公司提货后经目的港商检机构检验发现部分货物结块,品质发生变化。经调查确认原因是货物包装不良,在运输途中吸收空气中的水分导致原颗粒状的原料结成硬块。澳大利亚某化学制品公司遂向中国某工业品进出口公司提出索赔。中国某工业品进出口公司辩称:货物装船前经检验是合格的,品质变化是在运输途中发生的,也就是越过船舷之后才发生的,按照国际贸易惯例,其后果应由买方承担,因此,中国某工业品进出口公司拒绝赔偿。

评析:

根据仲裁机构审理,裁定中国某工业品进出口公司就因包装不当造成的损失承担赔偿责任。理由如下:虽然货物品质发生变化,导致买方损失的情况是发生在运输途中,即越过船舷之后,但损失是由于包装不良造成的,这说明致损的原因是在装船前已经存在了,因此,货物发生损失已带有必然性。这属于卖方履约中的过失,已构成违约。

【法律规定】
《中华人民共和国合同法》(1999.10.01 施行)

第一百五十六条　出卖人应当按照约定的包装方式交付标的物。对包装方式没有约定或者约定不明确,依照本法第六十一条的规定仍不能确定的,应当按照通用的方式包装,没有通用方式的,应当采取足以保护标的物的包装方式。

第四条　交货方式

1. 交货时间:_____。
2. 交货地点:_____。
3. 运输方式:_____(注明由谁负责代办运输)。
4. 保险:_____(按情况约定由谁负责投保并具体规定投保金额和投保险种)。
5. 与买卖相关的单证的转移:_____。

● **律师批注**

【条款目的】

交付方式是买卖合同履行的一个重要环节,明确了买卖合同标的物的具体交付期限、履行地点、运输方式以及保险、附随单证的交付,对买卖合同当事方的具体责任等重要节点。

【风险提示】

1. 交付是买卖合同中风险转移的重要环节

(1) 标的物风险的种类。买卖合同标的物风险产生的事由一般包括以下几个方面:第一,不可抗力。不可抗力是指人不能抗拒的外部力量,不能预见、不能避免并不能克服的客观情况。第二,意外事件。意外事件是指非因人的故意或过失而偶然发生的事故,如碰撞、触礁、搁浅、污染等。第三,第三人过错。有时标的物毁损、灭失的发生,既不是由于不可抗力和意外事件,也不是由于当事人的过错,而是由于合同当事人不能预见的第三人过错所引起的。如果造成标的物的毁损、灭失,则在受损害的合同当事人与该第三人之间发生损害赔偿关系,但在合同双方当事人之间仍然存在风险负担问题。例如,买卖合同涉及运输的,运输过程中因承运人的过错造成标的物毁损、灭失的,在该承运人与受损害的合同当事人之间发生损害赔偿关系,但标的物的毁损、灭失对合同双方当事人来说,仍属需要承担的风险,尤其在承运人不能赔偿或不能全额赔偿时。第四,货物的自然特性。货物的自然特性,又称货物的固有瑕疵或货物的本质瑕疵,是指使货物天生、自然、正常的那种经一段时间可能导致其变质或损坏的性质。

(2) 标的物风险转移采交付主义。《合同法》第142条规定:"标的物毁损、灭失的风险,在标的物交付之前由出卖人承担,交付之后由买受人承担,但法律另有规定或者当事人另有约定的除外。"可见,我国法律对风险负担转移原则上采取的是交付主义,即除非法律另有规定或合同约定,标的物毁损、灭失的风险于交付时由卖方转移给买方。若采用的是拟制交付,标的物的风险负担自物权凭证交付给买受人时转移;若采用的是简易交付,标的物的风险负担自合同成立时转移。

(3) 交付的因素包括时间、地点、交付方式等。

① 交付时间的约定应当明确,具体到年月日;对于分期履行的,应当在合同中载明履行的次数以及每次履行的具体日期或具体时间段,避免采用"某一个时间段内分几次履行"这样的不明确用语,尤其应当避免未定期限合同的出现。

② 交货地点是交付行为中的重要因素。交货地点是标的物风险的空间

节点,在标的物完好进入交货地点,进入交付状态之前,其风险由卖方承担;双方在交货地点完成交接后,标的物风险即完成转移。另外,交货地点的选择也可能最终决定合同争议的管辖法院。《民事诉讼法》第23条规定:"因合同纠纷提起的诉讼,由被告住所地或者合同履行地人民法院管辖。"最高人民法院《关于适用〈中华人民共和国民事诉讼法〉若干问题的意见》第19条第1款规定:"购销合同的双方当事人在合同中对交货地点有约定的,以约定的交货地点为合同履行地;没有约定的,依交货方式确定合同履行地……"

③ 交货方式的不同对标的物风险转移及管辖法院都有一定的影响。最高人民法院《关于适用〈中华人民共和国民事诉讼法〉若干问题的意见》第19条第1款:"……采用送货方式的,以货物送达地为合同履行地;采用自提方式的,以提货地为合同履行地;代办托运或按木材、煤炭送货办法送货的,以货物发运地为合同履行地。"

2. 通过合理约定交付流程,结合三种履约抗辩权及履约担保等手段,控制履约风险

买卖合同作为一种典型的双务合同,卖方出售标的物,买方应当支付相应数量的货币。为保证双方最终都能完全履行约定,可以通过设定特定的交付条款,对交易风险进行控制。为慎重起见,在交付流程的设计上,可以采用对等履行的方式,根据对方履行的进度来决定己方的交付比例,尤其是可以分期分批交付标的物,这种履行方式可使交易双方暴露的风险相对较小;对于不可分拆的标的物,可以采取预付定金、预付款或者要求对方提供履约担保的方式,来降低履约风险。

通过合理设计交付程序,并适时利用抗辩权把控交易节奏,不仅能够将己方的风险降到最小,而且一旦发生争议,能够让对方处于违约境地。合同法赋予当事人三种履约抗辩权:同时履行抗辩权、先履行抗辩权和不安抗辩权。

同时履行抗辩权,是指双务合同的当事人没有先后履行顺序,一方在他方未为对待给付以前,有拒绝自己给付的权利。根据《合同法》第66条的规定,在双务合同中,如果一方未履行,另一方有权拒绝履行自己的义务。所以同时履行抗辩首先可适用于一方未履行、拒绝履行的情况。在一方迟延履行、不适当履行的情况下,对方亦可援用抗辩权。

先履行抗辩权为合同履行抗辩权的一种,是指在双务合同中因合同约定或合同本身的性质等原因使当事人履行他们之间的有关联性的合同义务有先后履行顺序,后履行一方在先履行一方未履行合同义务前可以拒绝履行自己合同义务的权利。《合同法》第67条规定:"当事人互负债务,有先后履行

顺序,先履行一方未履行的,后履行一方有权拒绝其履行要求。先履行一方履行债务不符合约定的,后履行一方有权拒绝其相应的履行要求。"

不安抗辩权,是指双务合同一方当事人依约应先履行其债务,但在履行前,后履行一方发生财产状况恶化或发生其他可能危及先履行一方债权的实现时,先履行一方得暂时中止合同履行的权利。当事人履约中一旦发现对方当事人存在以下情形,即可行使不安抗辩权:一是经营状况严重恶化;二是转移财产、抽逃资金,以逃避债务;三是丧失商业信誉;四是有丧失或者可能丧失履行债务能力的其他情形。当事人没有确切证据中止履行的,应当承担违约责任。行使不安抗辩权后,应当及时通知对方。

【相关案例】
例1-7:代办托运情形下的货物风险转移节点

某化肥公司与某农资经销部签订了一份《化肥买卖协议》,约定由某化肥公司将化肥销售给某农资经销部,并负责联系运输车辆,运输方式为代办托运。某化肥公司在办理托运手续,将化肥交予某汽运公司后,因运输途中遭遇交通事故,整车化肥掉入水库。未收到化肥的某农资经销部遂诉至法院,要求某化肥公司赔偿。

评析:

首先,根据代办托运的相关规定,代办托运的所有权转移节点是办理完托运手续。在代办托运合同中,卖方将货物交给第一承运人即算完成了交付,而某化肥公司显然已办理该手续,履行了义务。其次,化肥交给汽运公司之后,化肥的所有权已经属于某农资经销部,化肥毁损、灭失的风险,随之转移至某农资经销部,加之某化肥公司对事故发生并无过错,故农资经销部不能要求某化肥公司承担赔偿责任。

例1-8:如何行使不安抗辩权

2001年元月,某汽车销售公司与某汽车制造厂签订一份汽车购销合同,约定销售公司购买制造厂生产的轻型轿车40辆,每辆售价10.6万元,当月供货20辆,8月份供货20辆,货到付款。合同签订后,双方顺利地履行了第一批轿车的交货和付款义务。2001年5月,汽车制造厂获悉销售公司因经营不善,已造成严重亏损,同时因拖欠银行贷款,已被法院强制执行偿还贷款。于是制造厂在调取了汽车销售公司存在巨额负债,且被法院强制执行的相关证据后,决定中止第二批车辆的托运交付,同时发函通知销售公司,若继续供货,销售公司需提供担保,或者预付全部货款。销售公司不同意,并以汽车制造厂违约为由提起诉讼。

评析：

上述案例表明，依约应先履行合同义务的一方当事人，通过适当运用不安抗辩权，可以有效对抗对方的履约要求，化被动为主动，降低合同风险。《合同法》中设置不安抗辩权的目的就是督促后履行一方当事人履行合同，避免其侵害先履行一方的期待债权，保护先履行一方的合法权益。

先履行一方当事人在行使不安抗辩权时，需要注意以下几点：

（1）理由——后履行一方有丧失或者可能丧失履行债务能力的情形。本案中，汽车销售公司由于经营中形成严重亏损，拖欠银行贷款，并被法院强制执行，经营状况显然已明显恶化，足以让汽车制造厂怀疑其后续履约能力。

（2）证据——有确切证据证明后履行一方有上述情形。汽车制造厂收集了销售公司存在拖欠银行贷款，并被法院强制执行的证据，作为行使不安抗辩权的事实依据。

（3）通知——通知后履行一方。一方行使不安抗辩权时，无须征得另一方的同意，但应当及时通知对方，这样做是为了避免对方因此而受到损害，同时也便于另一方在获此通知后及时提供担保，以消灭不安抗辩权。

（4）解除——在后履行一方未恢复履行能力或提供担保的情况下。在满足上述三项条件的情况下，如果后履行一方未在合理期限内恢复履行能力或者提供相应的担保，先履行一方有权解除合同。

【法律规定】

《中华人民共和国合同法》（1999.10.01 施行）

第十二条　合同的内容由当事人约定，一般包括以下条款：

（一）当事人的名称或者姓名和住所；

（二）标的；

（三）数量；

（四）质量；

（五）价款或者报酬；

（六）履行期限、地点和方式；

……

第六十一条　合同生效后，当事人就质量、价款或者报酬、履行地点等内容没有约定或者约定不明确的，可以协议补充；不能达成补充协议的，按照合同有关条款或者交易习惯确定。

第六十二条　当事人就有关合同内容约定不明确，依照本法第六十一条的规定仍不能确定的，适用下列规定：

……

（三）履行地点不明确，给付货币的，在接受货币一方所在地履行；交付不动产的，在不动产所在地履行；其他标的，在履行义务一方所在地履行。

（四）履行期限不明确的，债务人可以随时履行，债权人也可以随时要求履行，但应当给对方必要的准备时间。

（五）履行方式不明确的，按照有利于实现合同目的的方式履行。

（六）履行费用的负担不明确的，由履行义务一方负担。

第六十六条　当事人互负债务，没有先后履行顺序的，应当同时履行。一方在对方履行之前有权拒绝其履行要求。一方在对方履行债务不符合约定时，有权拒绝其相应的履行要求。

第六十七条　当事人互负债务，有先后履行顺序，先履行一方未履行的，后履行一方有权拒绝其履行要求。先履行一方履行债务不符合约定的，后履行一方有权拒绝其相应的履行要求。

第六十八条　应当先履行债务的当事人，有确切证据证明对方有下列情形之一的，可以中止履行：

（一）经营状况严重恶化；

（二）转移财产、抽逃资金，以逃避债务；

（三）丧失商业信誉；

（四）有丧失或者可能丧失履行债务能力的其他情形。

当事人没有确切证据中止履行的，应当承担违约责任。

第六十九条　当事人依照本法第六十八条的规定中止履行的，应当及时通知对方。对方提供适当担保时，应当恢复履行。中止履行后，对方在合理期限内未恢复履行能力并且未提供适当担保的，中止履行的一方可以解除合同。

第一百三十八条　出卖人应当按照约定的期限交付标的物。约定交付期间的，出卖人可以在该交付期间内的任何时间交付。

第一百三十九条　当事人没有约定标的物的交付期限或者约定不明确的，适用本法第六十一条、第六十二条第四项的规定。

第一百四十条　标的物在订立合同之前已为买受人占有的，合同生效的时间为交付时间。

第一百四十一条　出卖人应当按照约定的地点交付标的物。

当事人没有约定交付地点或者约定不明确，依照本法第六十一条的规定仍不能确定的，适用下列规定：

（一）标的物需要运输的，出卖人应当将标的物交付给第一承运人以运交给买受人；

(二)标的物不需要运输,出卖人和买受人订立合同时知道标的物在某一地点的,出卖人应当在该地点交付标的物;不知道标的物在某一地点的,应当在出卖人订立合同时的营业地交付标的物。

第一百四十二条 标的物毁损、灭失的风险,在标的物交付之前由出卖人承担,交付之后由买受人承担,但法律另有规定或者当事人另有约定的除外。

第一百四十三条 因买受人的原因致使标的物不能按照约定的期限交付的,买受人应当自违反约定之日起承担标的物毁损、灭失的风险。

第一百四十四条 出卖人出卖交由承运人运输的在途标的物,除当事人另有约定的以外,毁损、灭失的风险自合同成立时起由买受人承担。

第一百四十五条 当事人没有约定交付地点或者约定不明确,依照本法第一百四十一条第二款第一项的规定标的物需要运输的,出卖人将标的物交付给第一承运人后,标的物毁损、灭失的风险由买受人承担。

第一百四十六条 出卖人按照约定或者依照本法第一百四十一条第二款第二项的规定将标的物置于交付地点,买受人违反约定没有收取的,标的物毁损、灭失的风险自违反约定之日起由买受人承担。

第一百四十七条 出卖人按照约定未交付有关标的物的单证和资料的,不影响标的物毁损、灭失风险的转移。

《最高人民法院关于审理买卖合同纠纷案件适用法律问题的解释》(2012.07.01施行)

第五条 标的物为无需以有形载体交付的电子信息产品,当事人对交付方式约定不明确,且依照合同法第六十一条的规定仍不能确定的,买受人收到约定的电子信息产品或者权利凭证即为交付。

第六条 根据合同法第一百六十二条的规定,买受人拒绝接收多交部分标的物的,可以代为保管多交部分标的物。买受人主张出卖人负担代为保管期间的合理费用的,人民法院应予支持。

买受人主张出卖人承担代为保管期间非因买受人故意或者重大过失造成的损失的,人民法院应予支持。

第七条 合同法第一百三十六条规定的"提取标的物单证以外的有关单证和资料",主要应当包括保险单、保修单、普通发票、增值税专用发票、产品合格证、质量保证书、质量鉴定书、品质检验证书、产品进出口检疫书、原产地证明书、使用说明书、装箱单等。

第八条 出卖人仅以增值税专用发票及税款抵扣资料证明其已履行交付标的物义务,买受人不认可的,出卖人应当提供其他证据证明交付标的物的事实。

合同约定或者当事人之间习惯以普通发票作为付款凭证,买受人以普通发票证明已经履行付款义务的,人民法院应予支持,但有相反证据足以推翻的除外。

第九条 出卖人就同一普通动产订立多重买卖合同,在买卖合同均有效的情况下,买受人均要求实际履行合同的,应当按照以下情形分别处理:

(一)先行受领交付的买受人请求确认所有权已经转移的,人民法院应予支持;

(二)均未受领交付,先行支付价款的买受人请求出卖人履行交付标的物等合同义务的,人民法院应予支持;

(三)均未受领交付,也未支付价款,依法成立在先合同的买受人请求出卖人履行交付标的物等合同义务的,人民法院应予支持。

第十条 出卖人就同一船舶、航空器、机动车等特殊动产订立多重买卖合同,在买卖合同均有效的情况下,买受人均要求实际履行合同的,应当按照以下情形分别处理:

(一)先行受领交付的买受人请求出卖人履行办理所有权转移登记手续等合同义务的,人民法院应予支持;

(二)均未受领交付,先行办理所有权转移登记手续的买受人请求出卖人履行交付标的物等合同义务的,人民法院应予支持;

(三)均未受领交付,也未办理所有权转移登记手续,依法成立在先合同的买受人请求出卖人履行交付标的物和办理所有权转移登记手续等合同义务的,人民法院应予支持;

(四)出卖人将标的物交付给买受人之一,又为其他买受人办理所有权转移登记,已受领交付的买受人请求将标的物所有权登记在自己名下的,人民法院应予支持。

第十一条 合同法第一百四十一条第二款第(一)项规定的"标的物需要运输的",是指标的物由出卖人负责办理托运,承运人系独立于买卖合同当事人之外的运输业者的情形。标的物毁损、灭失的风险负担,按照合同法第一百四十五条的规定处理。

第十二条 出卖人根据合同约定将标的物运送至买受人指定地点并交付给承运人后,标的物毁损、灭失的风险由买受人负担,但当事人另有约定的除外。

第十三条 出卖人出卖交由承运人运输的在途标的物,在合同成立时知道或者应当知道标的物已经毁损、灭失却未告知买受人,买受人主张出卖人负担标的物毁损、灭失的风险的,人民法院应予支持。

　　第十四条　当事人对风险负担没有约定,标的物为种类物,出卖人未以装运单据、加盖标记、通知买受人等可识别的方式清楚地将标的物特定于买卖合同,买受人主张不负担标的物毁损、灭失的风险的,人民法院应予支持。

> 第五条　验收
> 1. 验收时间：_____。
> 2. 验收标准及方式：_____(如采用抽样检验,应注明抽样标准或方法及比例)。
> 3. 验收如发生争议,由_____检验机构按_____检验标准和方法,对产品进行检验。

● **律师批注**

【条款目的】

　　通过明确验收的时间、方式及验收机构,明确了买方的检验义务,分清责任,是日后发生纠纷时索赔、理赔的重要依据。

【风险提示】

　　验收即检验,对所购买的商品进行验收是买方的权利,也是买方的一项重要义务,如买方未按合同约定进行检验,则其不能要求出卖人对其交付的标的物的数量或者质量承担相应的责任。买受人验收标的物的时间、地点一般与出卖人交货的时间、地点一致。对产品质量的验收、检疫方法,按照国家有关规定执行,没有规定的由双方当事人协商确定。

　　特别需要指出的是,买卖双方当事人可根据需要商定检验机构。对货物质量的检验,尤其是在双方对质量有异议时,需要由专门的产品检验机构进行检验。在国际(涉外)买卖中,货物进出口一般需要由进出口商品检验机构或者动植物检验检疫机构进行检验。

　　关于检验期间,法律赋予当事人自由约定的权利,且约定的期间优先适用,不受两年检验期间的限制。根据《合同法》第157条之规定,检验期间可以由当事人自行约定;如果没有约定的,应当尽快检验。当合同约定检验期间不明时,才适用最长两年的检验期间。根据该法第158条之规定,在当事人未约定检验期间的情况下,买受人的瑕疵通知义务最迟应当在货物交付之日起两年内行使,否则视为货物质量及数量符合合同约定。当然,例外情形是,对于有质量保证期的产品,不适用该两年的规定。

【相关案例】

例1-9：有质量保证期的产品不受最长两年检验期限的限制

A公司向B公司销售某产品，该产品的保质期为5年，2005年5月18日，B公司收到该产品时未进行检验。当该产品使用到第三年时，B公司发现该产品可能存在瑕疵，遂请专门机构检验，发现该产品的确存在瑕疵。故B公司要求A公司承担瑕疵担保责任。A公司认为，B公司经过3年没有就质量问题提出异议，应当认为其已经默认了该产品不存在质量问题，无须承担责任。

评析：

在本案中，A、B公司双方在合同中没有明确约定产品的检验时间，因此，B公司应在合理时间内提出。一般认为超过两年，未提出质量异议的，认为该产品质量不存在问题。但本案中该产品有5年的保质期，不适用两年的规定，在质量保证期内，B公司有权就所购买的产品质量提出异议，除非双方另有特殊约定。

【法律规定】

《中华人民共和国合同法》（1999.10.01.施行）

第一百五十七条 买受人收到标的物时应当在约定的检验期间内检验。没有约定检验期间的，应当及时检验。

第一百五十八条 当事人约定检验期间的，买受人应当在检验期间内将标的物的数量或者质量不符合约定的情形通知出卖人。买受人怠于通知的，视为标的物的数量或者质量符合约定。

当事人没有约定检验期间的，买受人应当在发现或者应当发现标的物的数量或者质量不符合约定的合理期间内通知出卖人。买受人在合理期间内未通知或者自标的物收到之日起两年内未通知出卖人的，视为标的物的数量或者质量符合约定，但对标的物有质量保证期的，适用质量保证期，不适用该两年的规定。

出卖人知道或者应当知道提供的标的物不符合约定的，买受人不受前两款规定的通知时间的限制。

《最高人民法院关于审理买卖合同纠纷案件适用法律问题的解释》（2012.07.01施行）

第十五条 当事人对标的物的检验期间未作约定，买受人签收的送货单、确认单等载明标的物数量、型号、规格的，人民法院应当根据合同法第一百五十七条的规定，认定买受人已对数量和外观瑕疵进行了检验，但有相反证据足以推翻的除外。

第十六条　出卖人依照买受人的指示向第三人交付标的物,出卖人和买受人之间约定的检验标准与买受人和第三人之间约定的检验标准不一致的,人民法院应当根据合同法第六十四条的规定,以出卖人和买受人之间约定的检验标准为标的物的检验标准。

第十七条　人民法院具体认定合同法第一百五十八条第二款规定的"合理期间"时,应当综合当事人之间的交易性质、交易目的、交易方式、交易习惯、标的物的种类、数量、性质、安装和使用情况、瑕疵的性质、买受人应尽的合理注意义务、检验方法和难易程度、买受人或者检验人所处的具体环境、自身技能以及其他合理因素,依据诚实信用原则进行判断。

合同法第一百五十八条第二款规定的"两年"是最长的合理期间。该期间为不变期间,不适用诉讼时效中止、中断或者延长的规定。

第十八条　约定的检验期间过短,依照标的物的性质和交易习惯,买受人在检验期间内难以完成全面检验的,人民法院应当认定该期间为买受人对外观瑕疵提出异议的期间,并根据本解释第十七条第一款的规定确定买受人对隐蔽瑕疵提出异议的合理期间。

约定的检验期间或者质量保证期间短于法律、行政法规规定的检验期间或者质量保证期间的,人民法院应当以法律、行政法规规定的检验期间或者质量保证期间为准。

第十九条　买受人在合理期间内提出异议,出卖人以买受人已经支付价款、确认欠款数额、使用标的物等为由,主张买受人放弃异议的,人民法院不予支持,但当事人另有约定的除外。

第二十条　合同法第一百五十八条规定的检验期间、合理期间、两年期间经过后,买受人主张标的物的数量或者质量不符合约定的,人民法院不予支持。

出卖人自愿承担违约责任后,又以上述期间经过为由翻悔的,人民法院不予支持。

第六条　价格与货款支付

1. 单价:＿＿＿＿＿＿＿＿;总价:＿＿＿＿＿＿＿＿(明确币种及大写)。

2. 货款支付:
货款的支付时间:＿＿＿＿＿＿＿＿＿＿＿＿＿＿＿＿＿＿＿＿;
货款的支付方式:＿＿＿＿＿＿＿＿＿＿＿＿＿＿＿＿＿＿＿＿;
运杂费和费用的支付时间及方式:＿＿＿＿＿＿＿＿＿＿＿＿。

3. 预付货款:＿＿＿＿＿＿＿＿(根据需要决定是否需要预付货款及金额、预付时间)。

● 律师批注

【条款目的】

明确货款金额及具体结算方式,包括付款数额、付款的时间、地点、具体的支付方式以及实际支付的运杂费和其他费用的清结,有时可能还要明确是否需要买方预付部分货款等事项。

【风险提示】

价款支付是买受方履行合同义务的主要内容,款项支付的比例、时间与出卖方交付的先后顺序均应在合同中明确约定,这是买方控制交易进程的重要节点。买受方应当注意三种履行抗辩权、履约担保等方式的使用,具体可以参考第四条"交货方式"的批注。

按照约定数额支付价款,是买方的基本义务。如果价款数额不确定或者未约定确定的方法,会导致买方无法履行其付款义务。对于货款的结算,应按《人民币银行结算账户管理办法》关于异地结算、同城结算等的规定办理。除国家允许使用现金履行义务外,必须通过银行转账或者使用票据结算。另外,合同中还应规定结算的货币种类。在国内买卖中,当事人应以人民币结算,只有在少数情况下,符合国家规定条件的,方可用外币按国家规定的汇率折合成人民币结算。在涉外买卖(进出口贸易)中,一般以外币结算。

付款地点关系到风险的承担,如果买方是在卖方营业地付款,其应当承担将货款划拨或递送到卖方营业地的费用和风险。如果支票在送达卖方前丢失,则买方有责任另开支票。但在一般商品买卖中,关于付款地点有时并不作出特别约定,一般由买方收到货物后,通过银行或现金支付给卖方即可。

运费、保险费及其他杂费是合同履行产生的附加费用,也是争议的高发区,各方应当事先约定明确。

【相关案例】

例1-10 价格条款约定不明导致产生争议

甲公司与乙公司于2007年5月签订一份购销协议,约定:乙公司在一年内向甲公司提供某型号螺纹钢1 200吨,交货地点为甲方工厂,具体供货时间和数量以甲公司要货传真为准,双方就价格条款作如下特别约定:以目前市场价格4 500元/吨为基础,随行就市。之后按4 500元/吨,乙公司供给甲公司黑铁丝600吨。2008年2月,甲公司又向乙公司发传真要求其以4 500元/吨的价格供货时,乙公司以原材料涨价为由,告知甲公司只能以5 100元/吨的价格供货,而甲公司以乙公司未提前告知和协商为由,坚持要求乙公司以4 500元/吨供货,乙公司拒绝供货,双方协商未果,甲公司遂以乙公司违约为由诉诸法院。

评析：

本案争议焦点在于对价格条款"以目前市场价格4 500元/吨为基础,随行就市"的理解。买卖合同对价格的约定,既可以是具体的数字,也可以是价格的形成方式。本案中仅约定"随行就市",但未明确目前4 500元/吨的基础价格如何形成、价格变动的参照地等,导致双方在价格获取上存在分歧,发生争议。对于这类争议,除非双方能达成一致意见,否则只能适用《合同法》第62条第(2)项当合同双方按照《合同法》第61条不能达成补充协议的,"价款或者报酬不明确的,按照订立合同时履行地的市场价格履行"。对于"随行就市"这样的灵活条款,其价格应当以订立合同时双方约定的合同履行地现在的价格行情为确定标准。

例1-11：付款方式与合同约定不符导致败诉

2008年5月12日,某项目部同乙公司某地区代理商张某签订办公设备买卖合同两份,该两份合同均由张某提供,加盖有乙公司的公章。合同约定：由乙公司为项目部供应办公设备18套,价款共计人民币21.6万元。合同约定：合同价款由项目部通过银行电汇至乙公司账户,且须于乙公司提供全部货物后1个月内完成给付。合同生效后,乙公司于2008年11月20日完成全部供货,项目部对货物予以全部验收认可。2008年12月10日,张某将乙公司开具的21.6万元销售发票交给项目部,并要求项目部将货款直接支付给其本人,项目部遂将21.6万元货款以现金支票形式支付给了张某。后因张某未将货款交给乙公司,乙公司遂于2009年4月25日以项目部所在公司为被告提起诉讼,要求给付其货款共计人民币21.6万元,并按约定支付欠款利息。案发时,项目部所在公司已与张某失去联系。

评析：

被告出示发票并不足以说明其已履行付款义务,在日常买卖交易中,确实存在如原告所述的先开发票后付款的情形。张某虽持有乙公司开具的货物销售发票,但不能据此认为张某有权改变合同约定的付款方式,代收货款,其行为并不构成表见代理。因此,项目部擅自改变货款支付方式,已违反合同约定,造成的相关损失应当由其单方承担,其对乙公司的货款支付义务并未免除。

【法律规定】

《中华人民共和国合同法》(1999.10.01施行)

第六十一条 合同生效后,当事人就质量、价款或者报酬、履行地点等内容没有约定或者约定不明确的,可以协议补充;不能达成补充协议的,按照合同有关条款或者交易习惯确定。

第六十二条　当事人就有关合同内容约定不明确,依照本法第六十一条的规定仍不能确定的,适用下列规定:

……

(二)价款或者报酬不明确的,按照订立合同时履行地的市场价格履行;依法应当执行政府定价或者政府指导价的,按照规定履行。

……

第一百五十九条　买受人应当按照约定的数额支付价款。对价款没有约定或者约定不明确的,适用本法第六十一条、第六十二条第二项的规定。

第一百六十条　买受人应当按照约定的地点支付价款。对支付地点没有约定或者约定不明确,依照本法第六十一条的规定仍不能确定的,买受人应当在出卖人的营业地支付,但约定支付价款以交付标的物或者交付提取标的物单证为条件的,在交付标的物或者交付提取标的物单证的所在地支付。

第一百六十一条　买受人应当按照约定的时间支付价款。对支付时间没有约定或者约定不明确,依照本法第六十一条的规定仍不能确定的,买受人应当在收到标的物或者提取标的物单证的同时支付。

《中华人民共和国民法通则》(1987.01.01 施行)

第八十八条　合同的当事人应当按照合同的约定,全部履行自己的义务。

合同中有关质量、期限、地点或者价款约定不明确,按照合同有关条款内容不能确定,当事人又不能通过协商达成协议的,适用下列规定:

(一)质量要求不明确的,按照国家质量标准履行,没有国家质量标准的,按照通常标准履行。

(二)履行期限不明确的,债务人可以随时向债权人履行义务,债权人也可以随时要求债务人履行义务,但应当给对方必要的准备时间。

(三)履行地点不明确,给付货币的,在接受给付一方的所在地履行,其他标的在履行义务一方的所在地履行。

(四)价款约定不明确的,按照国家规定的价格履行;没有国家规定价格的,参照市场价格或者同类物品的价格或者同类劳务的报酬标准履行。

……

注:这里需要注意的是,《合同法》第 160 条关于价款支付地点的规定与《民法通则》第 88 条的相关规定并不一致,在具体适用时应以《合同法》第 160 条的规定为准。

《最高人民法院关于审理买卖合同纠纷案件适用法律问题的解释》(2012.07.01 施行)

第一条　当事人之间没有书面合同,一方以送货单、收货单、结算单、发票等主张存在买卖合同关系的,人民法院应当结合当事人之间的交易方式、交易习惯以及其他相关证据,对买卖合同是否成立作出认定。

对账确认函、债权确认书等函件、凭证没有记载债权人名称,买卖合同当事人一方以此证明存在买卖合同关系的,人民法院应予支持,但有相反证据足以推翻的除外。

> 第七条　提出异议的时间和方法
> 1. 甲方在验收中如发现货物的品种、型号、规格、花色和质量不合规定或约定,应在妥为保管货物的同时,自收到货物后＿＿＿＿日内向乙方提出书面异议;在托收承付期间,甲方有权拒付不符合合同规定部分的货款。甲方未及时提出异议或者自收到货物之日起＿＿＿＿日内未通知乙方的,视为货物合乎规定。
> 2. 甲方因使用、保管、保养不善等造成产品质量下降的,不得提出异议。
> 3. 乙方在接到甲方书面异议后,应在＿＿＿＿日内负责处理并通知甲方处理情况,否则,即视为默认甲方提出的异议和处理意见。

● 律师批注

【条款目的】

明确了买方在约定的检验期间就标的物的数量或质量等不符合约定时通知卖方的时间的规定。通过本条规定有助于分清买卖双方对标的物的检验责任。

【风险提示】

1. 确定买卖合同标的物质量是否合格适用的原则

(1) 当事人可自行约定,只要该约定不违反法律和行政法规的强制性规定,即可以按当事人约定的标准判断出卖人交付的标的物是否符合要求。

(2) 当事人对合同标的物的质量标准未作约定或者约定不明确的,依《合同法》第61条的规定,可以协议补充;不能达成补充协议的,可以按照买卖合同的有关条款或者交易习惯确定。

(3) 当事人就有关标的物的质量标准未作约定或者约定不明确,依照《合同法》第61条的规定仍然不能确定的,则依《合同法》第62条第(1)项的规定,按照国家标准、行业标准履行;没有国家标准、行业标准的,按照通常标准或者符合合同目的的特定标准履行。这也是与《民法通则》以及以往的合同法律规定相一致的。

（4）出卖人的说明构成对标的物的明示保证。说明是指出卖人向买受人所作的关于标的物的构造、性能、特征、功用和注意事项等方面的陈述。如果合同中没有明确约定，但出卖人提供了有关标的物的质量说明的，该说明即构成出卖人对标的物品质的明示担保。

2. 质量瑕疵的含义

所谓质量瑕疵，又称品质瑕疵、物的瑕疵，是指出卖人所交付的标的物存在质量不符合当事人在合同中约定的标准，或者法律规定的国家标准、行业标准、通常标准和符合合同目的的特定标准的情况。质量瑕疵主要包括以下情形：

（1）标的物的外观质量不符合合同约定标准或者依法确定的标准，即标的物的表面瑕疵，通常是指标的物的外观、品种、型号、规格、花色等方面的瑕疵，对于表面瑕疵，买受人一般情况下无须通过特殊的检验就可以发现。

（2）标的物的内在瑕疵，即标的物的内在质量不符合要求。对于标的物的内在瑕疵，一般情况下需要通过检验或者使用才能够发现。

（3）标的物的包装瑕疵，即买卖合同的标的物的包装不符合约定或者法律规定。《合同法》第156条规定："出卖人应当按照约定的包装方式交付标的物。对包装方式没有约定或者约定不明确，依照本法第六十一条的规定仍不能确定的，应当按照通用的方式包装，没有通用方式的，应当采取足以保护标的物的包装方式。"对于"足以保护标的物"的推定，应当理解为出卖人须以使标的物损耗最小、安全、实用的方式包装标的物，具体可以从以下几个方面进行判断：首先，包装是否牢固；其次，包装是否符合运输的要求，特别是不同运输工具的特定要求；再次，包装标志是否符合通用要求等。

3. 质量异议的通知义务及例外

质量异议，又称质量瑕疵通知义务，是指买受人认为出卖人交付的标的物存在质量瑕疵时，必须在一定期限内向出卖人发出通知，否则视为标的物质量合格。

该条款规定的通知义务是法定义务，买方必须履行此义务后，才可向卖方追究相应的违约责任。如果买方在检验期间内未将此情形通知卖方，则视为标的物的数量或质量符合约定。

如果当事人没有约定检验期间，但标的物的数量或者质量不符合约定时，买受人也负有通知义务。该通知义务最迟应在标的物交付之日起两年内履行，产品有保质期的不受此期限限制。

卖方故意出售不符合约定质量的产品时，买方不受瑕疵通知义务的限制。如果卖方知道或者应当知道提供的商品不符合约定，但仍然将标的物出卖给买方,则属于严重的违约行为。在此种情况下,买方的通知义务不受条款中规定的通知期限的限制。

【相关案例】
例1-12:质量异议提出的时间限制
甲公司向乙贸易公司采购一批箱包产品,协议约定对该批箱包产品的检验期间为收货后7日内进行检验,并于15日内提出检验异议,逾期甲公司不提出异议视为箱包产品质量合格。甲公司在收到该批箱包后因业务繁忙,未安排人员进行检验,一年以后,甲公司对该批箱包检查后发现有至少10%的产品存在瑕疵,于是向乙公司要求退换货,乙公司提出甲公司未能依据合同约定的检验通知期限对该批箱包进行检验,责任在甲公司自身,不同意退换。

评析:
在本案中,双方对所购买的箱包产品的检验及产品质量异议通知期限作出了明确的约定,双方应依据该条款的约定执行。甲公司一年后提出产品存在瑕疵,已经超过了箱包产品的保质期,因此,甲公司无法通过诉讼维护自身权益。

【法律规定】
《中华人民共和国合同法》(1999.10.01施行)

第一百五十七条 买受人收到标的物时应当在约定的检验期间内检验。没有约定检验期间的,应当及时检验。

第一百五十八条 当事人约定检验期间的,买受人应当在检验期间内将标的物的数量或者质量不符合约定的情形通知出卖人。买受人怠于通知的,视为标的物的数量或者质量符合约定。

当事人没有约定检验期间的,买受人应当在发现或者应当发现标的物的数量或者质量不符合约定的合理期间内通知出卖人。买受人在合理期间内未通知或者自标的物收到之日起两年内未通知出卖人的,视为标的物的数量或者质量符合约定,但对标的物有质量保证期的,适用质量保证期,不适用该两年的规定。

出卖人知道或者应当知道提供的标的物不符合约定的,买受人不受前两款规定的通知时间的限制。

《最高人民法院关于适用〈中华人民共和国合同法〉若干问题的解释(二)》(2009.05.13施行)

第七条 下列情形,不违反法律、行政法规强制性规定的,人民法院可以认定为合同法所称"交易习惯":

(一)在交易行为当地或者某一领域、某一行业通常采用并为交易对方

订立合同时所知道或者应当知道的做法;

(二)当事人双方经常使用的习惯做法。

对于交易习惯,由提出主张的一方当事人承担举证责任。

第八条 甲方违约责任

1. 甲方中途退货的,应向乙方赔偿退货部分货款的_____%违约金。

2. 甲方未按合同约定的时间和要求提供有关技术资料、包装物的,除交货日期得以顺延外,应按顺延交货部分货款金额每日万分之_____计算,向乙方支付违约金;如_____日内仍不能提供的,按中途退货处理。

3. 甲方自提产品未按乙方通知的日期或合同约定日期提货的,应按逾期提货部分货款金额每日万分之_____计算,向乙方支付逾期提货的违约金,并承担乙方实际支付的代为保管、保养的费用。

4. 甲方逾期付款的,应按逾期货款金额每日万分之_____计算,向乙方支付逾期付款的违约金。

5. 甲方违反合同规定拒绝接收货物的,应承担因此给乙方造成的损失。

6. 甲方如错填到货地点、接货人,或对乙方提出错误异议,应承担乙方因此所受到的实际损失。

7. 其他约定:_____。

第九条 乙方的违约责任

1. 乙方不能交货的,向甲方偿付不能交货部分货款_____%的违约金。

2. 乙方所交货物品种、型号、规格、花色、质量不符合同规定的,如甲方同意利用,应按质论价;甲方不能利用的,应根据具体情况,由乙方负责退换或维修,并承担修理、调换或退货而支付的实际费用。

3. 乙方因货物包装不符合合同规定,须返修或重新包装的,乙方负责返修或重新包装,并承担因此支出的费用。甲方不要求返修或重新包装而要求赔偿损失的,乙方应赔偿甲方该不合格包装物低于合格包装物的差价部分。因包装不当造成货物损坏或灭失的,由乙方负责赔偿。

4. 乙方逾期交货的,应按照逾期交货金额每日万分之_____计算,向甲方支付逾期交货的违约金,并赔偿甲方因此所遭受的损失。如逾期超过_____日,甲方有权终止合同并可就遭受的损失向乙方索赔。

5. 乙方提前交的货物、多交的货物,如其品种、型号、规格、花色、质量不符合约定,甲方在代保管期间实际支付的保管、保养等费用以及非因甲方保管不善而发生的损失,均应由乙方承担。

6. 货物错发到货地点或接货人的,乙方除应负责运到合同规定的到货地点或接货人的费用外,还应承担甲方因此多支付的实际合理费用和逾期交货的违约金。

7. 乙方提前交货的,甲方接到货物后,仍可按合同约定的付款时间付款;合同约定自提的,甲方可拒绝提货。乙方逾期交货的,乙方应在发货前与甲方协商,甲方仍需要货物的,乙方应按数补发,并承担逾期交货责任;甲方不再需要货物的,应在接到乙方通知后_____日内通知乙方,办理解除合同手续,逾期不答复的,视为同意乙方发货。

8. 其他:_____。

● 律师批注

【条款目的】

设定违约条款的目的有两个:

(1) 通过设定违约责任提高违约成本,打消相对方的违约动机,保证合同能够顺利履行。

(2) 通过违约责任的设定,将对方违约行为对自己一方造成的损失转移给对方,以保证己方的合法利益不受侵犯。

【风险提示】

1. 违约条款的设定以合同约定为前提条件

一份完整的合同通常包括四个模块,即锁定交易平台模块、锁定交易内容模块、锁定交易方式模块、锁定问题处理模块。这四个基本模块既包括合同的实体内容,也涵盖了交易的程序,共同构成了实现合同目的的根本保障。违约条款的设计,可以针对合同履行中的每项实体内容,比如标的物、数量、质量、履约方主体资格,设定相应的违约条款;也可以针对交易程序的每个环节,比如交货期限、地点、交货方式、货款支付时间等,制定相应的违约条款。

2. 针对诸多约定不明或者不确定的约定,应当参照行业惯例、标准及相关法律、法规的规定,以使不明确的约定具有可识别性,进而厘清违约责任

由于交易条件及合同篇幅的限制,合同条款通常不会将所有的交易内容、程序等细节一一列出,一旦一方当事人利用约定不明,阻挠合同正常履行,通常会导致双方陷入争议。此种情况下,应当参照行业惯例、标准及相关法律规定,让不确定的约定确定化,然后再适用违约条款。《合同法》中规定了大量处理约定不明条款的情况,比如第111条规定:"质量不符合约定的,应当按照当事人的约定承担违约责任。对违约责任没有约定或者约定不明确,依照本法第六十一条的规定仍不能确定的,受损害方根据标的的性质以

及损失的大小,可以合理选择要求对方承担修理、更换、重作、退货、减少价款或者报酬等违约责任。"第141条规定:"出卖人应当按照约定的地点交付标的物。当事人没有约定交付地点或者约定不明确,依照本法第六十一条的规定仍不能确定的,适用下列规定:(一)标的物需要运输的,出卖人应当将标的物交付给第一承运人以运交给买受人;(二)标的物不需要运输,出卖人和买受人订立合同时知道标的物在某一地点的,出卖人应当在该地点交付标的物;不知道标的物在某一地点的,应当在出卖人订立合同时的营业地交付标的物。"

3. 违约责任的承担形式

(1)继续履行。继续履行也称强制实际履行,是指违约方根据对方当事人的请求继续履行合同规定的义务的违约责任形式。

金钱债务,无条件适用继续履行。金钱债务只存在迟延履行,不存在履行不能。因此,应无条件适用继续履行的责任形式。

非金钱债务,有条件适用继续履行。对非金钱债务,原则上可以请求继续履行,但下列情形除外:法律上或者事实上不能履行(履行不能);债务的标的不适用强制履行或者强制履行费用过高;债权人在合理期限内未请求履行(如季节性物品之供应)。

(2)采取补救措施。采取补救措施,是指矫正合同不适当履行(质量不合格),使履行缺陷得以消除的具体措施。这种责任形式,与继续履行(解决不履行问题)和赔偿损失具有互补性。

在采取补救措施的适用上,应注意以下几点:

第一,采取补救措施的适用以合同对质量不合格的违约责任没有约定或者约定不明确,而依《合同法》第61条的规定仍不能确定违约责任为前提。换言之,对于不适当履行的违约责任形式,当事人有约定者应依其约定;没有约定或者约定不明者,首先应按照《合同法》第61条的规定确定违约责任;没有约定或者约定不明又不能按照《合同法》第61条的规定确定违约责任的,才适用这些补救措施。

第二,应以标的物的性质和损失大小为依据,确定与之相适应的补救方式。

第三,受害方对补救措施享有选择权,但选定的方式应当合理。

(3)赔偿损失。赔偿损失,在合同法上也称违约损害赔偿,是指违约方以支付金钱的方式弥补受害方因违约行为所减少的财产或者所丧失的利益的责任形式。赔偿损失具有如下特点:

第一,赔偿损失是最重要的违约责任形式。赔偿损失具有根本救济功能,任何其他责任形式都可以转化为损害赔偿。

第二,赔偿损失是以支付金钱的方式弥补损失。金钱为一般等价物,一般情况下,任何损失都可以转化为金钱,因此,赔偿损失主要指金钱赔偿。但在特殊情况下,也可以其他物代替金钱作为赔偿。

第三,赔偿损失是由违约方赔偿守约方因违约所遭受的损失。首先,赔偿损失是对违约行为所造成的损失的赔偿,与违约行为无关的损失不在赔偿之列。其次,赔偿损失是对守约方所遭受损失的一种补偿,而不是对违约行为的惩罚。

第四,赔偿损失责任具有一定的任意性。违约赔偿的范围和数额,可由当事人约定。当事人既可以约定违约金的数额,也可以约定损害赔偿的计算方法。

法定损害赔偿是指由法律规定的,由违约方因其违约行为而对守约方遭受的损失承担的赔偿责任。根据《合同法》的规定,法定损害赔偿应遵循以下原则:

第一,完全赔偿原则。违约方对于守约方因违约行为所遭受的全部损失承担赔偿的责任。具体包括直接损失与间接损失、积极损失与消极损失(可得利益损失)。《合同法》第113条规定,损失"包括合同履行后可以获得的利益",可见其赔偿范围包括现有财产损失和可得利益损失。前者主要表现为标的物灭失、为准备履行合同而支出的费用、停工损失、为减少违约损失而支出的费用、诉讼费用等;后者是指在合同适当履行后可以实现和取得的财产利益。

第二,合理预见规则。违约损害赔偿的范围以违约方在订立合同时预见到或者应当预见到的损失为限。合理预见规则是限制法定违约损害赔偿范围的一项重要规则,其理论基础是意思自治原则和公平原则。对此应把握以下几点:一是合理预见规则是限制包括现实财产损失和可得利益损失的损失赔偿总额的规则,不仅用以限制可得利益损失的赔偿;二是合理预见规则不适用于约定损害赔偿;三是是否预见到或者应当预见到可能的损失,应当根据订立合同时的事实或者情况加以判断。

第三,减轻损失规则。一方违约后,另一方应当及时采取合理措施防止损失的扩大,否则,不得就扩大的损失要求赔偿。其特点是:一方违约导致了损失的发生,相对方未采取适当措施防止损失的扩大,造成损失的扩大。

约定损害赔偿,是指当事人在订立合同时,预先约定一方违约时应当向对方支付一定数额的赔偿金或约定损害赔偿额的计算方法,其具有预定性(缔约时确定)、从属性(以主合同的有效成立为前提)、附条件性(以损失的发生为条件)。

(4) 违约金。违约金,是指当事人一方违反合同时应当向对方支付的一定数量的金钱或财物。我国实行的是补偿性违约金制度,即使约定的违约金数额高于实际损失,也不能改变这种基本属性。

违约金是对损害赔偿额的预先约定,既可能高于实际损失,也可能低于实际损失,畸高和畸低均会导致不公平结果。因此,《合同法》第114条第2款规定:"约定的违约金低于造成的损失的,当事人可以请求人民法院或者仲裁机构予以增加;约定的违约金过分高于造成的损失的,当事人可以请求人民法院或者仲裁机构予以适当减少。"

(5) 定金责任。定金,是指合同当事人为了确保合同的履行,根据双方约定,由一方按合同标的额的一定比例预先给付对方的金钱或其他替代物。合同法第115条也规定:"当事人可以依照《中华人民共和国担保法》约定一方向对方给付定金作为债权的担保。债务人履行债务后,定金应当抵作价款或者收回。给付定金的一方不履行约定的债务的,无权要求返还定金;收受定金的一方不履行约定的债务的,应当双倍返还定金。"据此,在当事人约定了定金担保的情况下,如一方违约,定金罚则即成为一种违约责任形式。定金应当以书面形式约定,定金的数额由当事人约定,但不得超过主合同标的额的20‰。

【相关案例】

例1-13:违约金约定比例过高,法院裁决适当降低

2005年5月12日,甲公司与乙公司签订了买卖天然气采暖炉的合同,合同约定,甲公司向乙公司采购采暖炉100台,由乙公司负责安装;合同总价款46万余元,合同签订后预付合同价款的10%,安装调试完毕并验收合格后3日内付合同价款的85%,15%的余款作为质保金,保质期满后15日内付清;乙公司在收到甲公司定金后15日内,将合同约定产品发送至甲公司;甲公司逾期付款,每日按应付款项3‰承担违约金等内容。合同签订后,甲公司向乙公司支付了20万元货款。2005年11月22日,双方当事人签订了采暖炉验收接收单,但甲公司仍有26万余元的货款未支付,乙公司遂向人民法院提起诉讼,请求判令甲公司支付剩余货款及支付28万余元的违约金。

评析:

根据《合同法》的相关规定,约定的违约金过分高于造成的损失的,当事人可以请求人民法院或仲裁机构予以适当减少。判断合同约定的违约金是否过分高于造成的实际损失,以及在决定减少的具体幅度时,要将违约金与实际损失之间的差额作为重要的考虑因素。在本案中,合同约定的逾期付款违约金为3‰/日,比同期银行贷款利率高出十余倍,原告在诉讼时并未举证证明因被告逾期付款给其造成损失的数额或者具体比例,比照逾期归还银行借款需要支付利息加罚息的规定,双方当事人约定的逾期付款违约金过分高于因违约造成的实际损失,应当予以调整。根据最高人民法院《关于人民法院审理借贷案件的若干意见》关于"民间借贷的利率可以适当高于银行的利率……但最高不得超过银行同类贷款利率的四倍"的规定,人民法院应将逾期付款违约金减少到银行同类贷款利率的4倍。

例1-14:较高比例的违约金也可能得到法院的支持

2007年8月1日,天和公司与华天公司签订了合同总价43 760元的办公家具购销合同一份,合同约定,签约当天华天公司支付合同总价40%的预付款17 504元,余款26 256元在天和公司交货、华天公司验收后3日内支付,若华天公司未按约支付预付款,则天和公司有权顺延交货时间,交货日期为天和公司收到全部预付款之日起16个工作日内(即2007年8月18日)。合同另约定,华天公司单方解除合同或出现不履行合同之情形,须向天和公司支付合同总价款50%的金额以承担违约责任。上述合同签订后,华天公司未按约支付合同总价款40%的预付款。天和公司遂向法院提起诉讼,要求华天公司承担违约责任。华天公司辩称,合同约定的违约金高达50%,明显过高,法院应当予以适当降低。

评析:

关于违约金是否偏高的问题,《合同法》第114条第2款规定,约定的违约金过分高于造成的损失的,当事人可以请求人民法院或者仲裁机构予以适当减少。从以上规定可以看出,只有当约定的违约金过分高于造成的损失时,人民法院才可予以适当减少,而不是应当予以减少,即法律是允许约定的违约金可以适当地高于实际损失额的,此时人民法院无须再进行调整,而高出的部分体现出约定违约金具有惩罚性。本案违约金是双方预先确定的,对华天公司而言,应当按合同约定履行义务,促使合同积极履行,华天公司未能依约履行合同义务,理应按合同约定承担相应的违约责任。法院最终判决:

(1)解除天和公司与华天公司于2007年8月1日签订的购销合同;

(2)华天公司偿付天和公司单方解除合同的违约金21 880元。

例1-15:可得利益损失的认定与计算

2004年4月,湖南某公司派业务员到浙江某公司联系产品买卖业务,双方经过协商,签订了1.5—4吨的材料订购合同,价格每公斤395元,期限1年,并且约定在合同期内价格不做调整。2004年底,该材料市场价格猛涨,每公斤价格达到619元。浙江某公司多次催货,湖南某公司明确告知,如果按照合同履行存在巨额亏损,只能按照新价格执行。2005年2月,浙江某公司前往湖南某公司,商讨解决方案,但湖南某公司仍然以材料涨价为由表示无法履行合同。同年4月,浙江某公司法定代表人通过电话再次要求对方在合同期限内履行3.5吨材料订购合同,并进行了录音公证,湖南某公司态度依旧。2005年11月,浙江某公司依法向湖南某中级人民法院提起诉讼,请求湖南某公司赔偿损失。人民法院经过审理,判决湖南某公司赔偿浙江某公司可得利益损失29万余元。

评析:

可得利益损失的认定是买卖合同违约责任认定中的疑难问题。最高人民法院于2012年5月10日发布的《关于审理买卖合同纠纷案件适用法律问题的解释》根据合同法的规定、民法原理以及审判实践经验,对可得利益损失的认定作出了具有可操作性的解释和规定。可得利益损失具体内容包括生产利润损失、经营利润损失、转售利润损失:

(1)生产利润损失。这类损失经常发生在生产设备、原材料的买卖合同违约当中,在这种情况下,买方因卖方迟延交货而耽搁生产所遭受的生产利润损失,即为可得利益损失。其一般可根据延误的生产期限与可比利润率来计算。

(2)经营利润损失。在通常情况下,非违约方的经营利润损失可以参照已履行期间的利润率来计算剩余期间的利润损失。

(3)转售利润损失。这类损失在连环购销当中经常出现,一般为转售合同与原合同价款的差额,再扣除必要的转售成本。当然此处的转售合同必须是在违约发生之前签订的,有一个时间界限。需要注意的是,计算可得利益损失时,应当从非违约方主张的赔偿总额中扣除违约方不可预见的损失、非违约方不当扩大的损失、非违约方因违约获得的利益、非违约方亦有过失所造成的损失以及必要的交易成本。

【法律规定】

《中华人民共和国合同法》(1999.10.01施行)

第一百零七条 当事人一方不履行合同义务或者履行合同义务不符合约定的,应当承担继续履行、采取补救措施或者赔偿损失等违约责任。

第一百零八条 当事人一方明确表示或者以自己的行为表明不履行合同义务的,对方可以在履行期限届满之前要求其承担违约责任。

第一百零九条 当事人一方未支付价款或者报酬的,对方可以要求其支付价款或者报酬。

第一百一十条 当事人一方不履行非金钱债务或者履行非金钱债务不

符合约定的,对方可以要求履行,但有下列情形之一的除外:

（一）法律上或者事实上不能履行;

（二）债务的标的不适于强制履行或者履行费用过高;

（三）债权人在合理期限内未要求履行。

第一百一十一条 质量不符合约定的,应当按照当事人的约定承担违约责任。对违约责任没有约定或者约定不明确,依照本法第六十一条的规定仍不能确定的,受损害方根据标的的性质以及损失的大小,可以合理选择要求对方承担修理、更换、重作、退货、减少价款或者报酬等违约责任。

第一百一十二条 当事人一方不履行合同义务或者履行合同义务不符合约定的,在履行义务或者采取补救措施后,对方还有其他损失的,应当赔偿损失。

第一百一十三条 当事人一方不履行合同义务或者履行合同义务不符合约定,给对方造成损失的,损失赔偿额应当相当于因违约所造成的损失,包括合同履行后可以获得的利益,但不得超过违反合同一方订立合同时预见到或者应当预见到的因违反合同可能造成的损失。

经营者对消费者提供商品或者服务有欺诈行为的,依照《中华人民共和国消费者权益保护法》的规定承担损害赔偿责任。

第一百一十四条 当事人可以约定一方违约时应当根据违约情况向对方支付一定数额的违约金,也可以约定因违约产生的损失赔偿额的计算方法。

约定的违约金低于造成的损失的,当事人可以请求人民法院或者仲裁机构予以增加;约定的违约金过分高于造成的损失的,当事人可以请求人民法院或者仲裁机构予以适当减少。

当事人就迟延履行约定违约金的,违约方支付违约金后,还应当履行债务。

第一百一十五条 当事人可以依照《中华人民共和国担保法》约定一方向对方给付定金作为债权的担保。债务人履行债务后,定金应当抵作价款或者收回。给付定金的一方不履行约定的债务的,无权要求返还定金;收受定金的一方不履行约定的债务的,应当双倍返还定金。

第一百一十六条 当事人既约定违约金,又约定定金的,一方违约时,对方可以选择适用违约金或者定金条款。

第一百一十七条 因不可抗力不能履行合同的,根据不可抗力的影响,部分或者全部免除责任,但法律另有规定的除外。当事人迟延履行后发生不可抗力的,不能免除责任。

本法所称不可抗力,是指不能预见、不能避免并不能克服的客观情况。

第一百一十八条 当事人一方因不可抗力不能履行合同的,应当及时通知对方,以减轻可能给对方造成的损失,并应当在合理期限内提供证明。

第一百一十九条 当事人一方违约后,对方应当采取适当措施防止损失的扩大;没有采取适当措施致使损失扩大的,不得就扩大的损失要求赔偿。

当事人因防止损失扩大而支出的合理费用,由违约方承担。

第一百二十条 当事人双方都违反合同的,应当各自承担相应的责任。

第一百二十一条 当事人一方因第三人的原因造成违约的,应当向对方承担违约责任。当事人一方和第三人之间的纠纷,依照法律规定或者按照约定解决。

第一百二十二条 因当事人一方的违约行为,侵害对方人身、财产权益的,受损害方有权选择依照本法要求其承担违约责任或者依照其他法律要求其承担侵权责任。

《最高人民法院关于适用〈中华人民共和国合同法〉若干问题的解释(二)》(2009.05.13施行)

第二十七条 当事人通过反诉或者抗辩的方式,请求人民法院依照合同法第一百一十四条第二款的规定调整违约金的,人民法院应予支持。

第二十八条 当事人依照合同法第一百一十四条第二款的规定,请求人民法院增加违约金的,增加后的违约金数额以不超过实际损失额为限。增加违约金以后,当事人又请求对方赔偿损失的,人民法院不予支持。

第二十九条 当事人主张约定的违约金过高请求予以适当减少的,人民法院应当以实际损失为基础,兼顾合同的履行情况、当事人的过错程度以及预期利益等综合因素,根据公平原则和诚实信用原则予以衡量,并作出裁决。

当事人约定的违约金超过造成损失的百分之三十的,一般可以认定为合同法第一百一十四条第二款规定的"过分高于造成的损失"。

《最高人民法院关于审理买卖合同纠纷案件适用法律问题的解释》(2012.07.01施行)

第二十一条 买受人依约保留部分价款作为质量保证金,出卖人在质量保证期间未及时解决质量问题而影响标的物的价值或者使用效果,出卖人主张支付该部分价款的,人民法院不予支持。

第二十二条 买受人在检验期间、质量保证期间、合理期间内提出质量异议,出卖人未按要求予以修理或者因情况紧急,买受人自行或者通过第三人修理标的物后,主张出卖人负担因此发生的合理费用的,人民法院应予支持。

第二十三条 标的物质量不符合约定,买受人依照合同法第一百一十一条的规定要求减少价款的,人民法院应予支持。当事人主张以符合约定的标的物和实际交付的标的物按交付时的市场价值计算差价的,人民法院应予支持。

价款已经支付,买受人主张返还减价后多出部分价款的,人民法院应予支持。

第二十四条 买卖合同对付款期限作出的变更,不影响当事人关于逾期付款违约金的约定,但该违约金的起算点应当随之变更。

买卖合同约定逾期付款违约金,买受人以出卖人接受价款时未主张逾期付款违约金为由拒绝支付该违约金的,人民法院不予支持。

买卖合同约定逾期付款违约金,但对账单、还款协议等未涉及逾期付款责任,出卖人根据对账单、还款协议等主张欠款时请求买受人依约支付逾期付款违约金的,人民法院应予支持,但对账单、还款协议等明确载有本金及逾期付款利息数额或者已经变更买卖合同中关于本金、利息等约定内容的除外。

买卖合同没有约定逾期付款违约金或者该违约金的计算方法,出卖人以买受人违约为由主张赔偿逾期付款损失的,人民法院可以中国人民银行同期同类人民币贷款基准利率为基础,参照逾期罚息利率标准计算。

第二十五条 出卖人没有履行或者不当履行从给付义务,致使买受人不能实现合同目的,买受人主张解除合同的,人民法院应当根据合同法第九十四条第(四)项的规定,予以支持。

第二十六条 买卖合同因违约而解除后,守约方主张继续适用违约金条款的,人民法院应予支持;但约定的违约金过分高于造成的损失的,人民法院可以参照合同法第一百一十四条第二款的规定处理。

第二十七条 买卖合同当事人一方以对方违约为由主张支付违约金,对方以合同不成立、合同未生效、合同无效或者不构成违约等为由进行免责抗辩而未主张调整过高的违约金的,人民法院应当就法院若不支持免责抗辩,当事人是否需要主张调整违约金进行释明。

一审法院认为免责抗辩成立且未予释明,二审法院认为应当判决支付违约金的,可以直接释明并改判。

第二十八条 买卖合同约定的定金不足以弥补一方违约造成的损失,对方请求赔偿超过定金部分的损失的,人民法院可以并处,但定金和损失赔偿的数额总和不应高于因违约造成的损失。

第二十九条 买卖合同当事人一方违约造成对方损失,对方主张赔偿可得利益损失的,人民法院应当根据当事人的主张,依据合同法第一百一十三条、第一百一十九条、本解释第三十条、第三十一条等规定进行认定。

第三十条　买卖合同当事人一方违约造成对方损失,对方对损失的发生也有过错,违约方主张扣减相应的损失赔偿额的,人民法院应予支持。

第三十一条　买卖合同当事人一方因对方违约而获有利益,违约方主张从损失赔偿额中扣除该部分利益的,人民法院应予支持。

第三十二条　合同约定减轻或者免除出卖人对标的物的瑕疵担保责任,但出卖人故意或者因重大过失不告知买受人标的物的瑕疵,出卖人主张依约减轻或者免除瑕疵担保责任的,人民法院不予支持。

第三十三条　买受人在缔约时知道或者应当知道标的物质量存在瑕疵,主张出卖人承担瑕疵担保责任的,人民法院不予支持,但买受人在缔约时不知道该瑕疵会导致标的物的基本效用显著降低的除外。

> **第十条　不可抗力与约定免责**
>
> 不可抗力是指不能预见、不能避免并不能克服的客观情况。具体包括:一是自然原因,如洪水、暴风、地震、干旱、暴风雪等人类无法控制的自然原因引发的灾害事故;二是社会原因,如战争、罢工、骚乱、政府禁止令、征收征用等引起的;三是突发重大疫情。
>
> 任何一方由于不可抗力原因不能履行合同时,应在不可抗力事件结束后____日内向对方通报,以减轻可能给对方造成的损失,在取得有关机构的不可抗力证明后,允许延期履行、部分履行或者不履行合同,并根据情况可部分或全部免予承担违约责任。
>
> 交货前发生涉及此类产品的重大社会安全事件,造成恶劣社会影响的,甲方有权解除本合同,双方互不承担责任。

● **律师批注**

【条款目的】

本条规定了不可抗力可以作为免责的理由,但因不可抗力不能履行合同的一方当事人负有及时通知对方的义务和提供证明的义务。

【风险提示】

1. 不可抗力是法定免责条款,无须当事人特别约定即可直接援用

(1) 根据法律规定,所谓不可抗力,是指不能预见、不能避免并不能克服的客观情况。不可抗力的要件为:第一,不能预见,即当事人无法知道事件是否发生、何时何地发生、发生的情况如何。对此应以一般人的预见能力为标

准加以判断。第二,不能避免,即无论当事人采取什么措施,或即使尽了最大努力,也不能防止或避免事件的发生。第三,不能克服,即以当事人自身的能力和条件无法战胜这种客观力量。第四,客观情况,即外在于当事人的行为的客观现象(包括第三人的行为)。

(2) 不可抗力主要包括以下几种情形:第一,自然灾害,如台风、洪水、冰雹;第二,政府行为,如征收、征用;第三,社会异常事件,如罢工、骚乱。

其中"不能预见"是立足于人的认识能力,属主观标准;"不能避免并不能克服"是立足于当事人客观的技术水平、防范条件和防范能力,属客观标准。主观标准上的"不能预见",决定了当事人主观上的没有过错;客观标准上的"不能避免并不能克服",决定了它是发生于当事人意志之外的事件,并且以当事人的能力不能克服它所带来的后果,即合同履行障碍。其中,客观标准是最主要的、决定性的特征。也就是说,在某些情况下,即使能够预见,但只要不能避免并不能克服,仍是不可抗力。

(3) 不可抗力具有以下特点:第一,合同中是否约定不可抗力条款,不影响直接援用法律规定。第二,不可抗力条款是法定免责条款,约定不可抗力条款如小于法定范围,当事人仍可援用法律规定主张免责;如大于法定范围,超出部分应视为另外成立了免责条款,依其约定。第三,不可抗力作为免责条款具有强制性。当事人不得约定将不可抗力排除在免责事由之外。

(4) 因不可抗力不能履行合同的,根据不可抗力的影响,违约方可部分或全部免除责任。但有以下例外:第一,金钱债务的迟延责任不得因不可抗力而免除。第二,迟延履行期间发生的不可抗力不具有免责效力。

2. 对于超出不可抗力范围的免责事由,需要合同特别约定,即约定免责条款

约定免责条款是指当事人在合同中约定免除将来可能发生的违约责任的条款,其所规定的免责事由即约定免责事由。对此,《合同法》未作一般性规定(仅规定格式合同的免责条款)。值得注意的是,免责条款不能排除当事人的基本义务,也不能排除故意或重大过失的责任,免责条款必须不得违背法律规定和社会公益,也就是不能违背公序良俗,以免造成对相对人的不利。

3. 发生免责事由后,一方当事人负有及时通知对方的义务和提供证明的义务;若没有及时通知造成对方当事人扩大损失的,免责方应承担该扩大损失的赔偿责任

在不可抗力发生后,当事人一方因不可抗力的原因不能履行合同的,应及时通知对方,通知的目的是为了使对方当事人知道不可抗力的发生以及合

同不能履行的事实,从而让对方能够及时采取措施减少损失。如果没有及时通知而给对方当事人造成扩大损失的,则因不可抗力事件要求免责的一方应承担该损失的赔偿责任。另一方当事人收到不可抗力的通知及证明文件后,无论同意与否,都应及时回复。此外,因不可抗力而不能履行合同的,还要求不能履行合同一方提供不可抗力事件的证明,如公安机关、水利机关出具的相关证明等。

4. 情势变更条款的运用

除免责条款外,《合同法》还规定了另外一种在特殊情况下可以变更或解除合同的权利条款,即情势变更条款。最高人民法院《关于适用〈中华人民共和国合同法〉若干问题的解释(二)》第26条规定:"合同成立以后客观情况发生了当事人在订立合同时无法预见的、非不可抗力造成的不属于商业风险的重大变化,继续履行合同对于一方当事人明显不公平或者不能实现合同目的,当事人请求人民法院变更或者解除合同的,人民法院应当根据公平原则,并结合案件的实际情况确定是否变更或者解除。"情势变更条款丰富了合同当事人面对非不可抗力且不属于商业风险的不利情形下的权利救济手段,依靠法律手段调整双方的利益平衡,保障合同公平正义。与免责条款可以直接适用不同,情势变更条款须由法院或仲裁机构根据当事人的请求依法适用,当事人不得自行适用该原则变更或解除合同。

【相关案例】

例1-16:不可抗力事件的认定标准

1999年6月,我国南方某粮油进出口公司(以下简称我方公司)与美国M公司(以下简称美方公司)成交土豆淀粉1 200公吨,每公吨CFR洛杉矶400美元,总金额为48万美元,交货期为1999年9—12月。当年,我国部分土豆主产地发生自然灾害,土豆减产,加上供货的加工厂停止生产这种产品,我方公司无力组织货源,于是于1999年9月26日致函电美方公司,以发生自然灾害为"不可抗力"的理由,要求免除交货责任。美方公司于9月29日回电,认为自然灾害并不能成为卖方解除免交货物责任的"不可抗力"理由,并称该商品市场价格已上涨,由于我方公司未交货已使其损失6万美元,要求我方公司赔偿损失或供应其他品种淀粉。我方公司对此项要求不同意,坚持因"不可抗力"而不能交货。在协商不成的情况下,美方公司根据仲裁条款向我方仲裁机构提出仲裁。仲裁机构在执行仲裁程序时,经调查发现,自然灾害的确不是造成不能交货的唯一原因。在仲裁机构的调解下,双方经过多次协商,以我方公司赔偿美方公司2万美元结案。

评析：

"不可抗力"是一种有严格解释的特定概念，即不能履约或不能如期履约，必须是由于某种非常的意外事故和某种当事人不能控制的原因所造成，而当事人对这种意外事故既是订约时所不能预见的，在意外事故发生后也是不能采取任何措施可避免或克服的。因此，如果某种意外事故是当事人订约时就可以预见到的，或者在意外事故发生后能采取措施加以克服和排除的，就不能构成"不可抗力"。

本案涉及的是自然灾害问题。要求因不可抗力免除履约责任的一方，不仅需对事实提出证明，还需对无法克服和无法预防所出现的自然灾害提出证明，具体包括：第一，自然灾害发生的事实（相关农业机构、气象部门出具的证明文件）；第二，由于自然灾害致使农副产品全部毁灭或减产，使合同全部或部分不能履行，其影响程度必须是根本性的或全局性的，致使无法取得货源。本案中，我方公司所销售的商品确因我国当时遭受自然灾害受到一定的影响，但不致找不到货源。当时不能交货，主要原因是由于供货的加工厂停止生产这种产品。因此，我方公司也就无法提供上述两项证明，仅凭单方面主张是不能适用"不可抗力"条款而免除不交货责任的。

【法律规定】

《中华人民共和国合同法》（1999.10.01 施行）

第一百一十七条　因不可抗力不能履行合同的，根据不可抗力的影响，部分或者全部免除责任，但法律另有规定的除外。当事人迟延履行后发生不可抗力的，不能免除责任。本法所称不可抗力，是指不能预见、不能避免并不能克服的客观情况。

第一百十八条　当事人一方因不可抗力不能履行合同的，应当及时通知对方，以减轻可能给对方造成的损失，并应当在合理期限内提供证明。

《中华人民共和国民法通则》（1987.01.01 施行）

第一百零七条　因不可抗力不能履行合同或者造成他人损害的，不承担民事责任，法律另有规定的除外。

第一百五十三条　本法所称的"不可抗力"，是指不能预见、不能避免并不能克服的客观情况。

《最高人民法院关于适用〈中华人民共和国合同法〉若干问题的解释（二）》（2009.05.13 施行）

第二十六条　合同成立以后客观情况发生了当事人在订立合同时无法预见的、非不可抗力造成的不属于商业风险的重大变化，继续履行合同对于一方当事人明显不公平或者不能实现合同目的，当事人请求人民法院变更或者解除合同的,人民法院应当根据公平原则,并结合案件的实际情况确定是否变更或者解除。

> **第十一条 争议解决**
> 合同争议的解决方式:本合同项下发生的争议,由双方当事人协商解决或申请调解解决;协商或调解不成的,按下列第_____种方式解决(只能选择一种):
> 1. 提交_____仲裁委员会仲裁;
> 2. 依法向_____人民法院起诉。

● 律师批注

【条款目的】

本条规定了争议发生时解决合同争议的方式,具体包括适用法律、争端解决方式(诉讼或者仲裁)、管辖法院。在合同争议发生后,买卖双方可以依据合同条款的约定选择相应的争议解决方式化解争端。

【风险提示】

争端解决方式的选择,对于纠纷的最终解决,有着极其重要的影响,若是该条款约定得充分到位,对于威慑违约企图,抑制对方的违约动机,以及在争议发生后更好地维护守约方的权益方面,有着至关重要的作用。

1. 仲裁条款需约定明确,否则会导致约定无效

《中华人民共和国仲裁法》第4条规定:"当事人采用仲裁方式解决纠纷,应当双方自愿,达成仲裁协议。没有仲裁协议,一方申请仲裁的,仲裁委员会不予受理。"该法第18条规定:"仲裁协议对仲裁事项或者仲裁委员会没有约定或者约定不明确的,当事人可以补充协议;达不成补充协议的,仲裁协议无效。"

2. 买卖合同的管辖原则

根据《民事诉讼法》第23条之规定,因合同纠纷提起的诉讼,由被告住所地或者合同履行地人民法院管辖。

需要注意的是,当事人既约定通过仲裁又约定通过诉讼方式解决其争议的,该约定违反了仲裁排除法院管辖的基本原则,应认定该仲裁条款无效。

【相关案例】

例1-17:仲裁机构约定不明致仲裁条款无效

2003年4月,原告福建国航远洋运输(集团)股份有限公司与被告广州海运(集团)有限公司、中海发展股份有限公司货轮公司签订为期5年的光船

租赁合同和定期租船合同。后来,双方发生争议,原告向厦门海事法院提起诉讼。法院立案后,被告提出管辖权异议,认为定期租船合同已经约定了仲裁条款,应通过仲裁解决。被告认为,根据合同的解决争议条款,"合同未尽事宜或发生纠纷,由船东和租船人协商解决,协商未果,可以在广州通过仲裁解决"。由于广州唯一的仲裁机构为广州仲裁委员会,因此,合同约定在广州仲裁,就应当是由广州仲裁委员会仲裁。厦门海事法院作出了驳回被告管辖权异议的裁定。被告不服,上诉至福建省高级人民法院。

评析:

从文字表述和逻辑推理上理解,"在广州通过仲裁解决"的约定只确定了仲裁的地点应当在广州,但这一地点的确定不具有排他性和特定性,既可以理解为由广州仲裁机构仲裁解决,也可以理解为由其他仲裁机构受理后在广州仲裁解决。例如,根据《中国国际经济贸易仲裁委员会仲裁规则》的规定,当事人约定仲裁地点的,仲裁案件的审理应当在约定地点进行。因此,原、被告双方的上述约定仍属于对仲裁机构没有约定的情况。

例1-18:关于确定买卖合同纠纷案件的管辖权问题

2001年11月21日,原、被告签订《工矿产品购销合同》一份,合同第3条交货地点、方式中约定,"由供方(即原告)送货至需方(即被告)仓库或指定地点"。原告完成供货义务后,双方于2003年7月3日共同确认出具了一份对账单,载明被告尚欠原告货款155万余元,但对付款方式和付款地点未作约定。后被告一直未付款,原告遂以接受货币一方所在地为履行地,向原告所在地法院起诉,请求被告偿付货款。

评析:

本案中虽然对账单载明被告尚欠原告货款155万余元,但必须查明被告欠原告货款的原因,分清发生争议的合同纠纷的性质。本案双方是基于买卖合同关系发生纠纷,对账单只是对以前发生的事实加以追认和明确,仅是一个"从合同"而已,应按"主合同"即买卖合同约定的交货地点作为合同履行地确定管辖。该案合同约定"由供方送货至需方仓库或指定地点",因此,需方仓库或指定地点为该买卖合同的履行地,作为合同履行地的人民法院对本案有管辖权。

【法律规定】

《中华人民共和国合同法》(1999.10.01施行)

第一百二十八条 当事人可以通过和解或者调解解决合同争议。

当事人不愿和解、调解或者和解、调解不成的,可以根据仲裁协议向仲裁机构申请仲裁。涉外合同的当事人可以根据仲裁协议向中国仲裁机构或者其他仲裁机构申请仲裁。当事人没有订立仲裁协议或者仲裁协议无效的,可以向人民法院起诉。当事人应当履行发生法律效力的判决、仲裁裁决、调解书;拒不履行的,对方可以请求人民法院执行。

《中华人民共和国民事诉讼法》(2013.01.01施行)

第二十三条　因合同纠纷提起的诉讼,由被告住所地或者合同履行地人民法院管辖。

《最高人民法院关于适用〈中华人民共和国民事诉讼法〉若干问题的意见》(1992.07.14颁布)

第十八条　因合同纠纷提起的诉讼,如果合同没有实际履行,当事人双方住所地又都不在合同约定的履行地的,应由被告住所地人民法院管辖。

第十九条　购销合同的双方当事人在合同中对交货地点有约定的,以约定的交货地点为合同履行地;没有约定的,依交货方式确定合同履行地;采用送货方式的,以货物送达地为合同履行地;采用自提方式的,以提货地为合同履行地;代办托运或按木材、煤炭送货办法送货的,以货物发运地为合同履行地。

购销合同的实际履行地点与合同中约定的交货地点不一致的,以实际履行地点为合同履行地。

《中华人民共和国仲裁法》(1995.09.01施行)

第二条　平等主体的公民、法人和其他组织之间发生的合同纠纷和其他财产权益纠纷,可以仲裁。

第四条　当事人采用仲裁方式解决纠纷,应当双方自愿,达成仲裁协议。没有仲裁协议,一方申请仲裁的,仲裁委员会不予受理。

第五条　当事人达成仲裁协议,一方向人民法院起诉的,人民法院不予受理,但仲裁协议无效的除外。

第六条　仲裁委员会应当由当事人协议选定。

仲裁不实行级别管辖和地域管辖。

第九条　仲裁实行一裁终局的制度。裁决作出后,当事人就同一纠纷再申请仲裁或者向人民法院起诉的,仲裁委员会或者人民法院不予受理。

裁决被人民法院依法裁定撤销或者不予执行的,当事人就该纠纷可以根据双方重新达成的仲裁协议申请仲裁,也可以向人民法院起诉。

第十六条　仲裁协议包括合同中订立的仲裁条款和以其他书面方式在纠纷发生前或者纠纷发生后达成的请求仲裁的协议。

仲裁协议应当具有下列内容:

(一)请求仲裁的意思表示;

（二）仲裁事项；
（三）选定的仲裁委员会。

第十七条　有下列情形之一的,仲裁协议无效：
（一）约定的仲裁事项超出法律规定的仲裁范围的；
（二）无民事行为能力人或者限制民事行为能力人订立的仲裁协议；
（三）一方采取胁迫手段,迫使对方订立仲裁协议的。

第十八条　仲裁协议对仲裁事项或者仲裁委员会没有约定或者约定不明确的,当事人可以补充协议；达不成补充协议的,仲裁协议无效。

第十九条　仲裁协议独立存在,合同的变更、解除、终止或者无效,不影响仲裁协议的效力。

仲裁庭有权确认合同的效力。

第二十条　当事人对仲裁协议的效力有异议的,可以请求仲裁委员会作出决定或者请求人民法院作出裁定。一方请求仲裁委员会作出决定,另一方请求人民法院作出裁定的,由人民法院裁定。

当事人对仲裁协议的效力有异议,应当在仲裁庭首次开庭前提出。

第四十条　仲裁不公开进行。当事人协议公开的,可以公开进行,但涉及国家秘密的除外。

第五十三条　裁决应当按照多数仲裁员的意见作出,少数仲裁员的不同意见可以记入笔录。仲裁庭不能形成多数意见时,裁决应当按照首席仲裁员的意见作出。

《最高人民法院关于适用〈中华人民共和国仲裁法〉若干问题的解释》（2006.09.08 施行）

第一条　仲裁法第十六条规定的"其他书面形式"的仲裁协议,包括以合同书、信件和数据电文（包括电报、电传、传真、电子数据交换和电子邮件）等形式达成的请求仲裁的协议。

第二条　当事人概括约定仲裁事项为合同争议的,基于合同成立、效力、变更、转让、履行、违约责任、解释、解除等产生的纠纷都可以认定为仲裁事项。

第三条　仲裁协议约定的仲裁机构名称不准确,但能够确定具体的仲裁机构的,应当认定选定了仲裁机构。

第四条　仲裁协议仅约定纠纷适用的仲裁规则的,视为未约定仲裁机构,但当事人达成补充协议或者按照约定的仲裁规则能够确定仲裁机构的除外。

第五条　仲裁协议约定两个以上仲裁机构的,当事人可以协议选择其中的一个仲裁机构申请仲裁;当事人不能就仲裁机构选择达成一致的,仲裁协议无效。

第六条 仲裁协议约定由某地的仲裁机构仲裁且该地仅有一个仲裁机构的,该仲裁机构视为约定的仲裁机构。该地有两个以上仲裁机构的,当事人可以协议选择其中的一个仲裁机构申请仲裁;当事人不能就仲裁机构选择达成一致的,仲裁协议无效。

第七条 当事人约定争议可以向仲裁机构申请仲裁也可以向人民法院起诉的,仲裁协议无效。但一方向仲裁机构申请仲裁,另一方未在仲裁法第二十条第二款规定期间内提出异议的除外。

第九条 债权债务全部或者部分转让的,仲裁协议对受让人有效,但当事人另有约定、在受让债权债务时受让人明确反对或者不知有单独仲裁协议的除外。

第十二条 附加条款
1. ＿＿＿＿＿＿＿＿＿＿＿＿＿＿＿＿＿＿＿＿＿＿＿＿＿＿＿。
2. ＿＿＿＿＿＿＿＿＿＿＿＿＿＿＿＿＿＿＿＿＿＿＿＿＿＿＿。

● 律师批注

【条款目的】

双方在协商买卖合同内容时,任何一方提出有关要求,对方同意接受的,都可成为合同的内容,均可写入附加条款中。这是买卖双方平衡彼此权益、弥补合同漏洞、优化合同内容的自由条款。例如,对买卖合同的担保、公证、货物运输保险、变更或者解除合同的条件、涉外买卖合同中法律的适用等内容,只要经过双方协商同意,都可以成为合同的条款。

【风险提示】

(1)对于高风险的买卖合同,买卖双方可以视情况要求对方提供担保、反担保;担保是为确保债权人实现债权,以债务人或第三人的信用或者特定财产保证债务人履行债务的法律制度。担保有五种方式,即保证、抵押、质押、留置、定金。担保可以主合同担保条款的形式存在,也可以独立的担保合同的形式订立。留置无须另行订立合同。关于合同担保的约定,可参照本书第二章"一般工业品买卖合同"第十三条的批注。

(2)相较于书面条款,补充条款在效力上具有优先性;因此,补充条款可能构成对原书面条款的实质性变更。

【法律规定】

《中华人民共和国合同法》(1999.10.01 施行)

第四十一条 对格式条款的理解发生争议的,应当按照通常理解予以解释。对格式条款有两种以上解释的,应当作出不利于提供格式条款一方的解释。格式条款和非格式条款不一致的,应当采用非格式条款。

第六十一条 合同生效后,当事人就质量、价款或者报酬、履行地点等内容没有约定或者约定不明确的,可以协议补充;不能达成补充协议的,按照合同有关条款或者交易习惯确定。

第七十七条 当事人协商一致,可以变更合同。

法律、行政法规规定变更合同应当办理批准、登记等手续的,依照其规定。

第十三条 其他约定事项

1. 按本合同规定应付的违约金、赔偿金、保管保养费和各种经济损失,应当在明确责任后_____日内,按银行规定的结算办法付清,否则按逾期付款处理。

2. 约定的违约金,视为违约的损失赔偿。双方没有约定违约金或预先赔偿额的计算方法的,损失赔偿额应当相当于违约所造成的损失,包括合同履行后可获得的利益,但不得超过违反合同一方订立合同时应当预见到的因违反合同可能造成的损失。

3. 合同有效期内,除非经对方同意,或者另有法定理由,任何一方不得变更或解除合同。

4. 合同如有未尽事宜,须经双方共同协商,作出补充规定,补充规定与本合同具有同等效力。

5. 双方来往函件,按照合同规定的地址或传真号码以_____方式送达对方。如一方地址、电话、传真号码有变更,应在变更后_____日内书面通知对方,否则,应承担相应责任。传真件有效。

● 律师批注

【条款目的】

买卖合同双方可以就合同中主要条款未提及的内容,而对合同当事人双方又是非常重要的事项,进行约定,只要双方一致同意的,都可成为合同的内容,均可写入该条款中。

【法律规定】

《中华人民共和国合同法》(1999.10.01 施行)

第十一条　书面形式是指合同书、信件和数据电文(包括电报、电传、传真、电子数据交换和电子邮件)等可以有形地表现所载内容的形式。

《最高人民法院关于审理买卖合同纠纷案件适用法律问题的解释》(2012.07.01 施行)

第四条　人民法院在按照合同法的规定认定电子交易合同的成立及效力的同时,还应当适用电子签名法的相关规定。

《中华人民共和国电子签名法》(2005.04.01 施行)

第四条　能够有形地表现所载内容,并可以随时调取查用的数据电文,视为符合法律、法规要求的书面形式。

> 第十四条　本合同经双方盖章或授权代表签字后生效。

● 律师批注

【条款目的】

本条明确了买卖合同成立、生效的条件。

【风险提示】

在多数合同中,合同成立的时间就是合同生效的时间,因此合同成立之时就是合同当事人受合同约束之时。买卖合同当事人一方或双方是自然人的,由订立合同的自然人签名或者盖上自然人的姓名章;如是法人或其他组织的,则由法人的法定代表人或者其他组织的负责人签名并且加盖单位的公章。如果有明确的授权,委托代理人在授权的权限范围内也可替委托人签名。这里需要注意的是,对于法人和其他组织,盖什么章应给予关注,一般来说,法人和其他组织的印章有合同专用章、财务专用章、行政章以及部门公章等,判断前述公章的效力,首先要看该公章是否是真实的,其次还要看该公章能否代表合同主体的意思表示。一般而言,合同专用章、行政章都可作为合同用章,而财务专用章、部门公章的效力则要看具体情况而定,如果仅仅证明诸如欠款金额等财务方面的问题,财务章也是有效的。

这里需要特别指出的是,对买卖合同双方或一方是法人所订立的合同,并不强行要求法人一方同时签字、盖章,而只要签字或盖章,意思表示就可成立,即在订立合同时,只要有法人的法定代表人的签字,合同即可成立。

【相关案例】

例 1-19:签名手续不完整情形下的合同效力

甲公司与乙公司签订了一份商品买卖协议,在履行过程中,甲公司提出合同不成立,理由是双方签订的合同仅有甲公司董事长的个人签字,没有加盖甲公司的公章。要求取消已经签订的合同,不再继续履行交货的义务。

评析:

本案中,甲公司提出合同上仅有甲公司董事长的个人签字,合同不能生效,其提法与《合同法》的规定是相违背的。根据《合同法》的相关规定,合同签订主体签字或盖章合同即成立并生效。本案中,甲公司董事长有权代表公司对外签署合同,其在买卖合同上签字的行为具有使合同成立并生效的法律效力。因此,甲公司的抗辩理由不能得到法律的支持。

【法律规定】

《中华人民共和国合同法》(1999.10.01 施行)

第二十五条　承诺生效时合同成立。

第三十二条　当事人采用合同书形式订立合同的,自双方当事人签字或者盖章时合同成立。

第三十三条　当事人采用信件、数据电文等形式订立合同的,可以在合同成立之前要求签订确认书。签订确认书时合同成立。

第十五条　本合同正本一式＿＿＿＿份,双方各执＿＿＿＿份。

● **律师批注**

【条款目的】

本条明确约定了合同的份数。对于合同的份数,基于合同双方的实际需要而定,合同当事人可以将签署的协议留存各自所有,以备在合同执行中查看,并在发生争议时,基于合同文本主张自身的合法权益。特殊的买卖合同还要留存工商或第三方机构备查,如买卖合同需要公证的,还要留存公证机构一份。

甲方:＿＿＿＿＿＿＿　　　　乙方:＿＿＿＿＿＿＿

法定代表人或授权代表:(签字)　　法定代表人或授权代表:(签字)

● **律师批注**

【条款目的】

本条中的签字或签章是合同订立必需的书面手续,是合同成立的关键步骤,应当予以高度重视。

【风险提示】

应重点关注买卖合同签字人是否系合同当事人,是否系法人的法定代表人,如是法定代表人之外的其他人,该签名人是否持有合法的授权手续。法人加盖的是否是其公章,如加盖的不是其公章,应关注其合同专用章是否是正式备案的合同章或者业务章。

随着电子商务的发展,电子签名在业务往来中越来越普遍,其适用应当依据《中华人民共和国电子签名法》的相关规定。

【法律规定】
《最高人民法院关于审理买卖合同纠纷案件适用法律问题的解释》(2012.07.01 施行)

第四条 人民法院在按照合同法的规定认定电子交易合同的成立及效力的同时,还应当适用电子签名法的相关规定。

《中华人民共和国电子签名法》(2005.04.01 施行)

第三条 民事活动中的合同或者其他文件、单证等文书,当事人可以约定使用或者不使用电子签名、数据电文。

当事人约定使用电子签名、数据电文的文书,不得仅因为其采用电子签名、数据电文的形式而否定其法律效力。

前款规定不适用下列文书:
(一)涉及婚姻、收养、继承等人身关系的;
(二)涉及土地、房屋等不动产权益转让的;
(三)涉及停止供水、供热、供气、供电等公用事业服务的;
(四)法律、行政法规规定的不适用电子文书的其他情形。

本合同于_____年_____月_____日订立于_____(地点)。

● 律师批注
【条款目的】
明确买卖合同签订的时间和地点。

【风险提示】
因买卖合同纠纷提起诉讼,一般由被告住所地或合同履行地人民法院管辖,买卖合同双方也可在合同中协议选择合同签订地人民法院管辖,此时,明确合同签订的地点就显得十分必要。此外,合同签订地对于推定合同签订的背景、目的等,也有着一定的参考价值。

【相关案例】
例 1-20:合同签订地与管辖法院的确定
2006 年 3 月,位于 X 市的 A 公司与位于 Y 市的 B 公司签订了一份买卖合同。合同签订后，B公司依照约定向A公司支付了50万元的定金。后A公司通知B公司要求解除合同，B公司支付的50万元定金可以返还。B公司不同意A公司的要求，后双方多次协商未果，拟通过诉讼途径解决。后发现，该合同虽然约定了"发生纠纷可提交合同签订地法院裁决"，但并未记载合同的签订地，而且从现有资料已无法判断合同的签订地。因此，B公司只能到X市法院起诉，但诉讼成本和胜诉难度都将增大。最后经多方考虑，只能以A公司退还50万元定金结案。

评析：
一旦发生纠纷，由哪里的法院管辖，是控制诉讼成本、增加胜诉把握的重要因素。一般来说，除非有相反的证据予以推翻，合同中约定的合同签订地，即被认为是具有法律意义的合同签订地。在合同中选择对一方有利的合同签订地，并将其法院约定为管辖法院，是降低诉讼风险的有效措施之一。另外，合同签订地对于推定合同签订的背景、目的等，也有着一定的参考价值。总之，合同记载的事项应尽量详细。

【法律规定】
《中华人民共和国民事诉讼法》(2013.01.01施行)
第二十三条 因合同纠纷提起的诉讼，由被告住所地或者合同履行地人民法院管辖。
《最高人民法院关于适用〈中华人民共和国合同法〉若干问题的解释（二）》(2009.05.13施行)
第四条 采用书面形式订立合同，合同约定的签订地与实际签字或者盖章地点不符的，人民法院应当认定约定的签订地为合同签订地；合同没有约定签订地，双方当事人签字或者盖章不在同一地点的，人民法院应当认定最后签字或者盖章的地点为合同签订地。

第二章 普通商品买卖合同范本律师批注

一、一般工业品买卖合同

一般工业品买卖合同

合同编号：

出　卖　人：_____

买　受　人：_____

签订地点：_____　　签订时间：_____

● **律师批注**

参见本书第一章"一般商品买卖合同"关于本条的批注。

第一条　标的物　　　　　　　　（注：空格如不够用，可以另接）

标的物名称	商标	规格型号	生产厂家	计量单位	数量	价款	
						单价	总价
合计人民币金额(大写)：					¥：		

● **律师批注**

【条款目的】

明确买卖合同标的物的具体信息，即标的物的具体名称、商标、规格型号、生产厂家、数量及计量单位、价款等。

【风险提示】

买卖标的物的具体信息必须在合同中真实、准确地记载清楚，以免日后发生纠纷时难以厘清各自的责任。

【法律规定】

《中华人民共和国合同法》(1999.10.01 施行)

第十二条　合同的内容由当事人约定,一般包括以下条款:
……
（二）标的;
（三）数量;
（四）质量;
……

第二条　质量要求:＿＿＿＿＿＿＿＿＿＿＿＿＿＿＿＿＿＿＿＿。

● 律师批注

【条款目的】
买卖双方对标的物的质量标准作出明确约定。

【风险提示】
质量条款的重要性是毋庸置疑的,许多合同纠纷亦是由质量问题引起的。不同的商品,其质量要求也不一样。同一商品,其档次或者等级不同,质量标准也不相同。因此,双方当事人应在买卖合同中规定所出卖商品执行的技术标准。产品的技术标准,有国家标准的按国家标准执行;没有国家标准而有专业(部)标准的,按专业(部)标准执行;没有国家标准、专业(部)标准的,按企业标准执行。在合同中必须写明执行的标准代号、编号和标准名称。没有上述标准的,或虽有上述标准,但需方有特殊要求的,按供需双方在合同中商定的技术条件、样品或补充的技术要求执行。详细批注参见本书第一章"一般商品买卖合同"第一条的批注。

第三条　包装标准、包装物的提供与回收:＿＿＿＿＿＿＿＿＿＿。

● 律师批注

参见本书第一章"一般商品买卖合同"第三条的批注。

第四条　随附必备品、配件、工具的数量及提供办法:＿＿＿＿＿＿。

● 律师批注

参见本书第一章"一般商品买卖合同"第四条的批注。

第五条　合理损耗标准及计算方法:＿＿＿＿＿＿＿＿＿＿＿＿。

● **律师批注**
参见本书第一章"一般商品买卖合同"第二条的批注。

> **第六条** 标的物所有权自(交付/_____)时起转移,但买受人未履行(支付价款/_____)义务的,标的物仍属于出卖人所有;标的物毁损、灭失的风险自交付时起由买受人承担。

● **律师批注**
参见本书第一章"一般商品买卖合同"第四条的批注。

> **第七条** 交付(提取)标的物或提取标的物单证的方式、时间、地点:_____。

● **律师批注**
参见本书第一章"一般商品买卖合同"第四条的批注。

> **第八条** 运输方式及到达站(港)和费用负担:_____。

● **律师批注**
参见本书第一章"一般商品买卖合同"第四条的批注。

> **第九条** 验收标准、方法、地点及期限:_____。

● **律师批注**
参见本书第一章"一般商品买卖合同"第五条的批注。

> **第十条** 成套设备的安装与调试:_____。

● **律师批注**
【条款目的】
明确成套设备安装与调试的责任。

【风险提示】
本条是买卖成套设备的必备条款。成套设备的功效主要依赖设备是否成套并正常运行。由于成套设备的技术因素和工艺因素,凡涉及成套设备买卖的合同应当对成套设备的安装与调试作出明确约定,切实维护合同双方的合法权益。

> **第十一条** 出卖人对标的物质量负责的条件及期限：_____。
> **第十二条** 结算方式、时间及地点：_____。

● 律师批注

参见本书第一章"一般商品买卖合同"第六条的批注。

> **第十三条** 担保方式（也可另立担保合同）：_____。

● 律师批注

【条款目的】

担保是防范合同违约风险的防火墙，是保证合同顺利履行的重要手段。

【风险提示】

对于高风险的买卖合同，买卖双方可以视情况要求对方提供担保、反担保；担保是为确保债权人实现债权，以债务人或第三人的信用或者特定财产保证债务人履行债务的法律制度。

根据我国《担保法》及《合同法》的相关规定，担保主要有保证、抵押、质押、留置和定金等形式。担保可以主合同担保条款的形式存在，也可以独立的担保合同的形式订立。留置无须另行订立合同。保证，是指保证人和债权人约定，当债务人不履行债务时，保证人按照约定履行债务或者承担责任的行为。抵押，是指债务人或者第三人向债权人以不转移占有的方式提供一定的财产作为抵押物，用以担保债务履行的担保方式。质押，是指债务人或者第三人将其动产或权利移交债权人占有，用以担保债权的履行。定金，是指当事人双方为了保证债务的履行，约定由当事人一方先行支付给对方一定数额的货币作为担保。对于担保方式，实际交易中可根据交易实际情况选择适用。

【相关案例】

例 2-1：未在保证期间内主张保证责任导致保证人责任免除

2007年9月21日，张某从王某处借款20万元，约定一年内归还。李某在借条上签名，为张某提供担保，未约定保证期限。2008年9月，张某并未按期履行还款义务，王某多次电话催促，张某以各种理由推托。2009年4月，因与张某失去联系，王某遂将保证人李某起诉至法院，要求其承担保证责任。法院经审理，驳回了原告的诉讼请求。

评析：

被告张某向原告王某借款 20 万元,并出具书面借据,李某在借据上以保证人的身份签字,借款合同和保证合同依法成立生效。因对保证方式和担保期限未作约定,按《中华人民共和国担保法》第 19、26 条的规定,保证方式应认定为连带责任保证,保证期间为主债务履行期限届满之日起 6 个月,即 2008 年 9 月 21 日至 2009 年 3 月 20 日。本案原告之所以败诉,是因为原告未能在保证期间内要求保证人承担保证责任,保证期间过后,保证人责任免除,原告王某只能向张某主张还款。

【法律规定】

《中华人民共和国担保法》(1995.10.01 施行)

第二条　在借贷、买卖、货物运输、加工承揽等经济活动中,债权人需要以担保方式保障其债权实现的,可以依照本法规定设定担保。

本法规定的担保方式为保证、抵押、质押、留置和定金。

第四条　第三人为债务人向债权人提供担保时,可以要求债务人提供反担保。

反担保适用本法担保的规定。

第六条　本法所称保证,是指保证人和债权人约定,当债务人不履行债务时,保证人按照约定履行债务或者承担责任的行为。

第十六条　保证的方式有:

(一)一般保证;

(二)连带责任保证。

第三十三条　本法所称抵押,是指债务人或者第三人不转移对本法第三十四条所列财产的占有,将该财产作为债权的担保。债务人不履行债务时,债权人有权依照本法规定以该财产折价或者以拍卖、变卖该财产的价款优先受偿。

前款规定的债务人或者第三人为抵押人,债权人为抵押权人,提供担保的财产为抵押物。

第六十三条　本法所称动产质押,是指债务人或者第三人将其动产移交债权人占有,将该动产作为债权的担保。债务人不履行债务时,债权人有权依照本法规定以该动产折价或者以拍卖、变卖该动产的价款优先受偿。

前款规定的债务人或者第三人为出质人,债权人为质权人,移交的动产为质物。

第八十九条　当事人可以约定一方向对方给付定金作为债权的担保。债务人履行债务后,定金应当抵作价款或者收回。给付定金的一方不履行约定的债务的,无权要求返还定金;收受定金的一方不履行约定的债务的,应当双倍返还定金。

> 第十四条　本合同解除的条件：_____。

● 律师批注

参见本书第二章"机器设备买卖合同"第十一条的批注。

> 第十五条　违约责任
> 出卖人的违约责任：_____。
> 买受人的违约责任：_____。

● 律师批注

参见本书第一章"一般商品买卖合同"第八条、第九条的批注。

> 第十六条　合同争议的解决方式
> 本合同项下发生的争议,由双方当事人协商解决或申请调解解决;协商或调解不成的,按下列第_____种方式解决(只能选择一种)：
> 1. 提交_____仲裁委员会仲裁；
> 2. 依法向_____人民法院起诉。

● 律师批注

参见本书第一章"一般商品买卖合同"第十一条的批注。

> 第十七条　本合同自_____时起生效。

● 律师批注

参见本书第一章"一般商品买卖合同"第十四条的批注。

> 第十八条　其他约定事项：_____。

● 律师批注

参见本书第一章"一般商品买卖合同"第十三条的批注。

（以下无正文）			
（签字盖章页）			
出卖人		买受人	
出卖人（章）：	营业执照号码：	出卖人（章）：	营业执照号码：
住所：		住所：	
法定代表人：	委托代理人：	法定代表人：	委托代理人：
电话：	传真：	电话：	传真：
开户银行：	账号：	开户银行：	账号：
税号：	邮政编码：	税号：	邮政编码：

● 律师批注

【条款目的】

明确合同签约主体的资格，注意买卖合同签约主体应具有相应的民事权利能力和民事行为能力。

【风险提示】

应重点关注签约主体的缔约能力。合同是以当事人的意思表示为基础的，这就要求合同主体必须具备一定的权利能力和行为能力。同时应关注买卖合同的签字人是否系合同的当事人，是否系法人的法定代表人，如是法定代表人之外的其他人，该签名人是否持有合法的授权。法人加盖的是否其公章，如加盖的不是其公章，应关注其合同专用章是否是正式备案的合同章或者业务章。详细批注参见本书第一章"一般商品买卖合同"首部的批注。

二、工矿产品订货合同

工矿产品订货合同

合同编号：

供方：_____（下称甲方）　　需方：_____（下称乙方）
地址：_____　　　　　　　　　地址：_____
邮编：_____　　　　　　　　　邮编：_____
电话：_____　　　　　　　　　电话：_____
传真：_____　　　　　　　　　传真：_____
电子邮箱：_____　　　　　　　电子邮箱：_____

● **律师批注**

参见本书第一章"一般商品买卖合同"关于本条的批注。

甲乙双方根据《中华人民共和国合同法》等有关法律的规定，经充分协商，本着自愿及平等互利的原则，订立本合同。

● **律师批注**

参见本书第一章"一般商品买卖合同"关于本条的批注。

第一条　产品名称、商标、型号、质量、数量、金额、供货时间

产品名称	商标	规格型号	质量	数量	价款		供货时间
					单价	总价	

合计人民币金额(大写)：　　　　　　　　　　　　¥：

● **律师批注**

参见本书第一章"一般商品买卖合同"第一条的批注。

第二条　质量要求、技术标准、供方对质量负责的条件和期限：_____。

● **律师批注**

参见本书第一章"一般商品买卖合同"第一条的批注。

第三条 交(提)货方式：_____。

● 律师批注

参见本书第一章"一般商品买卖合同"第四条的批注。

第四条 运输方式及到达站(港)的费用负担：_____。

● 律师批注

参见本书第一章"一般商品买卖合同"第四条的批注。

第五条 验收方式及提出异议的期限：_____。

● 律师批注

参见本书第一章"一般商品买卖合同"第五条、第七条的批注。

第六条 包装标准、包装物的供应与回收和费用负担：_____。

● 律师批注

参见本书第一章"一般商品买卖合同"第三条的批注。

第七条 超欠幅度、损耗及计算方法：_____。

● 律师批注

参见本书第一章"一般商品买卖合同"第二条的批注。

第八条 随机配件、备品、工具供应方法：_____。

● 律师批注

参见本书第一章"一般商品买卖合同"第四条的批注。

第九条 结算方式及期限：_____。

● 律师批注

参见本书第一章"一般商品买卖合同"第六条的批注。

第十条 违约责任：_____。

● 律师批注

参见本书第一章"一般商品买卖合同"第八条、第九条的批注。

第十一条 担保：_____。

● 律师批注

参见本书第二章"一般工业品买卖合同"第十三条的批注。

第十二条 解决合同纠纷的方式：_____。

● 律师批注

参见本书第一章"一般商品买卖合同"第十一条的批注。

第十三条 本合同于_____年___月___日在_____签订,有效期限：_____。

● 律师批注

参见本书第一章"一般商品买卖合同"关于本条的批注。

第十四条 其他约定事项：_____。

● 律师批注

参见本书第一章"一般商品买卖合同"第十三条的批注。

供方单位名称：_____(公章)	需方单位名称：_____(公章)
代表人：_____	代表人：_____
委托代理人：_____	委托代理人：_____
开户银行：_____	开户银行：_____
账号：_____	账号：_____
电话：_____	电话：_____
___年___月___日	___年___月___日

● 律师批注

参见本书第一章"一般商品买卖合同"关于本条的批注。

三、机器设备买卖合同

机器设备买卖合同

合同编号：

买方：_____　　卖方：_____
地址：_____　　地址：_____
邮编：_____　　邮编：_____
电话：_____　　电话：_____
传真：_____　　传真：_____
电子邮箱：_____　　电子邮箱：_____

● 律师批注

参见本书第一章"一般商品买卖合同"关于本条的批注。

鉴于卖方拥有生产、销售_____设备及相关资料的专有权，买方为_____需要有意向卖方购买上述设备及相关资料。双方本着自愿、平等、互惠互利、诚实信用的原则，经充分友好协商，订立如下合同条款，以兹共同恪守履行。

● 律师批注

参见本书第一章"一般商品买卖合同"关于本条的批注。

第一条　合同标的
本合同标的为用于_____项目的_____设备。
1. 设备名称、型号、规格、数量_____。
2. 卖方的所有供货及服务必须使安装后的设备完全满足技术规格书的要求。
3. 卖方为买方设计制造并提供设备所需的其他辅助设备及材料。
4. 卖方向买方提供所供设备的以下服务：设计、培训、安装、测试验收、质量保证、售后服务等。

● 律师批注

参见本书第一章"一般商品买卖合同"第一条的批注。

第二条　合同价格

1. 合同总价为￥_____（大写_____元）。

2. 合同总价包括设备及辅助设备的制造、包装、税费、关税、商检费以及安装调试、验收、培训、技术服务（包括技术资料、图纸的提供）、质保期保障等全部费用。

3. 合同总价的分项价格如下：

（1）设备和材料费用：￥_____（大写_____元）。

（2）辅助设备费用：￥_____（大写_____元）。

（3）设计和技术资料费用及培训费用：￥_____（大写_____元）。

（4）技术服务费用：￥_____（大写_____元）。

4. 本合同价格为固定不变价。

5. 如果单价和数量的乘积与总价不一致时，以单价为准并修正总价。

● 律师批注

参见本书第一章"一般商品买卖合同"第六条的批注。

第三条　付款

本合同第二条所规定的合同总价，按以下办法及比例由买方通过_____银行支付给卖方。

1. 合同总价的_____%，计￥_____（大写：_____元），在买方收到卖方提交下列单据并经审核无误后_____日内支付给卖方：

（1）卖方国家有关当局出具的出口许可证影印本_____份，或有关当局出具的不需出口许可证的证明文件_____份。

（2）_____银行出具的以买方为受益人，金额为合同总价的_____%不可撤销的保证函正副本各_____份。

（3）金额为合同总价的形式发票一式_____份。

（4）即期汇票一式_____份。

（5）商业发票一式_____份。

上述单据卖方应于本合同生效之日起_____日内提交。

2. 合同总价的_____%，计￥_____（大写：_____元），在卖方按本合同约定交货时，买方在收到卖方提交的下列单据并经审核无误后_____日内，将每批交货总价的_____%支付给卖方：

（1）全套清洁无瑕疵、空白抬头、空白背书并注明"运费到付通知目的

港_____公司"的海运提单正本_____份,副本_____份;

(2) 商业发票一式_____份;

(3) 即期汇票一式_____份;

(4) 详细装箱单一式_____份;

(5) 质量合格证一式_____份。

3. 合同总价的_____%,计¥_____(大写:_____元),在买方收到下列单据并经审核无误后_____日内支付给卖方:

(1) 商业发票一式_____份;

(2) 双方代表按本合同规定签署的_____交接验收证书的影印本_____份;

(3) 即期汇票一式_____份。

4. 合同总价的_____%,计¥_____(大写:_____元),在按本合同规定的保证期满后,买方在收到卖方提交的下列单据并经审核无误后_____日内支付给卖方:

(1) 商品发票一式_____份;

(2) 双方代表按本合同规定签署的_____保证期结束的确认书影印本_____份;

(3) 即期汇票一式_____份。

买卖双方因履行本合同所发生的银行费用,在中国发生的,均由买方负担,在中国以外发生的,均由卖方负担。

● 律师批注

参见本书第一章"一般商品买卖合同"第六条的批注。

第四条 逾期付款

如果买方不能在合同规定的期限内付款,则卖方有权延期交货;如果超过合同规定支付时间_____日买方仍不付款,则卖方有权解除合同,买方应按货物总金额的_____%计算违约金¥_____(大写:_____元)付给卖方;如果买方未按合同规定的日期付款给卖方,则买方也应支付由此产生的违约金,违约金按拖欠款金额每日_____‰计算,直至该款付清为止。超过合同付款期_____日买方仍不付款,由此造成卖方的损失,应由买方向卖方作出补偿。

● 律师批注

参见本书第一章"一般商品买卖合同"第八条的批注。

> 第五条 设备交付
> 1. 交付时间:卖方应于本合同生效后_____个月内分_____批将设备交付完毕。交货日期以设备始发航空部门/铁路部门/水运部门发货时间戳记为准。此日期即为本合同计算迟延交货违约金的根据。
> 2. 交付地点:所有合同设备由卖方负责运至交货地点。交货地点为_____机场(车站、港口)。货物的所有权及风险在卖方将货物交至承运人后转移至买方。
> 3. 卖方应于交货日_____日之前,通过电报、电传或传真的方式将合同设备的如下内容通知买方。买方在收到卖方通知后,应尽快向卖方确认交货地点与交货日期。
> (1) 合同号。
> (2) 机组号。
> (3) 设备备妥发运日。
> (4) 设备名称及编号和价格。
> (5) 设备总毛重。
> (6) 设备总体积。
> (7) 总包装件数。
> (8) 交运车站/港口/机场名称、车号/船号/飞机号和运单号。
> (9) 重量超过20吨或尺寸超过9米×3米×3米的每件货物的名称、重量、体积和件数。对每件该类设备(部件)必须标明重心和吊点位置,并附有草图。
> (10) 对于特殊物品(易燃、易爆、有毒物品及其他危险品和运输过程中对温度等环境因素和震动有特殊要求的设备或物品)必须特别标明其品名、性质、特殊保护措施、保存方法以及处理意外情况的方法。

● 律师批注

参见本书第一章"一般商品买卖合同"第四条的批注。

> 第六条 资料交付
> 1. 卖方应于本合同生效后_____个月内,将与合同设备有关的图纸、资料、技术文件等技术资料以空运/邮寄等方式交付给买方。
> 2. 技术资料采用空运方式的,_____机场在技术资料空运提单上

所加盖的日期戳为技术资料实际交付的日期。买方应在_____日内将带有到达印戳日期的空运提单影印本一份寄送卖方。技术资料采用邮寄方式的,买方所在地所属邮局的落地印戳日期为技术资料的实际交付日期。买方在收到资料_____日内将收到单据复印件寄送给卖方。

3. 在技术资料发运后的 24 小时(或 48 小时)内,卖方应将合同号、空运提单号与日期、资料项号、件数、重量、航班号用电报或电传通知买方,并将空运提单正本_____份、副本_____份和技术资料装箱清单_____份航空邮寄给买方。

● **律师批注**

参见本书第一章"一般商品买卖合同"第四条的批注。

第七条　包装

1. 卖方所交付的所有货物要有适合长途运输和多次搬运、装卸的坚固包装,不能造成运输过程中箱件破损、设备和零件散失。并应按设备特点,按需要分别加上防潮、防霉、防锈、防腐蚀等保护措施,以保证货物在没有任何损坏和腐蚀的情况下安全运抵合同设备安装现场。

2. 卖方对包装箱内和捆内的各散装部件均应系加标签,注明合同号、主机名称、部件名称以及该部件在装配图中的位号、零件号。备件和工具除注明上述内容外,尚需注明"备件"或"工具"字样。

3. 卖方应在每件包装箱的邻接四个侧面上,用不褪色的油漆以明显易见的中文或英文字样印刷以下标记:

(1) 合同号;
(2) 目的站/码头;
(3) 收货人;
(4) 设备名称、机组号、图号;
(5) 箱号/件号;
(6) 毛重/净重(公斤);
(7) 体积(长×宽×高,以毫米表示)。

4. 对裸装货物应以金属标签或直接在设备本身上注明上述有关内容。大件货物应带有足够的支架或包装垫木。

5. 每件包装箱内,应附有包括分件名称、数量、价格、机组号、图号的详细装箱单、合格证。外购件包装箱内应有产品出厂质量合格证明书、技术说明(如有)各一份。

6. 卖方交付的技术资料,应具有适合长途运输、多次搬运、防潮和防雨的包装,每包技术资料的封面上应注明下述内容:

(1) 合同号;
(2) 收货人;
(3) 目的地;
(4) 唛头标记;
(5) 毛重/净重(公斤);
(6) 箱号/件号;
(7) 每一包资料内应附有技术资料的详细清单一式二份,标明技术资料的序号、代号、名称和页数。

7. 凡由于卖方包装或保管不善致使货物遭到损坏或丢失时,不论在何时何地发现,一经证实,卖方应负责及时修理、更换或赔偿。在运输中如非卖方包装原因发生货物损坏和丢失时,买方应立即向承运部门提出异议,索取商务证明,并通知卖方_____日内到达现场调查。卖方负责与承运部门及保险公司交涉,买方协助卖方尽快处理,同时卖方应尽快向买方补供货物以满足工期需要。

● 律师批注

【条款目的】
明确买卖合同标的物包装标准。

【风险提示】
包装条款主要包括商品包装的方式、材料、包装费用和运输标志等内容。一般而言,对于货物的包装有国家标准、行业标准的,应当执行国家标准、行业标准;如果没有国家标准、行业标准的,应当执行双方约定的标准。需要指出的是,关于包装问题,国家有强制标准的,双方约定的标准不能低于强制标准。如果出现低于强制标准的情形,则合同中关于包装方式的条款无效。

【法律规定】
《中华人民共和国合同法》(1999.10.01 施行)
第六十一条　合同生效后,当事人就质量、价款或者报酬、履行地点等内容没有约定或者约定不明确的,可以协议补充;不能达成补充协议的,按照合同有关条款或者交易习惯确定。

第一百五十六条　出卖人应当按照约定的包装方式交付标的物。对包装方式没有约定或者约定不明确,依照本法第六十一条的规定仍不能确定的,应当按照通用的方式包装,没有通用方式的,应当采取足以保护标的物的包装方式。

第八条　验收

1. 货物到达目的地后,卖方在接到买方通知后应及时到达现场,与买方一起根据运单和装箱单组织对货物的包装、外观及件数进行清点检验。如发现有任何不符之处并由双方代表确认属卖方责任后,由卖方处理解决。当货物运到现场后,买方应尽快开箱检验,检验货物的数量、规格和质量。买方应在开箱检查前_____日通知卖方开箱检验日期,卖方应派检验人员参加现场检验工作,买方应为卖方检验人员提供工作和生活方便。如检验时,卖方人员未按时赴现场,买方有权自行开箱检验,检验结果和记录对双方同样有效,并作为买方向卖方提出索赔的有效证据。如买方未通知卖方而自行开箱或最后一批设备到达现场_____个月后仍不开箱,产生的后果由买方承担。

2. 现场检验时,如发现设备由于卖方原因有任何损坏、缺陷、短少或不符合合同中规定的质量标准和规范时,应做好记录,并由双方代表签字,各执一份,作为买方向卖方提出修理或更换的依据;如果卖方委托买方修理损坏的设备,所有修理设备的费用由卖方承担;如果非卖方原因或由于买方原因,发现损坏或短缺,卖方在接到买方通知后,应尽快提供或替换相应的部件,但费用由买方自负。

3. 如双方代表在会同检验中对检验记录不能取得一致意见时,任何一方均可提请中国商品检验局进行商检。商检局出具的商检证书是具有法律效力的最终检验结果,对双方都有约束力,商检费用由责任方负担。

4. 保证期一般是指合同设备签发初步验收证书之日起一年(签最终验收证书)或卖方发运的最后一批交货的设备到货之日起_____个月(签最终验收证书)二者以先到日期为准。在保证期内,如发现卖方提供的"设备"有缺陷或/和不符合合同规定时,如属卖方责任,则买方有权凭中国商品检验局出具的检验证书向卖方提出索赔。卖方接到买方索赔证书后,应立即无偿换货或降低货价,并负担由此产生的到安装现场的换货费用和风险(货物到达目的港后的风险由买方负责)。如卖方对索赔有异议时,应在接到买方索赔证书后两个星期内提出复议,双方另行协商,逾期索赔即作为成立。卖方换货的期限,应不迟于卖方收到买方索赔证书后_____个月。

● **律师批注**

【条款目的】

明确机器设备验货程序及退换货流程。

【风险提示】

验收是机器设备买卖的重要环节,由于机器设备附有的专业技术较多且价值较高,一旦出现质量瑕疵或潜在隐患,买方无法单独处理,因此,买卖双方应注意在该环节对验收程序、验收标准约定明确,一旦发现问题,买方应当在第一时间通知对方。机器设备一般均约定有保修期,也就是通常所说的质保期。根据《合同法》第158条之规定,在当事人未约定检验期间的情况下,买受人的瑕疵通知义务最迟应当在货物交付之日起两年内行使,否则视为货物质量及数量符合合同约定。例外情形是,对于有质量保证期的产品,不适用该两年的规定。同时可参照本书第一章"一般商品买卖合同"第五条的批注。

【法律规定】

《中华人民共和国合同法》(1999.10.01 施行)

第一百五十七条 买受人收到标的物时应当在约定的检验期间内检验。没有约定检验期间的,应当及时检验。

第一百五十八条 当事人约定检验期间的,买受人应当在检验期间内将标的物的数量或者质量不符合约定的情形通知出卖人。买受人怠于通知的,视为标的物的数量或者质量符合约定。

当事人没有约定检验期间的,买受人应当在发现或者应当发现标的物的数量或者质量不符合约定的合理期间内通知出卖人。买受人在合理期间内未通知或者自标的物收到之日起两年内未通知出卖人的,视为标的物的数量或者质量符合约定,但对标的物有质量保证期的,适用质量保证期,不适用该两年的规定。

出卖人知道或者应当知道提供的标的物不符合约定的,买受人不受前两款规定的通知时间的限制。

第九条 风险负担

1. 货物毁损、灭失的风险,在货物交付之前由卖方承担,交付之后由买方承担,但法律另有规定或者当事人另有约定的除外。

2. 因买方的原因致使货物不能按照约定的期限交付的,买方应当自违反约定之日起承担货物毁损、灭失的风险。

3. 卖方出卖交由承运人运输的在途货物,除当事人另有约定的以外,毁损、灭失的风险自合同成立时起由买方承担。

4. 卖方按照约定未交付有关货物的单证和资料的,不影响货物毁损、灭失风险的转移。

5. 因货物质量不符合质量要求,致使不能实现合同目的的,买方可以拒绝接受货物或者解除合同。买方拒绝接受货物或者解除合同的,货物毁损、灭失的风险由卖方承担。

6. 货物风险的转移,不影响因卖方履行义务不符合约定,买方要求其承担违约责任的权利。

● 律师批注

参见本书第一章"一般商品买卖合同"第四条的批注。

第十条 不可抗力

1. 如果本合同任何一方因受不可抗力事件影响而未能履行其在本合同项下的全部或部分义务,该义务的履行在不可抗力事件妨碍其履行期间应予中止。

2. 声称受到不可抗力事件影响的一方应尽可能在最短的时间内通过书面形式将不可抗力事件的发生通知另一方,并在该不可抗力事件发生后_____日内向另一方提供关于此种不可抗力事件及其持续时间的适当证据及合同不能履行或者需要延期履行的书面资料。声称不可抗力事件导致其对本合同的履行在客观上成为不可能或不实际的一方,有责任尽一切合理的努力消除或减轻此等不可抗力事件的影响。

3. 不可抗力事件发生时,双方应立即通过友好协商决定如何执行本合同。不可抗力事件或其影响终止或消除后,双方须立即恢复履行各自在本合同项下的各项义务。如不可抗力及其影响无法终止或消除而致使合同任何一方丧失继续履行合同的能力,则双方可协商解除合同或暂时延迟合同的履行,且遭遇不可抗力一方无须为此承担责任。当事人迟延履行后发生不可抗力的,不能免除责任。

4. 本合同所称"不可抗力"是指受影响一方不能合理控制的、无法预料或即使可预料到也不可避免且无法克服,并于本合同签订日之后出现的,使该方对本合同全部或部分的履行在客观上成为不可能或不实际的任何事件。此等事件包括但不限于自然灾害如水灾、火灾、旱灾、台风、地震,以及社会事件如战争(不论曾否宣战)、动乱、罢工,政府行为或法律规定等。

● 律师批注

参见本书第一章"一般商品买卖合同"第十条的批注。

> **第十一条 合同的解除**
> 1. 本合同在下列任一情形下解除：
> （1）一方进入解体或倒闭阶段；
> （2）一方被判为破产或其他原因致使资不抵债；
> （3）本合同已有效、全部得到履行；
> （4）双方共同同意提前解除合同；
> （5）按仲裁机构的裁决，合同解除或终止。
> 2. 因不可抗力致使合同目的不能实现的。
> 3. 在合同期限届满之前，当事人一方明确表示或以自己的行为表明不履行合同主要义务的。
> 4. 当事人一方迟延履行合同主要义务，经催告后在合理期限内仍未履行。
> 5. 当事人有其他违约或违法行为致使合同目的不能实现的。

● 律师批注

【条款目的】

明确买卖合同解除的情形及条件。

【风险提示】

合同解除分为约定解除和法定解除。约定解除情形下，双方达成一致意见或约定条件实现，即可解除合同；法定解除即指《合同法》第45条故意阻挠条件实现、第69条不安抗辩权下的解除及第94条的解除情形。

【法律规定】

《中华人民共和国合同法》(1999.10.01 施行)

第四十五条第二款 当事人为自己的利益不正当地阻止条件成就的，视为条件已成就；不正当地促成条件成就的，视为条件不成就。

第六十九条 当事人依照本法第六十八条的规定中止履行的，应当及时通知对方。对方提供适当担保时，应当恢复履行。中止履行后，对方在合理期限内未恢复履行能力并且未提供适当担保的，中止履行的一方可以解除合同。

第九十四条 有下列情形之一的，当事人可以解除合同：

（一）因不可抗力致使不能实现合同目的；

（二）在履行期限届满之前，当事人一方明确表示或者以自己的行为表明不履行主要债务；

（三）当事人一方迟延履行主要债务，经催告后在合理期限内仍未履行；

（四）当事人一方迟延履行债务或者有其他违约行为致使不能实现合同目的；

（五）法律规定的其他情形。

第一百四十八条　因标的物质量不符合质量要求，致使不能实现合同目的的，买受人可以拒绝接受标的物或者解除合同。买受人拒绝接受标的物或者解除合同的，标的物毁损、灭失的风险由出卖人承担。

第一百六十四条　因标的物的主物不符合约定而解除合同的，解除合同的效力及于从物。因标的物的从物不符合约定被解除的，解除的效力不及于主物。

第一百六十五条　标的物为数物，其中一物不符合约定的，买受人可以就该物解除，但该物与他物分离使标的物的价值显受损害的，当事人可以就数物解除合同。

第一百六十六条　出卖人分批交付标的物的，出卖人对其中一批标的物不交付或者交付不符合约定，致使该批标的物不能实现合同目的的，买受人可以就该批标的物解除。

出卖人不交付其中一批标的物或者交付不符合约定，致使今后其他各批标的物的交付不能实现合同目的的，买受人可以就该批以及今后其他各批标的物解除。

买受人如果就其中一批标的物解除，该批标的物与其他各批标的物相互依存的，可以就已经交付和未交付的各批标的物解除。

第一百六十七条　分期付款的买受人未支付到期价款的金额达到全部价款的五分之一的，出卖人可以要求买受人支付全部价款或者解除合同。

出卖人解除合同的，可以向买受人要求支付该标的物的使用费。

第十二条　声明及保证

买方：

1. 买方为一家依法设立并合法存续的企业，有权签署并有能力履行本合同。

2. 买方签署和履行本合同所需的一切手续（_____）均已办妥并合法有效。

3. 在签署本合同时，任何法院、仲裁机构、行政机关或监管机构均未作出任何足以对买方履行本合同产生重大不利影响的判决、裁定、裁决或具体行政行为。

4. 买方为签署本合同所需的内部授权程序均已完成,本合同的签署人是买方法定代表人或授权代表人。本合同生效后即对合同双方具有法律约束力。

卖方:

1. 卖方为一家依法设立并合法存续的企业,有权签署并有能力履行本合同。

2. 卖方签署和履行本合同所需的一切手续(_____)均已办妥并合法有效。

3. 在签署本合同时,任何法院、仲裁机构、行政机关或监管机构均未作出任何足以对卖方履行本合同产生重大不利影响的判决、裁定、裁决或具体行政行为。

4. 卖方为签署本合同所需的内部授权程序均已完成,本合同的签署人是卖方法定代表人或授权代表人。本合同生效后即对合同双方具有法律约束力。

● 律师批注

【条款目的】

签约双方声明和保证各自具有的签约能力,保证合同的正常履行。

【风险提示】

买卖合同中的声明(陈述)和保证一般包括两个方面的内容:其一是对一方是否有权签署本协议所作的声明(陈述)和保证,包括签约主体的资格如公司组建设立情况、公司是否对签约人授权签署本合同等;其二是依据合同性质和合同标的需要合同另一方作出特别保证的内容,比如,公司是否存在正在进行的诉讼等。

声明(陈述)与保证条款的作用体现在事前防范和事后救济两个方面。就事前防范而言,由于声明(陈述)与保证本身构成合同一方履行义务的先决条件,如果陈述失实,合同对方有权拒绝继续履行合同义务。就事后救济而言,合同往往将陈述(声明)与保证失实明确规定为违约事件之一,一旦发生这种情况,另一方可以采取包括终止合同在内的救济措施,从而最大限度保护自己。

第十三条　通知

1. 根据本合同需要一方向另一方发出的全部通知以及双方的文件往来及与本合同有关的通知和要求等，必须用书面形式，可采用＿＿＿＿＿（书信、传真、电报、当面送交等）方式传递。以上方式无法送达的，方可采取公告送达的方式。

2. 各方通讯地址如下：＿＿＿＿＿＿＿＿＿＿＿＿＿＿＿＿＿＿＿＿。

3. 一方变更通知或通讯地址，应自变更之日起＿＿＿＿＿日内，以书面形式通知对方；否则，由未通知方承担由此而引起的相关责任。

● 律师批注

【条款目的】

明确交易往来文书的形式及传递方式。

【风险提示】

交易中，一切往来文件都须按照合同约定的方式进行。比如，如果明确通知必须为书面文件，则口头的通知不构成合同履行的一部分。

第十四条　合同的变更

本合同履行期间，发生特殊情况时，任何一方需变更本合同的，要求变更一方应及时书面通知对方，在征得对方同意后，双方在规定的时限内（书面通知发出＿＿＿＿＿日内）签订书面变更协议，该协议将成为合同不可分割的部分。未经双方签署书面文件，任何一方无权变更本合同，否则，由此造成对方的经济损失，由责任方承担。

● 律师批注

【条款目的】

明确合同变更的程序及履行手续。

【风险提示】

合同变更应当注意双方对履行手续及程序的特别要求，该特别要求之外的变更方式将很难得到法律认可。

【法律规定】

《中华人民共和国合同法》（1999.10.01 施行）

第七十七条　当事人协商一致，可以变更合同。

法律、行政法规规定变更合同应当办理批准、登记等手续的，依照其规定。

第七十八条 当事人对合同变更的内容约定不明确的,推定为未变更。

第七十九条 债权人可以将合同的权利全部或者部分转让给第三人,但有下列情形之一的除外:

(一)根据合同性质不得转让;

(二)按照当事人约定不得转让;

(三)依照法律规定不得转让。

第十五条 合同的转让

除合同中另有规定或经双方协商同意外,本合同所规定双方的任何权利和义务,任何一方在未经征得另一方书面同意之前,不得转让给第三方。任何转让,未经另一方书面明确表示同意,均属无效。

● **律师批注**

【条款目的】

明确合同转让的条件。

【风险提示】

基于合同的相对性,合同权利义务的转让应当征得对方同意。同时,根据《合同法》的相关规定,债权转让和债务转移须履行的法律手续是不同的,债权人转让债权仅需通知债务人,债务人转移债务则需征得债权人同意。债权转让中,受让人对原债权人的抗辩,仍然可以向新债权人主张;若债务人对新债权人享有债权,并且债务人的债权先于转让的债权到期或者同时到期的,债务人可以向新债权人主张抵消。经对方同意,合同一方可将自己的权利义务一并转让给第三人。

【法律规定】

《中华人民共和国合同法》(1999.10.01 施行)

第八十条 债权人转让权利的,应当通知债务人。未经通知,该转让对债务人不发生效力。

债权人转让权利的通知不得撤销,但经受让人同意的除外。

第八十一条 债权人转让权利的,受让人取得与债权有关的从权利,但该从权利专属于债权人自身的除外。

第八十二条 债务人接到债权转让通知后,债务人对让与人的抗辩,可以向受让人主张。

第八十三条 债务人接到债权转让通知时,债务人对让与人享有债权,并且债务人的债权先于转让的债权到期或者同时到期的,债务人可以向受让人主张抵销。

第八十四条　债务人将合同的义务全部或者部分转移给第三人的,应当经债权人同意。

第八十五条　债务人转移义务的,新债务人可以主张原债务人对债权人的抗辩。

第八十六条　债务人转移义务的,新债务人应当承担与主债务有关的从债务,但该从债务专属于原债务人自身的除外。

第八十七条　法律、行政法规规定转让权利或者转移义务应当办理批准、登记等手续的,依照其规定。

第八十八条　当事人一方经对方同意,可以将自己在合同中的权利和义务一并转让给第三人。

第八十九条　权利和义务一并转让的,适用本法第七十九条、第八十一条至第八十三条、第八十五条至第八十七条的规定。

第九十条　当事人订立合同后合并的,由合并后的法人或者其他组织行使合同权利,履行合同义务。当事人订立合同后分立的,除债权人和债务人另有约定的以外,由分立的法人或者其他组织对合同的权利和义务享有连带债权,承担连带债务。

> 第十六条　争议的处理
> 1. 本合同受中华人民共和国法律管辖并按其进行解释。
> 2. 本合同在履行过程中发生的争议,由双方当事人协商解决,也可由有关部门调解;协商或调解不成的,按下列第_____种方式解决:
> 　(1) 提交_____仲裁委员会仲裁。
> 　仲裁裁决是终局的,对双方均有约束力。任何一方不得向法院或其他机构申请改变仲裁裁决。
> 　仲裁费用由败诉方承担。
> 　仲裁进行过程中,双方将继续执行合同,但仲裁部分除外。
> 　(2) 依法向人民法院起诉。在法院进行审理期间,除提交法院审理的事项外,合同其他部分仍应继续履行。

● 律师批注

参见本书第一章"一般商品买卖合同"第十一条的批注。

> **第十七条　合同的解释**
> 本合同未尽事宜或条款内容不明确,合同双方当事人可以根据本合同的原则、合同的目的、交易习惯及关联条款的内容,按照通常理解对本合同作出合理解释。该解释具有约束力,除非解释与法律或本合同相抵触。

● 律师批注

【条款目的】

明确合同解释的基本原则。

【风险提示】

合同解释的目的是还原当事人签订合同时的真实意愿,进而决定法律的适用。合同解释一般按照文义解释、历史解释、体系解释、习惯解释、目的解释、诚信解释顺序进行。对于一些大型的合同,例如包括多份文件构成的FIDIC合同,协议书中通常会明确约定条款的解释顺序。

【法律规定】

《中华人民共和国合同法》(1999.10.01 施行)

第一百二十五条　当事人对合同条款的理解有争议的,应当按照合同所使用的词句、合同的有关条款、合同的目的、交易习惯以及诚实信用原则,确定该条款的真实意思。

合同文本采用两种以上文字订立并约定具有同等效力的,对各文本使用的词句推定具有相同含义。各文本使用的词句不一致的,应当根据合同的目的予以解释。

> **第十八条　补充与附件**
> 本合同未尽事宜,依照有关法律、法规执行,法律、法规未作规定的,买卖双方可以达成书面补充合同。本合同的附件和补充合同均为本合同不可分割的组成部分,与本合同具有同等的法律效力。

● 律师批注

参见本书第一章"一般商品买卖合同"关于第十二条的批注。

> **第十九条　合同的效力**
> 本合同自双方或双方法定代表人或其授权代表人签字并加盖单位公章或合同专用章之日起生效。
> 有效期为____年,自____年____月____日至____年____月____日。
> 本合同正本一式____份,双方各执____份,具有同等法律效力。

● 律师批注

参见本书第一章"一般商品买卖合同"第十四条、第十五条的批注。

买方(盖章):_____	卖方(盖章):_____
授权代表(签字):_____	授权代表(签字):_____
委托代理人(签字):_____	委托代理人(签字):_____
____年____月____日	____年____月____日
签约地点:_____	签约地点:_____

● 律师批注

参见本书第一章"一般商品买卖合同"关于本条的批注。

四、煤炭买卖合同

煤炭买卖合同

合同编号：

出卖人：_____

买受人：_____

签订地点：_____　　签订时间：_____

● 律师批注

参见本书第一章"一般商品买卖合同"关于本条的批注。

第一条　收货人名称、发到站、品种规格、质量、交(提)货时间、数量

收货人名称	发站	到站	品种规格	质量	交(提)货时间、数量(吨)												
					全年合计	一季度			二季度			三季度			四季度		
						1	2	3	4	5	6	7	8	9	10	11	12

注：空格如不够用，可以另接

● 律师批注

参见本书第一章"一般商品买卖合同"第一条、第二条、第四条的批注。

第二条　交(提)货方式：

● 律师批注

参见本书第一章"一般商品买卖合同"第四条的批注。

第三条　质量和数量验收标准及方法：

● 律师批注

参见本书第一章"一般商品买卖合同"第一条的批注。

第四条 煤炭单价及执行期:

● 律师批注

参见本书第一章"一般商品买卖合同"第六条的批注。

第五条 货款、运杂费结算方式及结算期限:

● 律师批注

参见本书第一章"一般商品买卖合同"第六条的批注。

第六条 违约责任:

● 律师批注

参见本书第一章"一般商品买卖合同"第八条、第九条的批注。

第七条 解决合同争议的方式:

● 律师批注

参见本书第一章"一般商品买卖合同"第十一条的批注。

第八条 其他约定事项:

● 律师批注

参见本书第一章"一般商品买卖合同"第十三条的批注。

出卖人		买受人		鉴(公)证意见
出卖人名称(章):	开户银行:	买受人名称(章):	开户银行:	鉴(公)证机关(章):
住所:	账号:	住所:	账号:	经办人:
法定代表人:	纳税人登记号:	法定代表人:	纳税人登记号:	___年__月__日
委托代理人:	邮政编码:	委托代理人:	邮政编码:	
电话:		电话:		
电报挂号:		电报挂号:		

注:除国家另有规定外,鉴(公)证实行自愿原则

● 律师批注

参见本书第一章"一般商品买卖合同"关于本条的批注。

五、家具买卖合同

家具买卖合同

合同编号：

第一条　家具基本情况

（请逐项填写，勿写"同样品"；"验收说明"等内容请在验收后填写）

家具名称	商标	产地	规格型号	主材/面料	辅材/五金	边材状况	颜色	数量	单价	总价

送货费：___元，合计（大写）：___拾___万___仟___佰___拾___元　¥：___元

验收说明	□ 验收合格　□ 问题及解决方案： □ 货款两清 □ 拒收及原因：	买方		实际交货时间
		送货员		___年___月___日

● **律师批注**

参见本书第一章"一般商品买卖合同"第一条、第二条、第五条、第六条的批注。

第二条　质量标准

每件家具应随附符合 GB 5296.6 要求的《家具使用说明书》，达到《家具使用说明书》中明示的执行标准，且不低于样品同等质量。

● **律师批注**

【条款目的】
约定家具应当具备的质量标准。

【风险提示】
家具质量问题是交易中发生纠纷的高发区。《家具使用说明书》中对家具执行的产品标准构成了商家的明示保证，具有法律约束力。

【法律规定】
《中华人民共和国合同法》（1999.10.01 施行）

第六十一条　合同生效后，当事人就质量、价款或者报酬、履行地点等内容没有约定或者约定不明确的，可以协议补充；不能达成补充协议的，按照合

同有关条款或者交易习惯确定。

第六十二条 当事人就有关合同内容约定不明确,依照本法第六十一条的规定仍不能确定的,适用下列规定:

(一)质量要求不明确的,按照国家标准、行业标准履行;没有国家标准、行业标准的,按照通常标准或者符合合同目的的特定标准履行。

……

第三条 付款方式

☐ 买方应在签约时一次性支付全部价款。

☐ 买方应在签约时支付全部价款____%(不得超过**20%**)____元的定金,余款____元应在____时付清。买方违约退货的,无权要求返还定金;卖方违约不能交货的,应双倍返还定金。

☐ 买方应在签约时支付____元的预付款,余款____元应在____时付清。

● 律师批注

参见本书第一章"一般商品买卖合同"第六条的批注。

第四条 交货及验收

☐买方自提/☐卖方送货;交货时间:____;交货地点:____。

卖方应在交货时督促买方对家具的商标、数量及款式等外观特征及有无《家具使用说明书》进行验收,买方发现问题应当场提出,并由双方协商达成解决方案。

● 律师批注

参见本书第一章"一般商品买卖合同"第四、五条的批注。

第五条 三包

对于家具的质量问题,应按照《××市家具产品修理、更换、退货责任规定》执行,卖方或主办单位做出对买方更有利的责任承诺的,按照该承诺执行。

● 律师批注

【条款目的】

当发生产品质量问题时的争议解决依据。

【风险提示】
生产企业应进行产品出厂检验并提供产品合格证书。产品不符合产品说明、实物样品等方式表明的质量状况的,销售者应当负责修理、更换、退货。目前尚无法律、法规层面的家具三包规定,合同当事人可以将某些行业规范、地方规章作为约定双方权利义务的依据。

【法律规定】
《中华人民共和国产品质量法》(2000.07.08 修正)
第十二条 产品质量应当检验合格,不得以不合格产品冒充合格产品。
第十三条 可能危及人体健康和人身、财产安全的工业产品,必须符合保障人体健康和人身、财产安全的国家标准、行业标准;未制定国家标准、行业标准的,必须符合保障人体健康和人身、财产安全的要求。
禁止生产、销售不符合保障人体健康和人身、财产安全的标准和要求的工业产品。具体管理办法由国务院规定。
《北京市家具产品修理、更换、退货责任规定》(1998.09.16 颁布)
第一条 为了保护消费者的合法权益,明确销售者、生产者承担的家具产品修理、更换、退货(以下称为三包)的责任和义务,根据《北京市产品质量监督管理条例》、《北京市实施〈中华人民共和国消费者权益保护法〉办法》和《部分商品修理更换退货责任规定》等法规、规章及有关规定,制定本规定。
第二条 凡在本市行政区域内从事家具产品生产、销售的企业和个人,均应遵守本规定。
第三条 家具产品实行谁销售谁负责三包的原则。

> 第六条 违约责任
> (一)一方迟延送货或提货的,应每日向对方支付迟延部分家具价款_____%的违约金,但因对方原因导致的迟延除外;迟延超过____日的,守约方有权解除合同,支付定金的,可选择适用定金罚则。
> (二)经国家认可的家具检测机构检测,家具的有害物质限量不符合国家或北京市有关标准的强制性要求的,买方有权无条件退货,并要求卖方赔偿相应的检测费、交通费、误工费等损失。
> (三)_____。

● 律师批注
参见本书第一章"一般商品买卖合同"第八条、第九条的批注。

第七条 在展销会或市场内签订的合同,卖方应先交主办单位签章后再交买方保存。卖方撤离展销会或市场的,由主办单位先行承担赔偿责任;主办单位承担责任后,有权向卖方追偿。

第八条 争议解决方式

本合同项下发生的争议,由双方协商或向消费者协会等部门申请调解解决;协商或调解解决不成的,□依法向____人民法院起诉/ □提交_____仲裁委员会仲裁。

● 律师批注

参见本书第一章"一般商品买卖合同"第十一条的批注。

第九条 其他约定事项:_____。

● 律师批注

参见本书第一章"一般商品买卖合同"第十三条的批注。

买方(签章):　　　　　　　卖方(签章):
住所:　　　　　　　　　　　住所:
委托代理人:　　　　　　　　经办人:
联系电话:　　　　　　　　　联系电话:
移动电话:　　　　　　　　　售后服务电话:

主办单位(签章):
住所:
经办人:
联系电话:
售后服务电话:
签订时间:____年____月____日
签订地点:_____

● 律师批注

参见本书第一章"一般商品买卖合同"关于本条的批注。

六、商品房买卖合同

1. 商品房预售合同

商品房预售合同

合同编号：_____

出卖人：_____
通讯地址：_____
邮政编码：_____
营业执照注册号：_____
企业资质证书号：_____
法定代表人：_____ 联系电话：_____
委托代理人：_____ 联系电话：_____
委托销售代理机构：_____
通讯地址：_____
邮政编码：_____
营业执照注册号：_____

● **律师批注**

参见本书第一章"一般商品买卖合同"关于本条的批注。

此外，特别提醒买受人应当查验以上栏目内容是否属实，买受人应查验房地产开发企业名称是否与《商品房预售许可证》中的房地产开发企业名称一致。委托代理人可以是房地产开发企业法定代表人委托其内部人员，也可以是与其联合开发建设的其他房地产开发企业。有时，房地产开发企业还会委托专门的销售代理机构代为销售。

买受人：_____
[法定代表人][负责人]：_____ 国籍：_____
[身份证][护照][营业执照注册号][ ]：_____
出生日期：____年____月____日,性别：_____
通讯地址：_____
邮政编码：_____ 联系电话：_____
[法定代理人][委托代理人]：_____ 国籍：_____
[身份证][护照][ ]：

> 出生日期：_____年_____月_____日,性别：_____
> 通讯地址：_____
> 邮政编码：_____ 联系电话：_____

● 律师批注

参见本书第一章"一般商品买卖合同"关于本条的批注。

> 根据《中华人民共和国合同法》、《中华人民共和国城市房地产管理法》、《××市城市房地产转让管理办法》及其他有关法律、法规的规定,出卖人和买受人在平等、自愿、公平、协商一致的基础上就商品房预售事宜达成如下协议：

● 律师批注

参见本书第一章"一般商品买卖合同"关于本条的批注。

在此,需要特别指出的是,商品房买卖合同除依据《合同法》、《城市房地产管理法》之外,还涉及《城乡规划法》、《城市房地产开发经营管理条例》、《建设工程质量管理条例》、《城市商品房销售管理办法》等法律、法规。买卖双方所签订的协议不能违反上述相关法律、法规的规定。

> **第一条 项目建设依据**
> 出卖人以[出让][转让][划拨]方式取得坐落于_____地块的国有土地使用权。该地块[国有土地使用证号][城镇建设用地批准书号]为：_____,土地使用权面积为：_____,买受人购买的商品房(以下简称该商品房)所在土地用途为：_____,土地使用年限自_____年_____月_____日至_____年_____月_____日。
> 出卖人经批准,在上述地块上建设的商品房[地名核准名称][暂定名]为：_____,建设工程规划许可证号为：_____,建筑工程施工许可证号为：_____,建设工程施工合同约定的开工日期为：_____,建设工程施工合同约定的竣工日期为：_____。

● 律师批注

【条款目的】

本条是用以说明建设项目在用地、规划管理、施工管理、开发主体等方面应符合国家有关规定,取得有关主管部门的许可,即详细说明了标的房产建设的合法性。

【风险提示】
从实践来看,一些项目的建设用地是以划拨方式取得的,而根据国务院《城镇国有土地使用权出让和转让暂行条例》的规定,此类房产如出售,应当取得土地主管部门的批准,并且要签订土地使用权出让合同,并向当地市(县)人民政府补交土地使用权出让金或者以转让所获收益抵交土地使用权出让金。有时开发商和土地主管部门签订了《土地使用权预约合同》或者虽签订了《土地使用权出让合同》但土地使用权出让金尚未缴清。上述情形,不符合我国城市房地产管理法规的相关要求。在司法实践中,虽然一般不会简单地因为上述土地使用权瑕疵而认定商品房买卖合同无效。但由于购买上述土地上建设的房产,较之于已经取得土地使用权证书的土地上的房产,买方面临着较多的不确定因素和风险。因此,出卖人应当将建设用地的实际情况向买方作出全面、客观、真实的说明,以避免买卖双方因此产生不必要的误解和纠纷。

【法律规定】
《中华人民共和国城市房地产管理法》(2007.08.30修正)
第四十五条 商品房预售,应当符合下列条件:
(一)已交付全部土地使用权出让金,取得土地使用权证书;
……

第二条 预售依据
该商品房已由_____批准预售,预售许可证号为:_____。

● 律师批注

【条款目的】
明确了预售的合法依据,即预售许可证的情况。

【风险提示】
预售许可证是卖方出售标的房产行为合法性的重要依据。未取得预售许可证就签订商品房买卖合同或者认购书等情形在实践中较多。实践中,如一方以不符合预售条件为由主张合同无效,一般只要在一审诉讼阶段卖方补办了预售许可证,合同应当认定为有效。但行政主管部门有权对开发商(卖方)的上述行为给予责令停止销售活动、没收违法所得、罚款等行政处罚。因此,卖方应严格按照法律、法规规定的条件预售,以避免给双方造成不必要的损失。

【法律规定】

《中华人民共和国城市房地产管理法》(2007.08.30修正)

第四十五条 商品房预售,应当符合下列条件:

(一)已交付全部土地使用权出让金,取得土地使用权证书;

(二)持有建设工程规划许可证;

(三)按提供预售的商品房计算,投入开发建设的资金达到工程建设总投资的百分之二十五以上,并已经确定施工进度和竣工交付日期;

(四)向县级以上人民政府房产管理部门办理预售登记,取得商品房预售许可证明。

商品房预售人应当按照国家有关规定将预售合同报县级以上人民政府房产管理部门和土地管理部门登记备案。

商品房预售所得款项,必须用于有关的工程建设。

第三条 基本情况

该商品房所在楼栋的主体建筑结构为:＿＿＿＿＿＿,建筑层数为:＿＿＿＿层,其中地上＿＿＿＿层,地下＿＿＿＿层。

该商品房为第一条规定项目中的＿＿＿＿＿＿[幢][座]第＿＿＿＿层＿＿＿＿单元＿＿＿＿号。该房号为[审定编号][暂定编号],最终以公安行政管理部门审核的房号为准,该商品房平面图及在整栋楼中的位置图见附件一。

该商品房的用途为[住宅][经济适用住房][公寓][别墅][办公][商业][　　]:＿＿＿＿;[层高][净高]为:＿＿＿＿米,[坡屋顶净高]最低为:＿＿＿＿米,最高为:＿＿＿＿米。该商品房朝向为:＿＿＿＿。有＿＿＿＿个阳台,其中＿＿＿＿个阳台为封闭式,＿＿＿＿个阳台为非封闭式。

出卖人委托预测该商品房面积的房产测绘机构是＿＿＿＿＿＿,其预测建筑面积共＿＿＿＿＿＿平方米,其中,套内建筑面积＿＿＿＿＿＿平方米,共用部位与共用房屋分摊建筑面积＿＿＿＿＿＿平方米。有关共用部位与共用房屋分摊建筑面积构成说明见附件二。

签订本合同时该商品房所在楼栋的建设工程进度状况为＿＿＿＿＿＿。(如:正负零、地下一层……地上五层、……结构封顶)

本条所称层高是指上下两层楼面或楼面与地面之间的垂直距离,净高是指楼面或地面至上部楼板底面或吊顶底面之间的垂直距离。

● 律师批注

【条款目的】

明确标的房产的坐落、用途、结构、建筑面积等事项。

【风险提示】

实践中,经常出现商品房预售合同中约定的面积与建成后房屋交易主管部门的实测面积不一致的情况。商品房产权证上载明的是商品房的建筑面积。根据《商品房销售管理办法》的规定,商品房建筑面积由套内建筑面积和分摊的公有建筑面积组成,套内建筑面积部分为独立产权,分摊的公有建筑面积部分为共有产权,买受人按照法律、法规的规定对其享有权利,承担责任。因按套内建筑面积或按建筑面积计价时都是以此处相应的面积约定数为依据的,因此,本条中的几个面积都要填写清楚。在签订合同时,商品房的建筑面积一般存在两种情况:一种情况是该商品房的建筑面积已由具有房产测绘资格的单位实施测绘;另一种情况是该商品房建筑面积还未经具有房产测绘资格的单位实施测绘。从实际情况看,在签订合同时,当事人应当约定建筑面积。

> 第四条 抵押情况
>
> 与该商品房有关的抵押情况为:_____。
>
> 1. 该商品房所分摊的土地使用权及在建工程均未设定抵押。
>
> 2. 该商品房所分摊的土地使用权已经设定抵押,抵押权人为:_____,抵押登记部门为:_____,抵押登记日期为:_____。
>
> 3. 该商品房在建工程已经设定抵押,抵押权人为:_____,抵押登记部门为:_____,抵押登记日期为:_____。(2和3可以同时选择)
>
> _____。
>
> 抵押权人同意该商品房预售的证明及关于抵押的相关约定见附件三。

● 律师批注

【条款目的】

明确与标的房产有关的抵押情况。

【风险提示】

实践中,一些开发商因资金紧张,为了融资的需要,存在将预售房产所分摊的土地使用权及在建工程设定抵押的情况,买受人为了减少风险,可以在合同中要求出卖人限期(如合同签订1个月内)解除抵押手续,否则合同自动终止。

> **第五条 计价方式与价款**
>
> 该商品房为住宅的,出卖人与买受人约定按照下列第一种方式计算该商品房价款。其中,该商品房为经济适用住房的,出卖人与买受人约定同时按照下列第一种方式和第二种方式分别计算该商品房价款。
>
> 该商品房为非住宅的,出卖人与买受人约定按照下列第＿＿＿＿种方式计算该商品房价款。
>
> 1. 按照套内建筑面积计算,该商品房单价每平方米＿＿＿＿(币)＿＿＿＿元,总价款＿＿＿＿(币)＿＿＿＿佰＿＿＿＿拾＿＿＿＿亿＿＿＿＿仟＿＿＿＿佰＿＿＿＿拾＿＿＿＿万＿＿＿＿仟＿＿＿＿佰＿＿＿＿拾＿＿＿＿元整(大写)。
>
> 2. 按照建筑面积计算,该商品房单价为每平方米＿＿＿＿(币)＿＿＿＿元,总价款＿＿＿＿(币)＿＿＿＿佰＿＿＿＿拾＿＿＿＿亿＿＿＿＿仟＿＿＿＿佰＿＿＿＿拾＿＿＿＿万＿＿＿＿仟＿＿＿＿佰＿＿＿＿拾＿＿＿＿元整(大写)。
>
> 3. 按照套(单元)计算,该商品房总价款为＿＿＿＿(币)＿＿＿＿佰＿＿＿＿拾＿＿＿＿亿＿＿＿＿仟＿＿＿＿佰＿＿＿＿拾＿＿＿＿万＿＿＿＿仟＿＿＿＿佰＿＿＿＿拾＿＿＿＿元整(大写)。
>
> 4. 按照＿＿＿＿＿＿＿＿计算,该商品房总价款为＿＿＿＿(币)＿＿＿＿佰＿＿＿＿拾＿＿＿＿亿＿＿＿＿仟＿＿＿＿佰＿＿＿＿拾＿＿＿＿万＿＿＿＿仟＿＿＿＿佰＿＿＿＿拾＿＿＿＿元整(大写)。
>
> 具体约定见附件四。
>
> 本条所称建筑面积,是指房屋外墙(柱)勒脚以上各层的外围水平投影面积,包括阳台、挑廊、地下室、室外楼梯等,且具备上盖,结构牢固,层高2.20米以上(含2.20米)的永久性建筑。
>
> 所称套内建筑面积,是指成套商品房(单元房)的套内使用面积、套内墙体面积和阳台建筑面积之和。

● 律师批注

【条款目的】

明确了标的房产计价方式与总价款。

【风险提示】

实践中,对商品房面积问题争议较多,本条提出了三种计价方式,使买方有更多选择。不管哪种计价方式,只要开发商在计算标的房产面积时,严格遵循了现行规范,以何种方式计算都不应损害双方利益。

> **第六条 付款方式及期限**
> 买受人采取下列第＿＿＿＿种方式付款。
> **1. 一次性付款。**
> **2. 分期付款。**
> **3. 贷款方式付款。** 买受人可以首期支付购房总价款的＿＿＿＿＿％,其余价款可以向＿＿＿＿＿＿＿＿＿＿银行或住房公积金管理机构借款支付。
> **4. 其他方式。**
> 具体付款方式及期限的约定见附件五。

● **律师批注**

【条款目的】

明确了付款的几种方式。

【风险提示】

实践中,买方可以根据自己的实际支付能力选择适合自己的付款方式,当然卖方也有权对买方的付款方式作出限制。如果买方选择贷款方式付款(又称按揭付款),则买方在签署协议前,应了解清楚自己是否符合按揭贷款的条件,以免签订购房合同后因无法办妥按揭贷款,给双方造成麻烦甚至发生法律纠纷。此外,开发商(卖方)也应当将与本单位签订了《按揭贷款合作协议》的银行的相关规定详细地向客户(买方)说明,必要时可建议客户先向银行咨询再决定是否签订购房合同。买卖双方也可对由于买方原因无法办理按揭贷款的违约责任进行明确,约定相应的逾期违约金及解除合同的权利。

> **第七条** 出卖人保证该商品房没有产权纠纷,因出卖人原因造成该商品房不能办理产权登记或发生债权债务纠纷的,由出卖人承担相应责任。

● **律师批注**

【条款目的】

明确了出卖人的权利瑕疵担保责任。

【风险提示】

实践中,存在出卖人将标的房产向银行抵押借款、一房多卖的情形,为了充分保护买受人的财产权,出卖人应对其销售的商品房约定权利瑕疵担保。出卖人违反权利瑕疵担保责任时,买受人可以主张的权利有:支付违约金、实际履行、解除合同、损害赔偿等。双方在此应明确违反瑕疵担保责任的具体责任承担方式。

【法律规定】

《商品房销售管理办法》(2001.06.01 施行)

第九条　房地产开发企业销售设有抵押权的商品房,其抵押权的处理按照《中华人民共和国担保法》、《城市房地产抵押管理办法》的有关规定执行。

第十条　房地产开发企业不得在未解除商品房买卖合同前,将作为合同标的物的商品房再行销售给他人。

第三十九条　在未解除商品房买卖合同前,将作为合同标的物的商品房再行销售给他人的,处以警告,责令限期改正,并处 2 万元以上 3 万元以下罚款;构成犯罪的,依法追究刑事责任。

> 第八条　规划变更的约定
>
> 出卖人应当按照规划行政主管部门核发的建设工程规划许可证规定的条件建设商品房,不得擅自变更。
>
> 出卖人确需变更建设工程规划许可证规定条件的,应当书面征得受影响的买受人同意,并取得规划行政主管部门的批准。因规划变更给买受人的权益造成损失的,出卖人应当给予相应的补偿。

● 律师批注

【条款目的】

明确了规划变更的具体约定。

【风险提示】

实践中,如出现确需变更建设工程规划许可证规定条件的,应书面取得买受人的同意,同时还应取得规划行政主管部门的批准,买受人为了保障自己的权益可以在合同中进一步明确规划变更的具体情形以及发生规划变更后具体的补偿措施,还可以约定双方因此导致合同解除的情况。

【法律规定】

《商品房销售管理办法》(2001.06.01 施行)

第二十四条　房地产开发企业应当按照批准的规划、设计建设商品房。

商品房销售后,房地产开发企业不得擅自变更规划、设计。

......

> 第九条 设计变更的约定
> (一)经规划行政主管部门委托的设计审查单位批准,建筑工程施工图设计文件的下列设计变更影响到买受人所购商品房质量或使用功能的,出卖人应当在设计审查单位批准变更之日起 10 日内,书面通知买受人。
> 1. 该商品房结构形式、户型、空间尺寸、朝向;
> 2. 供热、采暖方式;
> 3. ＿＿＿＿＿＿＿＿＿＿＿＿＿＿＿＿＿＿;
> 4. ＿＿＿＿＿＿＿＿＿＿＿＿＿＿＿＿＿＿;
> 5. ＿＿＿＿＿＿＿＿＿＿＿＿＿＿＿＿＿＿。
> 出卖人未在规定时限内通知买受人的,买受人有权退房。
> (二)买受人应当在通知送达之日起 15 日内作出是否退房的书面答复。买受人逾期未予以书面答复的,视同接受变更。
> (三)买受人退房的,出卖人应当自退房通知送达之日起＿＿＿＿日内退还买受人已付房价款,并按照＿＿＿＿＿＿＿利率付给利息。买受人不退房的,应当与出卖人另行签订补充协议。
> ＿＿＿＿＿＿＿＿＿＿＿＿＿＿＿＿＿＿＿＿＿＿＿＿＿＿。

● 律师批注

【条款目的】

明确了设计变更的具体约定。

【风险提示】

实践中,如出现设计变更的情形,买受人为了保障自己的权益可以在合同中进一步明确设计变更的具体情形以及发生设计变更后具体的补偿措施,还可以约定双方因此导致合同解除的情况。

> 第十条 逾期付款责任
> 买受人未按照约定的时间付款的,按照下列第＿＿＿＿种方式处理:
> 1. 按照逾期时间,分别处理[(1)和(2)不作累加]。
> (1)逾期在＿＿＿＿＿日之内,自约定的应付款期限届满之次日起至实际支付应付款之日止,买受人按日计算向出卖人支付逾期应付款万分之＿＿＿＿的违约金,并于实际支付应付款之日起＿＿＿＿日内向出卖人支

付违约金,合同继续履行。

(2) 逾期超过_____日[该日期应当与第(1)项中的日期相同]后,出卖人有权解除合同。出卖人解除合同的,买受人应当自解除合同通知送达之日起_____日内按照累计的逾期应付款的_____%向出卖人支付违约金,并由出卖人退还买受人全部已付款。买受人愿意继续履行合同的,经出卖人同意后,合同继续履行,自约定的应付款期限届满之次日起至实际支付应付款之日止,买受人按日计算向出卖人支付逾期应付款万分之_____[该比率应当不小于第(1)项中的比率]的违约金,并于实际支付应付款之日起_____日内向出卖人支付违约金。

本条所称逾期应付款是指依照第六条约定的到期应付款与该期实际已付款的差额;采取分期付款的,按照相应的分期应付款与该期的实际已付款的差额确定。

2. _____。

● 律师批注

【条款目的】
明确买受人逾期付款违约责任的处理。

【风险提示】
实践中,最难掌握的是如何约定卖方有权选择解除合同的逾期时间,以及违约金的比例。在确定卖方有权选择解除合同的逾期时间时应考虑下列因素:

(1) 卖方对资金的需求程度;
(2) 标的房产价款的数额;
(3) 买方的资信状况;
(4) 是一次性付款还是分期付款、按揭付款。对于逾期付款违约金,建议参照人民银行公布的金融单位计收逾期贷款利息确定。解除合同时按累计应付款计算的违约金,一般不宜超过10%。此条双方约定的时限、违约金的比率应当与第十三条的约定保持一致,以体现公平原则。

第十一条 交付条件

(一) 出卖人应当在_____年_____月_____日前向买受人交付该商品房。

(二) 该商品房交付时应当符合下列第1、2、_____、_____、_____、

_____、_____项所列条件；该商品房为住宅的，出卖人还应当提供《住宅质量保证书》和《住宅使用说明书》。

1. 该商品房已取得规划验收批准文件和建筑工程竣工验收备案表；
2. 有资质的房产测绘机构出具的该商品房面积实测技术报告书；
3. 出卖人已取得了该商品房所在楼栋的房屋权属证明；
4. 满足第十二条中出卖人承诺的市政基础设施达到的条件；
5. 该商品房为住宅的，出卖人应提供《住宅工程质量分户验收表》（2006年1月1日起进行住宅工程竣工验收的房屋适用）；
    6. _____；
    7. _____。

● **律师批注**

【条款目的】
明确标的房产的交付条件。

【风险提示】
商品房买卖多采用预售形式，买方在签订合同时和其后的很长一段时间内，对标的房产的认识建立在开发商的宣传、承诺以及一些书面材料的基础之上。交付时，标的房产应符合上述条件，否则，会引起较多纠纷，最好的处理方式是对交付条件规定得更详细、更具体。

第十二条　市政基础设施和其他设施的承诺

出卖人承诺与该商品房正常使用直接相关的市政基础设施和其他设施按照约定的日期达到下列条件：

1. 市政基础设施：
（1）上水、下水：_____年_____月_____日达到_____；
（2）电：_____年_____月_____日达到_____；
（3）供暖：_____年_____月_____日达到_____；
（4）燃气：_____年_____月_____日达到_____；
（5）_____；
（6）_____。

如果在约定期限内未达到条件，双方同意按照下列方式处理：
（1）_____；
（2）_____。

2. 其他设施：
(1) 公共绿地：_____年_____月_____日达到_____；
(2) 公共道路：_____年_____月_____日达到_____；
(3) 公共停车场：_____年_____月_____日达到_____；
(4) 幼儿园：_____年_____月_____日达到_____；
(5) 学校：_____年_____月_____日达到_____；
(6) 会所：_____年_____月_____日达到_____；
(7) 购物中心：_____年_____月_____日达到_____；
(8) 体育设施：_____年_____月_____日达到_____；
(9) _____；
(10) _____。
如果在约定期限内未达到条件，双方同意按照下列方式处理：
(1) _____；
(2) _____。

● 律师批注

【条款目的】

明确标的房产涉及的市政基础设施和其他设施的承诺内容。

【风险提示】

市政基础设施和其他设施是买受人选择商品房的重要考虑因素。市政基础设施和其他设施正常运行是商品房使用功能正常发挥的一个重要条件。因此，出卖人与买受人应当就市政基础设施和其他设施正常投入运行的日期作出相应约定。

市政基础设施和其他设施投入正常运行的决定因素主要是在政府相关部门和专业部门，因此，出卖人应当慎重地给出正常运行日期的承诺，应当对其可能条件作充分的调查，并与政府相关部门或专业部门达成协议。同时，根据实际情况，出卖人可以考虑对非自身因素造成正常运行延误的，事先应当在合同中约定有关情况出现时的处理条款。

第十三条 逾期交房责任

除不可抗力外，出卖人未按第十一条约定的期限和条件将该商品房交付买受人的，按照下列第_____种方式处理：

1. 按照逾期时间，分别处理[(1)和(2)不作累加]
(1) 逾期在_____日之内[该时限应当不少于第十条第(1)项中的

时限],自第十一条约定的交付期限届满之次日起至实际交付之日止,出卖人按日计算向买受人支付已交付房价款万分之_____的违约金[该违约金比率应当不小于第十条第(1)项中的比率],并于该商品房实际交付之日起_____日内向买受人支付违约金,合同继续履行。

(2) 逾期超过_____日[该日期应当与第(1)项中的日期相同]后,买受人有权退房。买受人退房的,出卖人应当自退房通知送达之日起_____日内退还全部已付款,并按照买受人全部已付款的_____%向买受人支付违约金。买受人要求继续履行合同的,合同继续履行,自第十一条约定的交付期限届满之次日起至实际交付之日止,出卖人按日计算向买受人支付全部已付款万分之_____[该比率应当不小于第(1)项中的比率]的违约金,并于该商品房实际交付之日起_____日内向买受人支付违约金。

2. _____。

● 律师批注

【条款目的】

明确出卖人逾期交房的违约责任的处理。

【风险提示】

实践中,逾期交房非常普遍。造成逾期交房的原因既有开发商本身怠于履行的因素,也有行政主管机关强制变更规划、采用新型配套设施等开发商不能控制的原因。如果出现逾期交房,卖方应及时通知客户(买受人),确属己方责任的应积极主动承担责任;不应承担责任的,说明理由争取客户的谅解。此条双方约定的时限、违约金的比率应当与第十条的约定保持一致,以体现公平原则。

第十四条 面积差异处理

该商品房交付时,出卖人应当向买受人出示其委托的有资质的房产测绘机构出具的商品房面积实测技术报告书,并向买受人提供该商品房的面积实测数据(以下简称实测面积)。实测面积与第三条载明的预测面积发生误差的,双方同意按照第_____种方式处理:

1. 根据第五条按照套内建筑面积计价的约定,双方同意按照下列原则处理:

(1) 套内建筑面积误差比绝对值在3%以内(含3%)的,据实结算房价款;

（2）套内建筑面积误差比绝对值超出3%时，买受人有权退房。

买受人退房的，出卖人应当自退房通知送达之日起30日内退还买受人已付房价款，并按照_____利率付给利息。

买受人不退房的，实测套内建筑面积大于预测套内建筑面积时，套内建筑面积误差比在3%以内（含3%）部分的房价款由买受人补足；超出3%部分的房价款由出卖人承担，产权归买受人所有。实测套内建筑面积小于预测套内建筑面积时，套内建筑面积误差比绝对值在3%以内（含3%）部分的房价款由出卖人返还买受人；绝对值超出3%部分的房价款由出卖人双倍返还买受人。

$$套内建筑面积误差比 = \frac{实测套内建筑面积 - 预测套内建筑面积}{预测套内建筑面积} \times 100\%$$

2. 根据第五条按照建筑面积计价的约定，双方同意按照下列原则处理：

（1）建筑面积、套内建筑面积误差比绝对值均在3%以内（含3%）的，根据实测建筑面积结算房价款；

（2）建筑面积、套内建筑面积误差比绝对值其中有一项超出3%时，买受人有权退房。

买受人退房的，出卖人应当自退房通知送达之日起30日内退还买受人已付房价款，并按照_____利率付给利息。

买受人不退房的，实测建筑面积大于预测建筑面积时，建筑面积误差比在3%以内（含3%）部分的房价款由买受人补足；超出3%部分的房价款由出卖人承担，产权归买受人所有。实测建筑面积小于合同约定建筑面积时，建筑面积误差比绝对值在3%以内（含3%）部分的房价款由出卖人返还买受人；绝对值超出3%部分的房价款由出卖人双倍返还买受人。

$$建筑面积误差比 = \frac{实测建筑面积 - 预测建筑面积}{预测建筑面积} \times 100\%$$

3. 双方自行约定：
_____
_____。

● 律师批注

【条款目的】

允许当事人自行选择计价方式，明确住房面积、套内面积的误差计算方式及处理办法。

【风险提示】

根据我国《商品房销售管理办法》的第18条至第21条的规定:商品房买卖有三种计价方式,即按套计算、按建筑面积计算、按套内面积计算。但在一次买卖中,双方只能按一种方式计算房屋价格。从实践中看,按套计算最简单便捷,但因其与房屋面积没有直接联系,购房者与开发商对房屋面积一般只是口头约定,完全是凭双方的诚信,开发商在此有绝对的主动,而房屋面积缩水时,最不容易维护购房者的权益。以往的商品房买卖合同一直使用按建筑面积这种计价方式,但由于其涉及的共有建筑面积的测算规则复杂、技术专业,一般购房者难以掌握,对购房者权利的保护也不十分有利。而按套内建筑面积计价的方式的优点最明显,它既保护了与人们生活联系最紧密的套内建筑面积部分,又将购房者从复杂的共有建筑面积计算中解脱出来,便于其在面积问题上对开发商进行更有效的监督。

【相关案例】

例2-2:计价方式约定不明导致争议

2009年6月,张先生与某房产开发商签订了一份《商品房预购协议书》,当时双方约定:房屋按建筑面积每平方米1800元计算,计算总价后,再除以套内面积,得到套内面积为每平方米2060元。后来,房产开发商取得商品房预售许可证后,正式签订《商品房预售合同》。这时张先生发现,建筑面积比原来有所减少,而套内面积增多,房产开发商在商品房预售合同上写明的是按照套内面积计算,这样,房屋的总价比原来高了两万多块钱。张先生不认可这种计价方式,认为既然预售协议可以按照建筑面积来计算房屋总价,那么现在仍可以按照该方式计算,所以拒绝支付多余的款项。

评析:

张先生与房产开发商的纠纷就是因为适用了多种计价方式。根据我国《商品房销售管理办法》第18条的规定:商品房买卖有三种计价方式,即按套计算、按建筑面积计算和按套内面积计算。由于实际交房时,建筑面积有所减少,套内面积增加,按照建筑面积计价对购房者更有利。根据对预购协议的文义理解,房产开发商同时使用了两种计价依据,并未明确约定房屋价格的最终计算依据,导致双方基于自身利益考虑对合同条款理解发生分歧。实践中,为避免此种争端,应当明确确定一种计价依据。

【法律规定】

《商品房销售管理办法》(2001.06.01施行)

第十七条 商品房销售价格由当事人协商议定,国家另有规定的除外。

第十八条 商品房销售可以按套(单元)计价,也可以按套内建筑面积或者建筑面积计价。

商品房建筑面积由套内建筑面积和分摊的共有建筑面积组成,套内建筑面积部分为独立产权,分摊的共有建筑面积部分为共有产权,买受人按照法律、法规的规定对其享有权利,承担责任。

按套(单元)计价或者按套内建筑面积计价的,商品房买卖合同中应当注明建筑面积和分摊的共有建筑面积。

第十九条 按套(单元)计价的现售房屋,当事人对现售房屋实地勘察后可以在合同中直接约定总价款。

按套(单元)计价的预售房屋,房地产开发企业应当在合同中附所售房屋的平面图。平面图应当标明详细尺寸,并约定误差范围。房屋交付时,套型与设计图纸一致,相关尺寸也在约定的误差范围内,维持总价款不变;套型与设计图纸不一致或者相关尺寸超出约定的误差范围,合同中未约定处理方式的,买受人可以退房或者与房地产开发企业重新约定总价款。买受人退房的,由房地产开发企业承担违约责任。

第二十条 按套内建筑面积或者建筑面积计价的,当事人应当在合同中载明合同约定面积与产权登记面积发生误差的处理方式。

合同未作约定的,按以下原则处理:

(一)面积误差比绝对值在3%以内(含3%)的,据实结算房价款;

(二)面积误差比绝对值超出3%时,买受人有权退房。买受人退房的,房地产开发企业应当在买受人提出退房之日起30日内将买受人已付房价款退还给买受人,同时支付已付房价款利息。买受人不退房的,产权登记面积大于合同约定面积时,面积误差比在3%以内(含3%)部分的房价款由买受人补足;超出3%部分的房价款由房地产开发企业承担,产权归买受人。产权登记面积小于合同约定面积时,面积误差比绝对值在3%以内(含3%)部分的房价款由房地产开发企业返还买受人;绝对值超出3%部分的房价款由房地产开发企业双倍返还买受人。

面积误差比=(产权登记面积-合同约定面积)/合同约定面积×100%

因本办法第二十四条规定的规划设计变更造成面积差异,当事人不解除合同的,应当签署补充协议。

第二十一条 按建筑面积计价的,当事人应当在合同中约定套内建筑面积和分摊的共有建筑面积,并约定建筑面积不变而套内建筑面积发生误差以及建筑面积与套内建筑面积均发生误差时的处理方式。

第十五条　交接手续

（一）该商品房达到第十一条约定的交付条件后,出卖人应当在交付日的 7 日前,书面通知买受人办理交接手续的时间、地点以及应当携带的证件。双方进行验收交接时,出卖人应当出示第十一条约定的证明文件,并满足第十一条约定的其他条件。出卖人不出示证明文件或者出示的证明文件不齐全,或未满足第十一条约定的其他条件的,买受人有权拒绝接收,由此产生的逾期交房责任由出卖人承担,并按照第十三条处理。

（二）验收交接后,双方应当签署商品房交接单。由于买受人原因未能按期办理交接手续的,双方同意按照下列约定方式处理:
_____。

（三）双方同意按照下列第_____种方式缴纳税费:
1. 出卖人不得将买受人交纳税费作为交接该商品房的条件。
_____。

2. 买受人同意委托出卖人代交下列第_____、_____、_____、_____、_____种税费,并在接收该商品房的同时将上述税费交给出卖人。
（1）专项维修资金;
（2）契税;
（3）第二十三条约定的物业服务费用;
（4）供暖费;
（5）_____;
（6）_____。

3. 买受人自行向相关单位缴纳下列第_____、_____、_____、_____、_____种税费,并在接收该商品房的同时向出卖人出示缴纳税费的凭据。
（1）专项维修资金;
（2）契税;
（3）第二十三条约定的物业服务费用;
（4）供暖费;
（5）_____;
（6）_____。

● **律师批注**

【条款目的】

明确商品房交付流程及代扣代缴费用。

【风险提示】

按照第十一条列出的项目逐项核查开发商是否履行了相关义务，房屋是否达到交付标准。具体包括：一是交付使用的商品房必须通过工程质量验收合格；二是开发商交付商品房时应向购房者提供工程质量验收合格的证明文件，即单位工程验收记录；三是开发商应向购房者提供《住宅质量保证书》和《住宅使用说明书》，并履行维修义务；四是交付使用的商品房还应当符合双方合同关于基础设施、公共配套建筑的交付条件的约定，对供水、供电、燃气设施、排水、绿化等基础设施、公共配套建筑进行核验；五是在交接过程中若出现《住宅质量保证书》中的质量问题，如门窗不严、墙壁起泡裂纹等瑕疵，不影响交接，但出卖人应及时维修。购房者应在房屋交接单上标明存在的问题，双方均应标明日期并签字。

第十六条　商品房质量、装饰、设备标准的约定

（一）出卖人承诺该商品房使用合格的建筑材料、构配件，该商品房质量符合国家和本市颁布的工程质量规范、标准和施工图设计文件的要求。

（二）出卖人和买受人约定如下：

1. 该商品房地基基础和主体结构质量经检测不合格的，买受人有权退房。买受人退房的，出卖人应当自退房通知送达之日起_____日内退还全部已付款，并按照_____利率付给利息，给买受人造成损失的由出卖人承担赔偿责任。因此而发生的检测费用由出卖人承担。

买受人要求继续履行合同的，应当与出卖人另行签订补充协议。

_____。

2. 该商品房室内空气质量经检测不符合国家标准的，自该商品房交付之日起_____日内（该时限应当不低于60日），买受人有权退房。买受人退房的，出卖人应当自退房通知送达之日起_____日内退还买受人全部已付款，并按照_____利率付给利息，给买受人造成损失的，由出卖人承担赔偿责任。因此而发生的检测费用由出卖人承担。

买受人不退房的或该商品房交付使用已超过_____日的，应当与出卖人另行签订补充协议。

_____。

3. 交付该商品房时，该商品房已经由建设、勘察、设计、施工、工程监

理等单位验收合格,出卖人应当与买受人共同查验收房,发现有其他问题的,双方同意按照第＿＿＿＿种方式处理:

（1）出卖人应当于＿＿＿＿日内将已修复的该商品房交付。由此产生的逾期交房责任由出卖人承担,并按照第十三条处理。
＿＿＿＿＿＿＿＿＿＿＿＿＿＿＿＿＿＿＿＿＿＿＿＿＿＿＿＿＿＿＿＿。

（2）由出卖人按照国家和本市有关工程质量的规范和标准在商品房交付之日起＿＿＿＿日内负责修复,并承担修复费用,给买受人造成损失的,由出卖人承担赔偿责任。

（3）＿＿＿＿＿＿＿＿＿＿＿＿＿＿＿＿＿＿＿＿＿＿＿＿＿＿＿＿＿＿。

4. 出卖人交付的商品房的装饰、设备标准应当符合双方约定的标准。达不到约定标准的,买受人有权要求出卖人按照下列第＿＿＿＿种方式处理:

（1）出卖人赔偿双倍的装饰、设备差价。
（2）＿＿＿＿＿＿＿＿＿＿＿＿＿＿＿＿＿＿＿＿＿＿＿＿＿＿＿＿＿＿。
（3）＿＿＿＿＿＿＿＿＿＿＿＿＿＿＿＿＿＿＿＿＿＿＿＿＿＿＿＿＿＿。
具体装饰和设备标准的约定见附件六。

（三）出卖人和买受人对工程质量问题发生争议的,任何一方均可以委托有资质的建设工程质量检测机构检测,双方均有协助并配合对方检测的义务。
＿＿＿＿＿＿＿＿＿＿＿＿＿＿＿＿＿＿＿＿＿＿＿＿＿＿＿＿＿＿＿＿。

● 律师批注

【条款目的】

明确商品房及其内部设施的质量标准及违约处理办法。

【风险提示】

由于我国建筑工程建设领域的监督机制不健全,实践中经常出现建筑商对建筑材料以假乱真、以次充好导致房屋建筑质量问题频发。为在纠纷发生后更好地维护各方权益,合同各方应当尽量详细约定所使用施工工艺、工序,建筑材料的品牌、规格、技术标准等。

第十七条　住宅保修责任

（一）该商品房为住宅的，出卖人自该商品房交付之日起，按照《住宅质量保证书》承诺的内容承担相应的保修责任。

该商品房为非住宅的，双方应当签订补充协议详细约定保修范围、保修期限和保修责任等内容。

（二）在该商品房保修范围和保修期限内发生质量问题，双方有退房约定的，按照约定处理；没有退房约定的，出卖人应当履行保修义务，买受人应当配合保修。非出卖人原因造成的损坏，出卖人不承担责任。

● 律师批注

【条款目的】

明确商品房的维修责任。

第十八条　住宅节能措施

该商品房为住宅的，应当符合国家有关建筑节能的规定和北京市规划委员会、北京市建设委员会发布的《居住建筑节能设计标准》(DBJ01-602-2004)的要求。未达到标准的，出卖人应当按照《居住建筑节能设计标准》的要求补做节能措施，并承担全部费用；因此给买受人造成损失的，出卖人应当承担赔偿责任。

● 律师批注

【条款目的】

明确商品房的建筑节能要求。

【风险提示】

该标准是地方性标准，开发商应当参考当地相关环保节能政策，因地制宜。

第十九条　使用承诺

买受人使用该商品房期间，不得擅自改变该商品房的建筑主体结构、承重结构和用途。除本合同、补充协议及其附件另有约定者外，买受人在使用该商品房期间有权与其他权利人共同使用与该商品房有关的共用部位和设施，并按照共用部位与共用房屋分摊面积承担义务。

出卖人不得擅自改变与该商品房有关的共用部位和设施的使用性质。

● 律师批注

【条款目的】

明确买受人合理进行房屋改造的注意义务,以及对共有部位和设施的处置和使用约定。

第二十条 产权登记

(一)初始登记

出卖人应当在_____年____月____日前,取得该商品房所在楼栋的权属证明。如因出卖人的责任未能在本款约定期限内取得该商品房所在楼栋的权属证明的,双方同意按照下列第_____种方式处理:

1. 买受人有权退房。买受人退房的,出卖人应当自退房通知送达之日起_____日内退还全部已付款,并按照买受人全部已付款的_____%向买受人支付违约金。买受人不退房的,合同继续履行,自出卖人应当取得该商品房所在楼栋的权属证明期限届满之次日起至实际取得权属证明之日止,出卖人应当按日计算向买受人支付全部已付款万分之_____的违约金,并于出卖人实际取得权属证明之日起_____日内向买受人支付。

2. _____。

(二)转移登记

1. 商品房交付使用后,双方同意按照下列第_____种方式处理:

(1) 双方共同向权属登记机关申请办理房屋权属转移登记。

(2) 买受人同意委托_____向权属登记机关申请办理房屋权属转移登记,委托费用_____元人民币(大写)。

2. 如因出卖人的责任,买受人未能在商品房交付之日起_____日内取得房屋所有权证书的,双方同意按照下列第_____种方式处理:

(1) 买受人有权退房。买受人退房的,出卖人应当自退房通知送达之日起_____日内退还买受人全部已付款,并按照_____利率付给利息。买受人不退房的,自出卖人应当取得房屋所有权证书的期限届满之次日起至实际取得房屋所有权证书之日止,出卖人按日计算向买受人支付全部已付款万分之_____的违约金,并于买受人实际取得房屋所有权证书之日起_____日内由出卖人支付。

(2) _____。

● 律师批注

【条款目的】

明确商品房买卖双方进行预售登记及转移登记时的权利义务。

【风险提示】

根据我国法律,不动产物权的变动必须采取登记形式,这是不动产物权变动的法定形式。因此购房合同的签订并不会直接达到确定房屋产权的效果,只有完成登记手续才会最终确定房屋的所有人。

【法律规定】

《中华人民共和国物权法》(2007.10.01 施行)

第六条 不动产物权的设立、变更、转让和消灭,应当依照法律规定登记。动产物权的设立和转让,应当依照法律规定交付。

第九条 不动产物权的设立、变更、转让和消灭,经依法登记,发生效力;未经登记,不发生效力,但法律另有规定的除外。

……

> **第二十一条 共有权益的约定**
> 1. 该商品房所在楼栋的屋面使用权归全体产权人共有;
> 2. 该商品房所在楼栋的外墙面使用权归全体产权人共有;
> 3. _____;
> 4. _____。

● 律师批注

【条款目的】

明确共有权益的范围和使用方式,买卖双方可根据情况自行约定。

> **第二十二条 附属建筑物、构筑物的约定**
> 双方同意该商品房的地下停车库等附属建筑物、构筑物按照以下第_____种方式处理:
> 1. 出卖人出卖该商品房时,该商品房附属的_____、_____、_____、_____随同该商品房一并转让。
> 2. 出卖人声明该商品房附属的_____、_____、_____、_____不随同该商品房一并转让。

● 律师批注

【条款目的】
明确商品房附属物的权利处置方式。

【风险提示】
附属物是指为了房屋的使用而建造的必需的附属设施,一般包括围墙、甬路、门楼、厕所、棚屋、地下车库、公摊面积范围内的权益等。

> 第二十三条　前期物业服务
> （一）出卖人依法选聘的物业管理企业为：_____,资质证号为：_____。
> （二）前期物业管理期间,物业服务收费价格为_____/月·平方米(建筑面积)。价格构成包括物业区域内保洁费、公共秩序维护费、共用部位共用设施设备日常维护费、绿化养护费、综合管理费、_____、_____、_____。
> 地上停车管理费_____,地下停车管理费_____。
> （三）物业管理企业按照下列第_____种方式收取物业服务费。
> 1. 按照年收取,买受人应当在每年的_____月_____日前缴费。
> 2. 按照半年收取,买受人应当分别在每年的_____月_____日前和_____月_____日前缴费。
> 3. 按照季收取,买受人应当分别在每年的_____月_____日前、_____月_____日前、_____月_____日前和_____月_____日前缴费。
> （四）物业服务的内容和业主临时公约的内容见附件七。买受人已详细阅读附件七有关物业服务的全部内容和业主临时公约,同意由出卖人依法选聘的物业管理企业提供前期物业服务,遵守业主临时公约。

● 律师批注

【条款目的】
明确前期物业服务内容。

【风险提示】
前期物业服务合同是指在业主委员会同物业管理企业签订正式物业合同之前,由建设单位与其所选聘的物业管理企业签订的关于前期物业管理服务的合同。《物业管理条例》第 21 条规定:"在业主、业主大会选聘物业管理企业之前,建设单位选聘物业管理企业的,应当签订书面的前期物业服务合同。"

> 第二十四条 专项维修资金
> 买受人委托出卖人代交专项维修资金的,出卖人应当自受托之日起_____日内,向买受人提交专项维修资金缴纳凭证。
> 买受人自行缴纳专项维修资金(公共维修基金)的,应当在商品房交付[时][之日起_____日内],向物业管理企业出示专项维修资金缴纳凭证。

● 律师批注

【条款目的】

明确专项维修基金的缴付方式。

【风险提示】

不同于物业费用来支付物业公司管理社区项目的各项开支,例如人员工资、设备设施的维护保养费用、公共能源支出等,专项维修基金用于建筑物中修以上或者设备设施的更新更换,专项维修基金的使用必须通过业主委员会审批,在房管部门的监督下专款专用。专项维修基金在使用中如果出现不够的情况,由全体业主补交费用。

> 第二十五条 不可抗力
> 因不可抗力不能按照约定履行本合同的,根据不可抗力的影响,部分或全部免除责任,但因不可抗力不能按照约定履行合同的一方当事人应当及时告知另一方当事人,并自不可抗力事件结束之日起_____日内向另一方当事人提供证明。

● 律师批注

参见本书第一章"一般商品买卖合同"第十条的批注。

> 第二十六条 争议解决方式
> 本合同在履行过程中发生的争议,由双方当事人协商解决;协商不成的,按照下列第_____种方式解决:
> 1. 提交_____仲裁委员会仲裁。
> 2. 依法向_____人民法院起诉。

● 律师批注

参见本书第一章"一般商品买卖合同"第十一条的批注。

> 第二十七条 本合同自双方签字(盖章)之日起生效。双方可以根据具体情况对本合同中未约定、约定不明或不适用的内容签订书面补充协议进行变更或补充,但补充协议中含有不合理地减轻或免除本合同中约定应当由出卖人承担的责任或不合理地加重买受人责任、排除买受人主要权利内容的,仍以本合同为准。对本合同的解除,应当采用书面形式。本合同附件及补充协议与本合同具有同等法律效力。

● 律师批注

参见本书第一章"一般商品买卖合同"第十三条、第十四条的批注。

> 第二十八条 本合同及附件共_____页,一式_____份,具有同等法律效力,其中出卖人_____份,买受人_____份。

● 律师批注

参见本书第一章"一般商品买卖合同"第十五条的批注。

> 第二十九条 自本合同生效之日起30日内,由出卖人向_____申请办理该商品房预售合同登记备案手续。出卖人自本合同生效之日起30日内未申请预售登记的,买受人可以申请预售登记。预售的商品房已抵押的,预售登记应当由出卖人和买受人双方共同申请。

● 律师批注

参见本书第一章"一般商品买卖合同"第十三条的批注。

> 出卖人(签章): 买受人(签章):
> [法定代表人]: [法定代表人]:
> [委托代理人](签章): [负责人]:
> [委托销售代理机构](签章): [委托代理人](签章):
> 签订时间:____年__月__日 签订时间:____年__月__日
> 签订地点:_____ 签订地点:_____

● 律师批注

参见本书第一章"一般商品买卖合同"关于本部分的批注。

附件一：房屋平面图及在整栋楼中的位置图（应标明方位）

附件二：共用部位与共用房屋分摊建筑面积构成说明

 1. 被分摊的共用部位的名称、用途、所在位置、面积。
 2. 参与分摊共用建筑面积的商品房名称、用途、所在位置、面积、分摊系数。
 3. 不分摊的共用部位。

附件三：该商品房取得抵押权人同意销售的证明及抵押当事人的相关约定

附件四：计价方式与房价款的其他约定

附件五：付款方式及期限的约定

附件六：装饰和设备标准的约定

 1. 采暖系统：
 （1）集中采暖：［散热器］［地板采暖］［　　］＿＿＿＿＿＿＿＿＿＿；
 （2）分户采暖：［燃气炉］［电采暖］［　　］＿＿＿＿＿＿＿＿＿＿；
 （3）采暖设备品牌：＿＿＿＿＿＿＿＿＿＿＿＿＿＿＿＿＿＿＿＿。
 2. 保温材料：
 （1）外墙保温：［挤压聚苯板］［发泡聚苯板］［发泡聚安酯］［　　］＿＿＿；
 （2）内墙保温：［石膏聚苯板］［　　］＿＿＿＿＿＿＿＿＿＿＿＿＿＿。
 3. 外墙：［瓷砖］［涂料］［玻璃幕墙］［　　］＿＿＿＿＿＿＿＿＿＿。
 4. 内墙：［涂料］［壁纸］［　　］＿＿＿＿＿＿＿＿＿＿＿＿＿＿。
 5. 顶棚：［石膏板吊顶］［涂料］［　　］＿＿＿＿＿＿＿＿＿＿＿＿。
 6. 室内地面：［大理石］［花岗岩］［水泥抹面］［实木地板］［　　］＿＿＿＿。
 7. 门窗：
 （1）外窗结构尺寸为：＿＿＿＿＿＿＿＿＿＿＿＿＿＿＿＿＿＿＿＿＿；
 （2）开启方式为：＿＿＿＿＿＿＿＿＿＿＿＿＿＿＿＿＿＿＿＿＿；
 （3）门窗型材：［双玻中空断桥铝合金窗］［塑钢双玻璃］［　　］＿＿＿。
 8. 厨房：

(1) 地面:[水泥抹面][瓷砖][　　]_____;
(2) 墙面:[耐水腻子][瓷砖][　　]_____;
(3) 顶棚:[水泥抹面][石膏吊顶][　　]_____;
(4) 厨具:_____。

9. 卫生间:
(1) 地面:[水泥抹面][瓷砖][　　]_____;
(2) 墙面:[耐水腻子][涂料][瓷砖][　　]_____;
(3) 顶棚:[水泥抹面][石膏吊顶][　　]_____。
10. 阳台:[塑钢封闭][铝合金封闭][断桥铝合金封闭][不封闭][　　]
_____。

11. 电梯:
(1) 电梯品牌名称:_____;
(2) 电梯速度:_____米/秒;
(3) 电梯载重量:_____千克;
(4) _____。
12. 其他:
_____
_____。

附件七:物业服务

(本附件内容与出卖人和物业管理企业签订的前期物业服务合同一致)
1. 物业服务内容
2. 物业服务质量
3. 物业收费项目及价格
4. 业主临时公约
5. 其他约定

● **律师批注**

　　商品房买卖合同中,合同附件是整个合同的重要内容。附件一般包括房屋图纸、抵押情形、付款方式、建筑及装饰标准等直接关系到房屋本身权益的一系列方面,在某些情形下,附件合同可能对主合同约定作出实质性变更,这些地方是整个合同中的陷阱,买卖双方均应小心谨慎。

2. 商品房现房买卖合同

商品房现房买卖合同

合同编号：

出卖人：_____
通讯地址：_____
邮政编码：_____
营业执照注册号：_____
企业资质证书号：_____
法定代表人：_____ 联系电话：_____
委托代理人：_____ 联系电话：_____
委托销售代理机构：_____
通讯地址：_____
邮政编码：_____
营业执照注册号：_____

买受人：_____
[法定代表人][负责人]：_____ 国籍：_____
[身份证][护照][营业执照注册号][　　]：_____
出生日期：_____年_____月_____日,性别：_____
通讯地址：_____
邮政编码：_____ 联系电话：_____
[法定代理人][委托代理人]：_____ 国籍：_____
[身份证][护照][　　]：_____
出生日期：_____年_____月_____日,性别：_____
通讯地址：_____
邮政编码：_____ 联系电话：_____

● 律师批注

参见本书第一章"一般商品买卖合同"关于本条的批注。

买受人应当注意核实房屋产权证，确认出卖人为房屋产权所有人；如果房屋为共同所有，应当将所有共有人共同作为出卖人；需要特别注意的是，标的房屋若为夫妻共同财产，房屋处置应当经夫妻双方共同同意。如果出卖人系被委托人，应当向委托人核实委托事宜，并要求对方提供委托手续。

> 根据《中华人民共和国合同法》、《中华人民共和国城市房地产管理法》、《××市城市房地产转让管理办法》及其他有关法律、法规的规定，出卖人和买受人在平等、自愿、公平、协商一致的基础上就商品房现房买卖事宜达成如下协议：

● **律师批注**

参见本章"商品房预售合同"关于本条的批注。

> **第一条 项目建设依据**
>
> 出卖人以［出让］［转让］［划拨］方式取得坐落（国有土地使用证的坐落）于_____地块的国有土地使用权。该地块［国有土地使用证号］为：_____，土地使用权面积为：_____，买受人购买的商品房（以下简称该商品房）所在土地用途为：_____，土地使用年限自____年____月____日至____年____月____日。
>
> 在上述地块上建设的商品房［地名核准名称］［推广名］为：_____，该商品房建设工程规划许可证号为：_____，现已通过规划验收并完成了竣工验收。

● **律师批注**

参见本章"商品房预售合同"第一条的批注。

> **第二条 销售依据**
>
> 买受人购买的商品房现已取得房屋所有权证，证号为：_____，填发单位为：_____。

● **律师批注**

【条款目的】

明确了房屋销售的合法依据，即房屋产权证的情况。

> **第三条 基本情况**
>
> 经公安行政管理部门核准，该商品房地址为：_____。该商品房为第一条规定项目中的_____［幢］［座］第____层____单元____号。

该商品房所在楼栋的主体建筑结构为：＿＿＿＿＿＿，建筑层数为：＿＿＿＿＿＿＿层，其中地上＿＿＿＿＿＿＿层，地下＿＿＿＿＿＿＿层。

该商品房的用途为［住宅］［经济适用住房］［公寓］［别墅］［办公］［商业］［　　　］：＿＿＿＿＿＿＿；［层高］［净高］为：＿＿＿＿＿米，［坡屋顶净高］最低为：＿＿＿＿米，最高为：＿＿＿＿＿＿米。该商品房朝向为：＿＿＿＿＿＿；有＿＿＿＿个阳台，其中＿＿＿＿个阳台为封闭式，＿＿＿＿个阳台为非封闭式。

出卖人委托实测该商品房面积的房产测绘机构是＿＿＿＿＿，其实测建筑面积共＿＿＿＿＿＿平方米，其中，套内建筑面积＿＿＿＿＿平方米，共用部位与共用房屋分摊建筑面积＿＿＿＿＿＿平方米。

该商品房平面图及在整栋楼中的位置图见附件一，有关共用部位与共用房屋分摊建筑面积构成说明见附件二。

本条所称层高是指上下两层楼面或楼面与地面之间的垂直距离，净高是指楼面或地面至上部楼板底面或吊顶底面之间的垂直距离。

● 律师批注

参见本章"商品房预售合同"第三条的批注。

第四条　抵押情况

该商品房的抵押情况为：＿＿＿＿＿＿＿＿。

1. 该商品房未设定抵押。

2. 该商品房已设定抵押，抵押权人为：＿＿＿＿＿＿＿，抵押登记部门为：＿＿＿＿＿＿＿，抵押登记日期为：＿＿＿＿＿＿＿。

关于抵押的相关约定见附件三。

● 律师批注

【条款目的】

明确所售房屋的他项权利。

【风险提示】

房产的他项权是指除产权人及共有权人以外的其他团体或者个人对该房产涉及的权利，通常是指抵押权利，他项权证由他项权人持有。一般房产购买时，在房屋所有权证书中，会有他项权利内容记载，载明他项权利人、权利种类、权利范围、权利价值、权利存续期间、注销日期，并且在他项权证书中也会注明这些内容。根据担保法,房产设有抵押,未经抵押权人同意不得进行合法交易,不能办理产权过户等相关手续。

> **第五条　租赁情况**
> 该商品房的租赁情况为:_____。
> 1. 出卖人未将该商品房出租。
> 2. 出卖人已将该商品房出租,[买受人为该商品房承租人][承租人已放弃优先购买权]。
> 3. _____。

● **律师批注**

【条款目的】
明确所售房屋目前的使用状态。

【风险提示】
如果目前所售房屋为租赁状态,其租赁期限未到期,根据《合同法》第229条买卖不破租赁的原则,房屋出售后,原承租人仍然享有继续承租房屋的权利;同时,房主出卖房屋,作为承租人在同等条件下享有优先购买权;买卖双方为避免纠纷,应当在房屋交易前的合理期限内通知承租人出售事宜。

【法律规定】
《中华人民共和国合同法》(1999.10.01 施行)
第二百二十九条　租赁物在租赁期间发生所有权变动的,不影响租赁合同的效力。
第二百三十条　出租人出卖租赁房屋的,应当在出卖之前的合理期限内通知承租人,承租人享有以同等条件优先购买的权利。

> **第六条　计价方式与价款**
> 出卖人与买受人约定按照下列第_____种方式计算该商品房价款。
> 1. 按照套内建筑面积计算,该商品房单价每平方米_____(币)_____元,总价款_____(币)_____佰_____拾_____亿_____仟_____佰_____拾_____万_____仟_____佰_____拾_____元整(大写)。
> 2. 按照建筑面积计算,该商品房单价为每平方米_____(币)_____元,总价款_____(币)_____佰_____拾_____亿_____仟_____佰_____拾_____万_____仟_____佰

_____拾_____元整(大写)。

3. 按照套(单元)计算,该商品房总价款为_____(币)_____佰_____拾_____亿_____仟_____佰_____拾_____万_____仟_____佰_____拾_____元整(大写)。

4. 按照_____计算,该商品房总价款为_____(币)_____佰_____拾_____亿_____仟_____佰_____拾_____万_____仟_____佰_____拾_____元整(大写)。

具体约定见附件四。

本条所称建筑面积,是指房屋外墙(柱)勒脚以上各层的外围水平投影面积,包括阳台、挑廊、地下室、室外楼梯等,且具备上盖,结构牢固,层高2.20米以上(含2.20米)的永久性建筑。

所称套内建筑面积,是指成套商品房(单元房)的套内使用面积、套内墙体面积和阳台建筑面积之和。

● 律师批注

参见本章"商品房预售合同"第五条的批注。

第七条 付款方式及期限

买受人采取下列第_____种方式付款。

1. 一次性付款。

2. 分期付款。

3. 贷款方式付款。买受人可以首期支付购房总价款的_____%,其余价款可以向_____银行或住房公积金管理机构借款支付。

4. 其他方式。

具体付款方式及期限的约定见附件五。

● 律师批注

参见本章"商品房预售合同"第六条的批注。

第八条 逾期付款责任

买受人未按照约定的时间付款的,按照下列第_____种方式处理。

1. 按照逾期时间,分别处理[(1)和(2)不作累加]。

(1)逾期在_____日之内,自约定的应付款期限届满之次日起至实际支付应付款之日止,买受人按日计算向出卖人支付逾期应付款万分之

_____的违约金,并于实际支付应付款之日起_____日内向出卖人支付违约金,合同继续履行。

(2) 逾期超过_____日[该日期应当与第(1)项中的日期相同]后,出卖人有权解除合同。出卖人解除合同的,买受人应当自解除合同通知送达之日起_____日内按照累计的逾期应付款的_____%向出卖人支付违约金,并由出卖人退还买受人全部已付款。买受人愿意继续履行合同的,经出卖人同意后,合同继续履行,自约定的应付款期限届满之次日起至实际支付应付款之日止,买受人按日计算向出卖人支付逾期应付款万分之_____[该比率应当不小于第(1)项中的比率]的违约金,并于实际支付应付款之日起_____日内向出卖人支付违约金。

本条所称逾期应付款是指依照第七条约定的到期应付款与该期实际已付款的差额;采取分期付款的,按照相应的分期应付款与该期的实际已付款的差额确定。

2._____。

● 律师批注

参见本书第一章"一般商品买卖合同"第八条的批注。

第九条 交付条件

(一) 出卖人应当在_____年_____月_____日前向买受人交付该商品房。

(二) 该商品房交付时应当符合下列第1. 2. _____、_____、_____项所列条件。

1. 提供有资质的房产测绘机构完成的该商品房面积实测技术报告书。

2. 该商品房为住宅的,出卖人应提供《住宅质量保证书》和《住宅使用说明书》。

3. 满足第十二条中出卖人承诺的市政基础设施和其他设施达到的条件。

4. 该商品房为住宅的,出卖人应提供《住宅工程质量分户验收表》(2006年1月1日起进行住宅工程竣工验收的房屋适用)。

5._____。

● **律师批注**

参见本章"商品房预售合同"第十一条的批注。

第十条 逾期交房责任

除不可抗力外,出卖人未按照第九条约定的期限和条件将该商品房交付买受人的,按照下列第_____种方式处理。

1. 按照逾期时间,分别处理[(1)和(2)不作累加]。

(1) 逾期在_____日之内[该时限应当不少于第八条第 1 款第(1)项中的时限],自第九条约定的交付期限届满之次日起至实际交付之日止,出卖人按日计算向买受人支付已交付房价款万分之_____的违约金[该违约金比率应当不小于第八条第 1 款第(1)项中的比率],并于该商品房实际交付之日起_____日内向买受人支付违约金,合同继续履行。

(2) 逾期超过_____日[该日期应当与第(1)项中的日期相同]后,买受人有权退房。买受人退房的,出卖人应当自退房通知送达之日起_____日内退还全部已付款,并按照买受人全部已付款的_____%向买受人支付违约金。买受人要求继续履行合同的,合同继续履行,自第九条约定的交付期限届满之次日起至实际交付之日止,出卖人按日计算向买受人支付全部已付款万分之_____[该比率应当不小于第(1)项中的比率]的违约金,并于该商品房实际交付之日起_____日内向买受人支付违约金。

2. _____。

● **律师批注**

参见本书第一章"一般商品买卖合同"第九条的批注。

第十一条 交接手续

(一) 该商品房达到第九条约定的交付条件后,出卖人应当在交付日的 7 日前,书面通知买受人办理交接手续的时间、地点以及应当携带的证件。双方进行验收交接时,出卖人应当出示第九条约定的证明文件,并满足第九条约定的其他条件。出卖人不出示证明文件或出示的证明文件不齐全,或未满足第九条约定的其他条件的,买受人有权拒绝接收,由此产生的逾期交房责任由出卖人承担,并按照第十条处理。

(二) 验收交接后,双方应当签署商品房交接单。由于买受人原因未能按期办理交接手续的,双方同意按照下列约定方式处理:

_____

_____。

（三）双方同意按照下列第_____种方式缴纳税费。

1. 出卖人不得将买受人交纳税费作为交接该商品房的条件。
_____。

2. 买受人同意委托出卖人代交下列第_____、_____、_____、_____、_____种税费，并在接收该商品房的同时将上述税费交给出卖人。
   (1) 专项维修资金；
   (2) 契税；
   (3) 第二十条约定的物业服务费用；
   (4) 供暖费；
   (5) _____；
   (6) _____。

3. 买受人自行向相关单位缴纳下列第_____、_____、_____、_____、_____种税费，并在接收该商品房的同时向出卖人出示缴纳税费的凭据。
   (1) 专项维修资金；
   (2) 契税；
   (3) 第二十条约定的物业服务费用；
   (4) 供暖费；
   (5) _____；
   (6) _____。

● **律师批注**

参见本章"商品房预售合同"第十五条的批注。双方应当对税费的承担进行明确约定，避免发生纠纷。

第十二条　市政基础设施和其他设施的承诺

出卖人承诺与该商品房正常使用直接相关的市政基础设施和其他设施按照约定的日期达到下列条件：

1. 市政基础设施：
   (1) 上水、下水：_____年_____月_____日达到_____；
   (2) 电：_____年_____月_____日达到_____；
   (3) 供暖：_____年_____月_____日达到_____；

（4）燃气：_____年_____月_____日达到_____；
（5）_____；
（6）_____。
如果在约定期限内未达到条件，双方同意按照下列方式处理：
（1）_____；
（2）_____。

2. 其他设施：
（1）公共绿地：_____年_____月_____日达到_____；
（2）公共道路：_____年_____月_____日达到_____；
（3）公共停车场：_____年_____月_____日达到_____；
（4）幼儿园：_____年_____月_____日达到_____；
（5）学校：_____年_____月_____日达到_____；
（6）会所：_____年_____月_____日达到_____；
（7）购物中心：_____年_____月_____日达到_____；
（8）体育设施：_____年_____月_____日达到_____；
（9）_____；
（10）_____。
如果在约定期限内未达到条件，双方同意按照下列方式处理：
（1）_____；
（2）_____。

● **律师批注**

【条款目的】

明确房屋周围的配套设施情况。在大多数买卖合同中，房屋周边配套设施的情形也是作为买房人考虑购房的重要因素。可参照本章"商品房预售合同"第十二条的批注。

第十三条　商品房质量、装饰、设备标准的约定

（一）出卖人承诺该商品房使用合格的建筑材料、构配件，该商品房质量符合国家和本市颁布的工程质量规范、标准和施工图设计文件的要求。

（二）出卖人和买受人约定如下：

1. 该商品房室内空气质量经检测不符合国家标准的，自该商品房交付之日起_____日内（该时限应当不低于60日），买受人有权退房。买受人退房的，出卖人应当自退房通知送达之日起_____日内退还买受人全部已付款,并按照_____利率付给利息,给买受人造成损失的,由出卖人承担赔偿责任。因此而发生的检测费用由出卖人承担。

买受人不退房的或该商品房交付使用已超过_____日的,买受人应当与出卖人另行签订补充协议。

_____。

2. 交付该商品房时,该商品房已经由建设、勘察、设计、施工、工程监理等单位验收合格,出卖人应当与买受人共同查验收房,发现有其他问题的,双方同意按照第_____种方式处理。

(1) 出卖人应当于_____日内将已修复的该商品房交付。由此产生的逾期交房责任由出卖人承担,并按照第十条处理。

(2) 由出卖人按照国家和本市有关工程质量的规范和标准在商品房交付之日起_____日内负责修复,并承担修复费用,给买受人造成损失的,由出卖人承担赔偿责任。

(3) _____。

3. 出卖人交付的商品房的装饰、设备标准应当符合双方约定的标准。达不到约定标准的,买受人有权要求出卖人按照下列第____种方式处理。

(1) 出卖人赔偿双倍的装饰、设备差价。

(2) _____。

(3) _____。

具体装饰和设备标准的约定见附件六。

(三) 出卖人和买受人对工程质量问题发生争议的,任何一方均可以委托有资质的建设工程质量检测机构检测,双方均有协助并配合对方检测的义务。

● 律师批注

参见本章"商品房预售合同"第十六条的批注。

第十四条 住宅节能措施

该商品房为住宅的,应当符合国家有关建筑节能的规定和北京市规划委员会、北京市建设委员会发布的《居住建筑节能设计标准》(**DBJ01-602-2004**)的要求。未达到标准的,出卖人应当按照《居住建筑节能设计标准》的要求补做节能措施,并承担全部费用;因此给买受人造成损失的,出卖人应当承担赔偿责任。

● 律师批注

参见本章"商品房预售合同"第十八条的批注。

> 第十五条 住宅保修责任
> （一）该商品房为住宅的，出卖人自该商品房交付之日起，按照《住宅质量保证书》承诺的内容承担相应的保修责任。
> 该商品房为非住宅的，双方应当签订补充协议详细约定保修范围、保修期限和保修责任等内容。
> （二）在该商品房保修范围和保修期限内发生质量问题，双方有退房约定的，按照约定处理；没有退房约定的，出卖人应当履行保修义务，买受人应当配合保修。非出卖人原因造成的损坏，出卖人不承担责任。

● 律师批注

【条款目的】

明确所售房屋发生质量纠纷时的解决方式，在保修范围和期限内，可以由开发商保修；如果不能保修，可以要求退房。

> 第十六条 使用承诺
> 买受人使用该商品房期间，不得擅自改变该商品房的建筑主体结构、承重结构和用途。除本合同、补充协议及其附件另有约定外，买受人在使用该商品房期间有权与其他权利人共同使用与该商品房有关的共用部位和设施，并按照共用部位与共用房屋分摊面积承担义务。
> 出卖人不得擅自改变与该商品房有关的共用部位和共用设施设备的用途。

● 律师批注

参见本章"商品房预售合同"第十九条的批注。

> 第十七条 权属转移登记
> （一）出卖人保证该商品房没有产权纠纷，因出卖人原因造成该商品房不能办理产权登记或发生债权债务纠纷的，由出卖人承担相应责任。
> （二）商品房交付使用后，双方同意按照下列第_____种方式处理。
> 1. 双方共同向权属登记机关申请办理房屋权属转移登记。
> 2. 买受人自行委托他人向权属登记机关申请办理房屋权属转移登记。

3. 买受人同意委托＿＿＿＿＿＿＿＿向权属登记机关申请办理房屋权属转移登记,委托费用＿＿＿＿＿＿＿＿元人民币(大写)。

（三）买受人未能在商品房交付之日起＿＿＿＿日内取得房屋所有权证书的,双方同意按照下列方式处理。

1. 如因出卖人的责任,买受人有权退房。买受人退房的,出卖人应当自退房通知送达之日起＿＿＿＿日内退还买受人全部已付款,并按照＿＿＿＿＿＿＿＿利率付给利息。买受人不退房的,自买受人应当取得房屋所有权证书的期限届满之次日起至实际取得房屋所有权证书之日止,出卖人按日计算向买受人支付全部已付款万分之＿＿＿＿的违约金,并于买受人实际取得房屋所有权证书之日起＿＿＿＿日内向买受人支付。

2. 如因买受人的责任,＿＿＿＿＿＿＿＿＿＿＿＿＿＿＿＿＿＿＿＿＿＿＿＿。

3. ＿＿＿＿＿＿＿＿＿＿＿＿＿＿＿＿＿＿＿＿＿＿＿＿＿＿＿＿＿＿＿＿＿＿。

● **律师批注**

【风险提示】

我国对不动产权属采取登记生效主义,即房屋权属转移登记后才发生房屋产权转移的法律后果,应当予以高度关注。可参照本章"商品房预售合同"第二十条的批注。

第十八条 共有权益的约定

1. 该商品房所在楼栋的屋面使用权归全体产权人共有。
2. 该商品房所在楼栋的外墙面使用权归全体产权人共有。
3. ＿＿＿＿＿＿＿＿＿＿＿＿＿＿＿＿＿＿＿＿＿＿＿＿＿＿＿＿＿＿＿。
4. ＿＿＿＿＿＿＿＿＿＿＿＿＿＿＿＿＿＿＿＿＿＿＿＿＿＿＿＿＿＿＿。

● **律师批注**

参见本章"商品房预售合同"第二十一条的批注。

第十九条 附属建筑物、构筑物的约定

双方同意该商品房的地下停车库等附属建筑物、构筑物按照以下第＿＿＿＿种方式处理。

1. 出卖人出卖该商品房时,该商品房附属的＿＿＿＿＿＿、＿＿＿＿＿＿、＿＿＿＿＿＿、＿＿＿＿＿＿随同该商品房一并转让。

2. 出卖人声明该商品房附属的＿＿＿＿＿＿、＿＿＿＿＿＿、＿＿＿＿＿＿、＿＿＿＿＿＿不随同该商品房一并转让。

● 律师批注

参见本章"商品房预售合同"第二十二条的批注。

> 第二十条 前期物业服务(未成立业主委员会)
> (一)出卖人依法选聘的物业管理企业为:_____,资质证号为:_____。
> (二)前期物业管理期间,物业服务收费价格为_____/月·平方米(建筑面积)。价格构成包括物业区域内保洁费、公共秩序维护费、共用部位共用设施设备日常维护费、绿化养护费、综合管理费、_____、_____、_____。
> 地上停车管理费_____,地下停车管理费_____。
> (三)物业管理企业按照下列第_____种方式收取物业服务费。
> 1. 按照年收取,买受人应当在每年的____月____日前缴费。
> 2. 按照半年收取,买受人应当分别在每年的____月____日前和____月____日前缴费。
> 3. 按照季收取,买受人应当分别在每年的____月____日前、____月____日前、____月____日前和____月____日前缴费。
> (四)物业服务的内容和业主临时公约的内容见附件七。买受人已详细阅读附件七有关物业服务的全部内容和业主临时公约,同意由出卖人依法选聘的物业管理企业提供前期物业服务,遵守业主临时公约。

● 律师批注

参见本章"商品房预售合同"第二十三条的批注。

> 第二十一条 专项维修资金
> 买受人委托出卖人代交专项维修资金的,出卖人应当自买受人接收该商品房之日起_____日内,向买受人提交专项维修资金缴纳凭证。
> 买受人自行缴纳专项维修资金的,应当在商品房交付[时][之日起_____日内],向物业管理企业出示专项维修资金缴纳凭证。

● 律师批注

参见本章"商品房预售合同"第二十四条的批注。

第二十二条　不可抗力

因不可抗力不能按照约定履行本合同的,根据不可抗力的影响,部分或全部免除责任,但因不可抗力不能按照约定履行合同的一方当事人应当及时告知另一方当事人,并自不可抗力事件结束之日起____日内向另一方当事人提供证明。

● 律师批注

参见本书第一章"一般商品买卖合同"第十条的批注。

第二十三条　争议解决方式

本合同在履行过程中发生的争议,由双方当事人协商解决;协商不成的,按照下列第_____种方式解决。

1. 提交_____仲裁委员会仲裁。
2. 依法向_____人民法院起诉。

● 律师批注

参见本书第一章"一般商品买卖合同"第十一条的批注。

第二十四条　本合同自双方签字(盖章)之日起生效。双方可以根据具体情况对本合同中未约定、约定不明或不适用的内容签订书面补充协议进行变更或补充,但补充协议中含有不合理地减轻或免除本合同中约定应当由出卖人承担的责任或不合理地加重买受人责任、排除买受人主要权利内容的,仍以本合同为准。对本合同的解除,应当采用书面形式。本合同附件及补充协议与本合同具有同等法律效力。

● 律师批注

参见本书第一章"一般商品买卖合同"第十三条、第十四条的批注。

第二十五条　本合同及附件共_____页,一式_____份,具有同等法律效力,其中出卖人_____份,买受人_____份。

● 律师批注

参见本书第一章"一般商品买卖合同"第十五条的批注。

出卖人(签章):	买受人(签章):
[法定代表人]:	[法定代表人]:
[委托代理人](签章):	[负责人]:
[委托销售代理机构](签章):	[委托代理人](签章):
签订时间:____年__月__日	签订时间:____年__月__日
签订地点:_____	签订地点:_____

● 律师批注

参见本书第一章"一般商品买卖合同"关于本条的批注。

附件一:房屋平面图及在整栋楼中的位置图(应标明方位)

附件二:共用部位与共用房屋分摊建筑面积构成说明

　　1. 被分摊的共用部位的名称、用途、所在位置、面积。
　　2. 参与分摊共用建筑面积的商品房名称、用途、所在位置、面积、分摊系数。
　　3. 不分摊的共用部位。

附件三:关于抵押的相关约定

附件四:计价方式与价款的其他约定

附件五:付款方式及期限的约定

附件六:装饰和设备标准的约定

　　1. 采暖系统:
　　(1) 集中采暖:[散热器][地板采暖][　　]_____;
　　(2) 分户采暖:[燃气炉][电采暖][　　]_____;
　　(3) 采暖设备品牌:_____。

2. 保温材料:
(1) 外墙保温:[挤压聚苯板][发泡聚苯板][发泡聚安酯][　　]
_____;
(2) 内墙保温:[石膏聚苯板][　　]_____。
3. 外墙:[瓷砖][涂料][玻璃幕墙][　　]_____。
4. 内墙:[涂料][壁纸][　　]_____。
5. 顶棚:[石膏板吊顶][涂料][　　]_____。
6. 室内地面:[大理石][花岗岩][水泥抹面][实木地板][　　]
_____。

7. 门窗:
(1) 外窗结构尺寸为:_____;
(2) 开启方式为:_____;
(3) 门窗型材:[双玻中空断桥铝合金窗][塑钢双玻璃][　　]
_____。

8. 厨房:
(1) 地面:[水泥抹面][瓷砖][　　]_____;
(2) 墙面:[耐水腻子][瓷砖][　　]_____;
(3) 顶棚:[水泥抹面][石膏吊顶][　　]_____;
(4) 厨具:_____。

9. 卫生间:
(1) 地面:[水泥抹面][瓷砖][　　]_____;
(2) 墙面:[耐水腻子][涂料][瓷砖][　　]_____;
(3) 顶棚:[水泥抹面][石膏吊顶][　　]_____。

10. 阳台:[塑钢封闭][铝合金封闭][断桥铝合金封闭][不封闭][　　]_____。

11. 电梯:
(1) 电梯品牌名称:_____;
(2) 电梯速度:_____米/秒;
(3) 电梯载重量:_____千克;
(4) _____。

12. 其他:
_____。

附件七：物业服务

（本附件内容与出卖人和物业管理企业签订的前期物业服务合同一致）
1. 物业服务内容
2. 物业服务质量
3. 物业收费项目及价格
4. 业主临时公约
5. 其他约定

● **律师批注**

在商品房买卖合同中，合同附件是整个合同的重要内容。附件一般包括房屋图纸、抵押情形、付款方式、建筑及装饰标准等直接关系到房屋本身权益的一系列方面，在某些情形下，附件合同可能对主合同约定作出实质性变更，这些地方是整个合同中的陷阱，买卖双方均应小心谨慎。

七、汽车买卖合同

汽车买卖合同

合同编号：

出卖人：_____（以下简称甲方）
地址：_____ 邮编：_____
电话：_____ 传真：_____
电子邮箱：_____

买受人：_____（以下简称乙方）
地址：_____ 邮编：_____
电话：_____ 传真：_____
电子邮箱：_____

● **律师批注**

参见本书第一章"一般商品买卖合同"关于本条的批注。

依据《中华人民共和国合同法》及其他有关法律、法规的规定，甲、乙双方在平等、自愿、公平、诚实信用的基础上，就汽车买卖的有关事宜协商订立本合同。

● **律师批注**

参见本书第一章"一般商品买卖合同"关于本条的批注。

第一条 汽车名称、数量及价款

汽车品牌		型号			
生产厂商		产地			
发动机号		合格证号			
车架号		海关单号			
商检单号		配置（标准配置/选用配置）			
数量		车身颜色		首选：	次选：
单价（人民币）		内饰颜色		首选：	次选：
总价（人民币）					
大写					
备注					

● 律师批注

参见本书第一章"一般商品买卖合同"第一条的批注。

> **第二条 质量**
> 1. 甲方出售的车辆,质量应符合国家关于汽车产品的强制性标准,没有强制性标准的,应符合保障人身财产安全的要求,并达到产品说明书载明的技术指标,符合车辆落籍地有关部门关于尾气排放的标准。
> 2. 甲方出售的车辆,应是经国家有关部门公布、备案的汽车产品目录上标明的产品或合法进口的产品,并能通过公安交通管理部门的检测,可以上牌行驶。
> 3. 双方对车辆是否存在质量问题有争议的,依据法律规定或者直观观察等日常生活经验能够直接确认的事实,可以直接作为判定问题的依据;需要进行鉴定的,以具有法定资质的汽车检验机构出具的书面鉴定意见为准。鉴定费由主张方垫付,由责任方承担;经鉴定无法明确责任的,由双方分担。

● 律师批注

参见本书第一章"一般商品买卖合同"第一条的批注。

【相关案例】

例2-3:车辆质量问题的举证责任

2008年12月20日,A公司与B公司签订《购车合同》一份,由B公司向A公司出售三菱吉普车一台,合同金额25.5万元。2008年12月20日,B公司向A公司提供了合同约定的车辆。在交接车辆时,A公司和B公司共同对车辆进行了检验,A公司代表在载明"车况完好"内容的验收单上签名确认。2009年7月12日,A公司驾驶员王某驾驶该吉普车行至广深高速公路R19KM+240M处时,因车辆左前轮轮胎洞穿损坏,导致交通事故发生,整车车体也被严重损坏。A公司遂以车辆存在质量问题为由起诉至法院,要求解除合同,返还车款,退还车辆。审理中,法院委托鉴定机构对车辆轮胎进行了鉴定,认为轮胎因行驶过程中受机械性撞击、切割造成的事故不属于轮胎质量问题。法院遂驳回了A公司的诉讼请求。

评析:

根据最高人民法院《关于适用〈中华人民共和国民事诉讼法〉若干问题的意见》第74条和最高人民法院《关于民事诉讼证据的若干规定》第4条的规定,因缺陷产品致人损害的侵权诉讼,由产品的生产者就法律规定的免责事由承担举证责任,但产品是否存在缺陷的举证责任,我国法律并未规定举证责任倒置。因此,证明车辆存在质量缺陷的举证责任仍由原告承担。本案中,原告并未拿出有力证据证明车辆质量缺陷,而法院委托的鉴定机构对车辆轮胎质量作出了明确的说明,也成为法院最终判决的依据。

> **第三条 定金(可选填)**
> 乙方在_____年_____月_____日前,向甲方交付全车款的_____%(此比例不得超过全车款的20%)作为定金;甲方交货后,定金抵作车款。因乙方违约导致合同解除的,乙方无权要求返还定金;因甲方违约导致合同解除的,甲方应双倍返还定金。

● 律师批注

参见本书第一章"一般商品买卖合同"第八条、第九条的批注。

> **第四条 付款方式**
> 乙方于本合同签订之前或签订时向甲方支付的订金,视为预付款。
> 乙方选择按第_____种方式,如期足额将车款支付给甲方。
> 1. 一次性付款方式:□签订本合同时/□_____年_____月_____日前,支付全部车价款。
> 2. 分期付款方式:
> □签订本合同时/□_____年_____月_____日前,支付全部车价款的_____%,计人民币_____元,大写_____元。
> _____前支付全部车价款的_____%,计人民币_____元,大写_____元。
> _____前支付余款,计人民币_____元,大写_____元。
> 3. 贷款方式:见《贷款合同》。

● 律师批注

参见本书第一章"一般商品买卖合同"第六条的批注。

> **第五条 交车时间与地点、交付及验收方式**
> 1. 交车时间:_____年_____月_____日前。
> 2. 交车方式:□乙方自提;□甲方送车上门;□货交承运人。
> 3. 交车地点:_____。

4. 甲方交付车辆时应同时提供：

(1) 销售发票；

(2)（国产）车辆合格证或（进口）海关进口证明及商品检验单；

(3) 质量服务卡或保修手册；

(4) 车辆使用说明书或用户使用手册（中文）；

(5) 随车工具及备件清单；

(6) ＿＿＿＿＿＿＿＿＿＿＿＿＿＿＿＿＿＿＿＿＿＿＿＿＿＿＿。

5. 甲方应在交车时当场演示、检查车辆的基本使用功能，如实回答乙方的提问，配合乙方对车辆进行验收。乙方对车辆外观和基本使用功能如有异议，应当场向甲方提出，由双方进行确认。对于确属质量问题的，乙方有权要求更换车辆；对于车辆的配置等与广告宣传有出入的，乙方有权解除合同。更换车辆与解除合同的费用由甲方承担。

6. 甲方将车辆交由乙方实际支配下并向乙方交付随车文件时，双方应签订车辆交接书（见附件），即视为该车辆正式交付。自车辆正式交付时起，车辆的风险责任由乙方承担。

● 律师批注

参见本书第一章"一般商品买卖合同"第四条的批注。

第六条 售后服务

1. 车辆售后服务及保修参照生产厂商关于车辆的说明书和保养手册执行。

2. 甲方应提供由生产厂商认定的两家以上的维修保养网点供乙方选择。

在保修期内车辆出现质量问题或需要保养，乙方应在生产厂商公布或双方约定的维修站进行修理和保养。

3. 乙方使用车辆前应仔细阅读车辆说明书、用户使用手册或保修手册等相关资料。在保修期内车辆由于乙方或第三方的人为破坏、使用、保养不当、装潢、改装不当，或到生产厂商认定范围以外的修理点进行修理造成的质量问题，甲方不承担责任。

4. 生产厂商的车辆说明书和保养手册的内容与国家有关规定相抵触的，按国家有关规定执行。

5. 本合同签订后，国家出台有关汽车产品修理、更换、退货或车内空气质量等方面的规定的，双方按国家规定执行。

6. 生产厂商的正式承诺比本合同的约定更有利于乙方的，双方按生产厂商的承诺执行。

● 律师批注

【条款目的】

明确汽车销售商应当承担的维修、保养、更换义务的范围及法律依据。

【风险提示】

目前，我国的汽车"三包"规定尚未出台，汽车售后服务质量标准不统一，导致实践中经常发生客户买到了有质量瑕疵的车辆却无法维权或者维权成本极高的情况。2012年10月22日国务院常务会议审议通过了《缺陷汽车产品召回管理条例》，于2013年1月1日实施，此法规大大加强了对缺陷汽车产品生产者、销售者的处罚力度，也为以后的汽车"三包"服务做了必要的制度铺垫。

【法律规定】

《中华人民共和国产品质量法》(2000.07.08修正)

第二条 在中华人民共和国境内从事产品生产、销售活动，必须遵守本法。

本法所称产品是指经过加工、制作，用于销售的产品。

建设工程不适用本法规定；但是，建设工程使用的建筑材料、建筑构配件和设备，属于前款规定的产品范围的，适用本法规定。

第四条 生产者、销售者依照本法规定承担产品质量责任。

第十三条 可能危及人体健康和人身、财产安全的工业产品，必须符合保障人体健康和人身、财产安全的国家标准、行业标准；未制定国家标准、行业标准的，必须符合保障人体健康和人身、财产安全的要求。

禁止生产、销售不符合保障人体健康和人身、财产安全的标准和要求的工业产品。具体管理办法由国务院规定。

第二十六条 生产者应当对其生产的产品质量负责。

产品质量应当符合下列要求：

（一）不存在危及人身、财产安全的不合理的危险，有保障人体健康和人身、财产安全的国家标准、行业标准的，应当符合该标准；

（二）具备产品应当具备的使用性能，但是，对产品存在使用性能的瑕疵作出说明的除外；

（三）符合在产品或者其包装上注明采用的产品标准，符合以产品说明、实物样品等方式表明的质量状况。

《中华人民共和国消费者权益保护法》(1994.01.01 施行)

第二条 消费者为生活消费需要购买、使用商品或者接受服务,其权益受本法保护;本法未作规定的,受其他有关法律、法规保护。

第三条 经营者为消费者提供其生产、销售的商品或者提供服务,应当遵守本法;本法未作出规定的,应当遵守其他有关法律、法规。

《缺陷汽车产品召回管理条例》(2013.01.01 施行)

第二条 在中国境内生产、销售的汽车和汽车挂车(以下统称汽车产品)的召回及其监督管理,适用本条例。

第三条 本条例所称缺陷,是指由于设计、制造、标识等原因导致的在同一批次、型号或者类别的汽车产品中普遍存在的不符合保障人身、财产安全的国家标准、行业标准的情形或其他危及人身、财产安全的不合理的危险。

本条例所称召回,是指汽车产品生产者对其已售出的汽车产品采取措施消除缺陷的活动。

第八条 对缺陷汽车产品,生产者应当依照本条例全部召回;生产者未实施召回的,国务院产品质量监督部门应当依照本条例责令其召回。

本条例所称生产者,是指在中国境内依法设立的生产汽车产品并以其名义颁发产品合格证的企业。

从中国境外进口汽车产品到境内销售的企业,视为前款所称的生产者。

第二十四条 生产者违反本条例规定,有下列情形之一的,由产品质量监督部门责令改正,处缺陷汽车产品货值金额1%以上10%以下的罚款;有违法所得的,并处没收违法所得;情节严重的,由许可机关吊销有关许可:

(一)未停止生产、销售或者进口缺陷汽车产品;

(二)隐瞒缺陷情况;

(三)经责令召回拒不召回。

第二十八条 生产者依照本条例召回缺陷汽车产品,不免除其依法应当承担的责任。

汽车产品存在本条例规定的缺陷以外的质量问题的,车主有权依照产品质量法、消费者权益保护法等法律、行政法规和国家有关规定以及合同约定,要求生产者、销售者承担修理、更换、退货、赔偿损失等相应的法律责任。

第七条 违约责任

1. 甲方未按时交付车辆的,自延期之日起至实际交付日止,按乙方已付款依银行迟延付款的规定向乙方支付违约金。延期交付车辆超过_____日的,乙方有权解除合同,并要求甲方按相当于已交车款的_____%支付违约金或适用定金条款。

2. 乙方在使用后发现车辆不符合说明书中表明的质量标准,有权要求甲方承担无偿修复、补偿损失或减少价款的责任。

3. 经具有法定资质的汽车检验机构鉴定,车辆确实存在设计、制造缺陷,由此缺陷造成的人身和财产损害,乙方有权选择要求甲方或生产厂商赔偿。乙方要求甲方赔偿的,如生产厂商有过错的,甲方在承担赔偿责任后有权向生产厂商追偿;乙方要求生产厂商赔偿的,甲方有协助乙方的义务。

4. 甲方明知车辆存在严重瑕疵而未告知乙方的,或以欺诈方式销售车辆的,乙方有权要求更换车辆或解除合同,并要求甲方承担由此造成的损失。

5. 乙方未按约定支付车价款的,应依照银行迟延付款的规定向甲方支付违约金,超过_____日的,甲方有权解除合同,并要求乙方按相当于未交车款的_____%支付违约金或适用定金条款。

6. 一方无正当理由单方解除合同的,应按_____的标准向对方支付违约金或适用定金条款。

● 律师批注

参见本书第一章"一般商品买卖合同"第八条、第九条的批注。

第八条 不可抗力

因不可抗力不能履行合同的,根据不可抗力的影响,部分或者全部免除责任,但法律另有规定的除外。当事人迟延履行后发生不可抗力的,不能免除责任。

● 律师批注

参见本书第一章"一般商品买卖合同"第十条的批注。

> **第九条　其他约定**
> 未尽事宜,双方应通过订立补充条款或补充协议进行约定。专用车买卖可另附附件。补充条款、补充协议、附件及甲方的宣传材料、广告、公开承诺等均为本合同的组成部分。
> 其他约定:＿＿＿＿＿＿＿＿＿＿＿＿＿＿＿＿＿＿＿＿＿＿。

● **律师批注**

参见本书第一章"一般商品买卖合同"第十三条的批注。

> **第十条　解决争议的方法**
> 本合同项下发生的争议,双方应协商解决,或向消费者协会等部门申请调解解决;协商或调解不成的,按下列第＿＿＿＿种方式解决:
> (一) 向＿＿＿＿＿＿＿人民法院提起诉讼;
> (二) 提交＿＿＿＿＿＿＿仲裁委员会仲裁。

● **律师批注**

参见本书第一章"一般商品买卖合同"第十一条的批注。

> 甲方:(盖章)＿＿＿＿＿＿＿　　乙方:(签章)＿＿＿＿＿＿＿
> 地址:＿＿＿＿＿＿＿　　　　　地址:＿＿＿＿＿＿＿
> 证照名称:＿＿＿＿＿＿＿　　　证件名称:＿＿＿＿＿＿＿
> 证照号码:＿＿＿＿＿＿＿　　　证件号码:＿＿＿＿＿＿＿
> 法定代表人:＿＿＿＿＿＿＿　　法定代表人:＿＿＿＿＿＿＿
> 委托代理人:＿＿＿＿＿＿＿　　委托代理人:＿＿＿＿＿＿＿
> 联系电话:＿＿＿＿＿＿＿　　　联系电话:＿＿＿＿＿＿＿
> 传真:＿＿＿＿＿＿＿　　　　　传真:＿＿＿＿＿＿＿
> 邮政编码:＿＿＿＿＿＿＿　　　邮政编码:＿＿＿＿＿＿＿
> 签订时间:＿＿＿＿＿＿＿　　　签订时间:＿＿＿＿＿＿＿
> 签订地点:＿＿＿＿＿＿＿　　　签订地点:＿＿＿＿＿＿＿

● **律师批注**

参见本书第一章"一般商品买卖合同"关于本条的批注。

附件一

车辆交接书

出卖人（甲方）：_____

买受人（乙方）：_____

_____年_____月_____日_____时，甲、乙双方在_____对_____牌汽车进行验收与交接，双方确认：

1. 甲方交付给乙方的车辆品牌及型号规格为：_____。

乙方经过验收，认为该车辆符合双方于_____年_____月_____日签订的汽车买卖合同（编号为：_____）的约定（发动机号：_____，车架号：_____），同意接受。

2. 随车文件清单如下（打"√"）：

(1) 发票□

(2) 合格证□

(3) 说明书□

(4) 保修卡□

(5) 海关证□

(6) 商检证□

(7) 进口车关单□

(8) 进口车商检单□

(9) 其他：_____

3. 下列车辆项目完好无损、运转正常打"√"，不正常的打"×"，空格内可自行添加项目。（略）

4. 里程表显示数：_____公里。

5. 其他交接事项：_____。

本交接书自甲、乙双方签字或盖章之时起生效，视为车辆正式交付，车辆的风险责任由乙方承担。

甲方签章：_____

时间：_____年____月____日____时____分

乙方签章：_____

时间：_____年____月____日____时____分

附件二

委托服务协议书

委托人(乙方):＿＿＿＿＿＿＿＿＿＿

受托人(甲方):＿＿＿＿＿＿＿＿＿＿

双方经协商一致,就办理下列委托事项达成如下协议:

一、委托事项

乙方授权甲方代为办理下列事项(打√):

(1) 代办选牌□

(2) 代办按揭□

(3) 代办保险□

(4) 代办上牌□

(5) 代办装潢□

(6) 代办其他项目:＿＿＿＿＿＿＿＿

二、委托报酬

为甲方顺利完成委托事宜,乙方应在签订本协议时支付＿＿＿＿＿＿＿＿元,大写＿＿＿＿＿＿＿＿＿＿＿＿＿＿＿。

甲方完成上述委托事宜后,乙方应一次性付清剩余代办劳务报酬(以下简称代办费),合计＿＿＿＿＿元,大写＿＿＿＿＿＿＿。

三、完成各委托事项所需费用概算及代办费约定

1. 代办选牌,代办费:＿＿＿＿＿＿＿＿＿元。

2. 代办按揭,代办费:＿＿＿＿＿＿＿＿＿元。

3. 代办保险:

(1) 保险公司所在地及名称:＿＿＿＿＿＿＿＿。

(2) 保险期限:一年□ 二年□ 三年□

(3) 第三者责任险,费用:＿＿＿＿＿＿＿＿元。

(4) 交通事故责任强制险,费用:＿＿＿＿＿＿＿元。

(5) 车辆损失险,费用:＿＿＿＿＿＿＿＿元。

(6) 其他险种名称及费用:＿＿＿＿＿＿＿＿＿＿＿＿＿＿。

(7) 以上保险费用合计:＿＿＿＿＿＿＿元。

(8) 双方特别约定:乙方委托甲方代办车辆上牌服务的,乙方应自行或委托甲方事先办妥机动车辆保险,投保险种包括但不限于交通事故责任强制险和车辆损失险。保险合同应书面约定以下内容:发生保险事故时若保险车辆尚未取得公安交通管理部门核发的行驶证和号牌,保险公司不得免除赔偿

责任。

  4. 代办上牌,费用概算如下:
  车船税_____元,购置税_____元,注册费_____元,其他_____元,合计约_____元。
  5. 代办装潢,装潢项目_____,费用_____元。
  6. 代办其他项目_____,费用_____元。
  7. 所有办理有关法定手续所需费用及政府部门规定的各项收费和国家规定的强制保险等费用,均由乙方承担。甲方应凭发票、收据向乙方结账。
  四、上述费用采取下列第_____种方式支付:
  1. 乙方预付。
  2. 甲方暂先垫付。
  五、上牌服务完成期限:
  _____年_____月_____日前。
  六、完成委托上牌服务,应随车移交如下材料:
  (1) 购置税凭证;
  (2) 机动车保险单;
  (3) 行驶证;
  (4) 车船税凭证;
  (5) 车辆牌照号码:_____。
  七、违约责任
  1. 甲方在办理委托事项过程中车辆发生毁损、灭失的,乙方应先向保险公司索赔;保险赔付不足的部分,属于甲方责任的,由甲方承担,属于第三方责任的,甲方应协助乙方索赔。非因甲方过错导致车辆未上相关保险或保险公司以车辆未取得牌证为由拒绝赔付的,甲方不承担赔偿责任。
  2. 乙方中途撤回委托解除合同的,应承担由此给甲方造成的实际损失。
  3. 除不可抗力或政府有关部门的原因外,甲方未能在约定期限内完成委托事项的,乙方有权按全部车价款向甲方追索逾期利息。逾期利息自本协议约定的最后交付期限次日起算至实际交付日止,利息按人民银行同期贷款利率计算。若逾期超过30日,甲方应按全部车价款_____%向乙方支付违约金,协议继续履行。
  4. 因乙方未能及时提供有关材料而影响委托事项完成的,本协议履行期限相应顺延,甲方不承担违约责任。
  八、解决争议的方法
  同《北京市汽车买卖合同》

九、其他约定

_____。

甲方签章：_____　　乙方签章：_____

日期：_____　　　　日期：_____

● **律师批注**

附件是合同的有效组成部分，是对合同内容的补充和丰富。本合同中的附件一是对主合同的履行内容的确认，附件二是对附随服务的约定，二者构成对合同履行程序的完善和补充；同时，应注意，在某些情形下，附件尤其是对主合同约定不明内容进行补充约定的附件，可能构成对主合同的既有约定的实质性变更，且具有效力优先，买卖各方应当注意。

八、软件买卖合同

软件买卖合同

合同编号：

甲方(买方)：
乙方(卖方)：

● **律师批注**

参见本书第一章"一般商品买卖合同"关于本条的批注。

> 甲乙双方本着平等互利、协商一致的原则，签订本合同，以资双方信守执行。

● **律师批注**

参见本书第一章"一般商品买卖合同"关于本条的批注。

> **第一条 商品名称、种类、规格、单位、数量**
> 乙方向甲方提供如下产品及服务：
> （1）提供软件_____套，版本：_____。
> （2）提供本合同中所购买的软件及软件_____年的模块免费升级、维护和技术支持。
> 软件模块名称及数量具体内容见合同附件一软件配置清单

● **律师批注**

参见本书第一章"一般商品买卖合同"第一条、第二条的批注。

> **第二条 合同文件组成**
> 合同有效文件由合同正文、合同附件组成。采购实施过程中经签署生效的合同变更补充文档将作为合同有效的组成部分，同样具有法律效力。
> 合同附件一为软件配置清单，合同附件二为软件报价清单，合同附件三为乙方向甲方提供的培训及软件服务方案。

● **律师批注**

【条款目的】

明确合同的组成结构，正文加附件。附件是对合同正式文本的补充、解释或者修正,主要是不便于在合同正式文本中出现的内容,例如产品清单、价格清单、附随义务约定或者双方签订正式合同后达成的补充意见等。本合同中,附件一、附件二是对正式文本中没有详细说明的内容进行的补充说明;附件三是对合同附随义务的约定。另外,有一类附件可能构成对合同正文条款的修正。根据《合同法》的规定,若合同正式文本与附件内容有矛盾的,以附件为准,即附件条款是合同最终执行的依据。买卖双方应当注意对方可能会在附件条款中设下陷阱,侵害己方的权益,尤其是交易中提供格式合同的相对方。

第三条 交货方式
1. 交货时间:甲方与乙方签订合同后_____个工作日内供货。
2. 交货地点:_____。

● **律师批注**

【条款目的】
明确软件交付方式。

【风险提示】
参见本书第一章"一般商品买卖合同"第四条的批注。

需要特别指出的是,由于计算机软件是无形的程序文件,此类商品的交付相对特殊,可以软件载体光盘、特定设备方式交付,或者权利证书、序列号的方式;如果当事人双方约定不明,可依照《合同法》第61条确定;如仍无法确定,以买受人收到约定的电子信息产品或者权利凭证即为交付。

【法律规定】
《最高人民法院关于审理买卖合同纠纷案件适用法律问题的解释》(2012.07.01施行)

第五条 标的物为无需以有形载体交付的电子信息产品,当事人对交付方式约定不明确,且依照合同法第六十一条的规定仍不能确定的,买受人收到约定的电子信息产品或者权利凭证即为交付。

第四条 安装及验收方法
乙方负责在交货地点安装、调试软件。
软件到达用户现场,要求软件包装完好,资料和介质齐全。
验收前,货物所有权不转移,甲方不承担货物损毁、灭失的风险。
乙方在接到甲方硬件环境具备要求的条件确认通知后,在两天内派工程师到甲方现场完成软件安装工作,确保买方采购软件正常运行。

乙方按照合同附件约定的进度,完成相应阶段的培训服务并向甲方提供培训及相关技术文档后,甲方按照合同附件的约定对乙方培训进行验收,甲乙双方签署验收文件,如果甲方认为乙方的培训及相关技术支持不符合合同附件的约定而不予验收,应以书面形式向乙方说明不予验收的理由及依据,乙方将根据甲方的说明提供相应的改进。如果甲方不按照约定进行验收,且不提供书面说明,乙方应再次向甲方发出书面通知,要求甲方在_____个工作日内进行验收。如果甲方在上述期限内仍不作答复,则视为甲方的验收已经完成。

● 律师批注

【条款目的】
明确软件安装及验收程序。

【风险提示】
关于验收,参见本书第一章"一般商品买卖合同"第五条的批注。

【相关案例】
例 2-4:软件产品瑕疵的认定
2007年8月4日,A公司与B公司签订了一份《软件销售合同》,约定:(1)B公司向A公司购买桌游游戏软件及设备一套,总费用(含安装费)人民币6万元。(2)供货方式为A公司派人将产品送至B公司所在地,并负责安装、调试。(3)结算方式为支付定金1.65万元,A公司对硬件安装调试正常后,B公司须立即支付余款4.35万元。合同签订后,B公司支付了定金1.65万元,A公司亦交付设备及软件,并于2007年10月初安装调试完毕。2007年12月27日,B公司向A公司出具收货单,确认收到了设备和软件。之后B公司一直未支付剩余货款4.35万元。A公司追索未果,于2008年4月2日向人民法院起诉。诉讼中,经B公司委托检测,D区电子产品监督检验所给B公司出具了一份《检测报告》,结论是:本次检测的"桌游游戏系统"存在明显缺陷,不能完全正常使用。随后B公司将涉诉软件及设备拆卸。

评析:
1. 合同目的是对产品质量标准认定的一道重要防线
由于A公司与B公司在《软件销售合同》中未对标的物的质量标准进行约定,合同生效后,双方又未对质量标准达成补充协议,双方在诉讼中均未提出标的物的质量标准可参照的国家标准、行业标准及通常标准,本案《软件销售合同》标的物应按照符合合同目的的特定标准履行。B公司向A公司购买游戏软件和相关设备的目的在于经营使用,从本案实际情况看,软件和设备经A公司安装、调试完毕后,B公司已接受了软件和设备,并经营使用。因此,应认定A公司交付的软件和设备已符合合同目的的特定标准。

2. 提出质量异议应当在合理期限内

A公司与B公司在《软件销售合同》中未对标的物的检验期限进行约定,B公司应当及时检验,如标的物的质量不符合约定,应当在合理期间内通知A公司进行修理、更换或者退货。B公司从软件及设备初次安装调试完毕至2007年12月27日给A公司出具收货单的较长时间内,一直未提出软件及设备存在质量问题,也未提供调试不正常的证据,因此,应认定A公司交付的软件及设备质量符合合同约定。

> **第五条　付款方式**
> 本合同金额为人民币_____元整(¥_____元)。此款项包括合同附件中确定的所购软件费用、税款及安装使用所需技术服务的全部费用。甲方以支票或电汇的方式向乙方支付费用。
> 第一笔款:软件经装机、调试合格并正常使用后,甲乙双方共同签署软件安装单,甲方在软件安装完成后的_____个月内支付给乙方合同总金额_____%,乙方同时向甲方支付相应款项的收据。
> 第二笔款:软件培训完成,乙方提供相应的培训及技术文档给甲方,并向甲方提供所购买软件及模块的正式授权(序列号),甲乙双方共同签署软件验收单。甲方在软件验收单签署完成后并收到乙方提供的合同全额增值税发票的_____个月内支付给乙方合同总金额_____%。
> 第三笔款:从甲乙双方签署软件验收单之日起,_____个月后甲方向乙方支付剩余_____%尾款,乙方同时向甲方支付相应款项的收据。

● **律师批注**

参见本书第一章"一般商品买卖合同"第六条的批注。

> **第六条　服务条款**
> 1. 采用用户现场软件培训方式。甲方指定培训人数。
> 2. 保证培训的时间及质量,培训时间及安排详见附件三。培训完毕要保证所培训人员能正常使用软件系统。
> 3. 甲方安装软件的主机硬件损坏导致软件无法使用或更换主机,乙方将免费为甲方提供移机。

4. 软件安装验收完毕之后,乙方提供_____年的本合同中所购买的软件、维护和技术支持。软件现场问题24小时内响应。

5. 甲方应准备适当的场地及设备以获得本合同所约定的各项服务,否则,乙方有权等待甲方准备完毕再提供本合同所约定的各项服务。

6. _____年后,软件升级及维护费用每年按软件列表价的_____%收取。

● 律师批注

【条款目的】
明确软件售后服务内容。

【风险提示】
由于软件的专业性及网络环境的高风险性,同时软件自身可能存在的设计缺陷及与原硬软件系统的兼容问题,导致软件售前售后的培训、故障排除、升级等服务成为软件交易中必不可少的内容。

第七条 运输费用
运输、保险和装卸的费用由乙方全部负担。

● 律师批注

参见本书第一章"一般商品买卖合同"第六条的批注。

第八条 违约责任

1. 乙方保证按合同规定的时间提供合同中要求的货物,由于乙方原因造成产品未及时供货或供货不全的,每延期一天,乙方应向甲方支付合同总额_____‰的违约金,总偿付金额不超过合同总额的_____%。

2. 乙方所提供货品有不合规格、质量等情况,甲方有权拒绝收货。

3. 乙方保证所提供的软件为合法的正版软件,甲方在付清本合同说明的前三笔款项后对其拥有永久的商业使用版权。乙方所提供的产品若被指控为非正版或非法软件,由此给甲方带来的损失由乙方赔偿。若甲方已向乙方支付货款,甲方有权要求乙方退还全部货款。

4. 在合同约定的有效售后服务期内,乙方每延迟_____个小时,影响甲方的业务正常进行造成损失的,乙方向甲方支付合同总额_____‰的违约金。

5. 乙方不能履行本合同附件三中培训相关承诺的,甲方有权拒付合同中约定的培训费用或收回已支付给乙方的培训费用,乙方同时需要向甲方支付本合同中约定培训费_____%的赔偿金。

6. 甲方未按规定时间履行付款义务的,每逾期一个工作日,应按应付款额的_____‰计算,违约总金额不超过延迟付款金额的_____%。

● 律师批注

参见本书第一章"一般商品买卖合同"第八条、第九条的批注。

第九条 合同的变更及终止

任意一方如提出增减设备数量,变动交货时间,应提前通知对方,征得同意,并经双方协商一致且以书面形式签字确认,作为合同的附件或补充合同。

甲乙双方经协商一致可签订书面协议终止本合同。在此情况下,乙方应将甲方已支付的款额退还甲方,甲方同时应将该软件产品及相关文件资料全部归还乙方,并配合乙方删除、卸载在甲方处已安装的软件产品,停止对软件产品的继续使用。由于单方面原因给对方造成的损失,双方应协商给予损失方一定的经济补偿。

本合同不存在其他未以书面形式并且未经过合同双方确认的任何其他备忘录、协商内容和计划。

● 律师批注

参见本章"机器设备买卖合同"第十一条的批注。

第十条 不可抗力

甲乙双方的任何一方由于不可抗力的原因不能履行合同时,应在_____日内,向对方通报不能履行或不能完全履行的理由,在取得有关主管机关证明和征得对方同意后,允许延期履行、部分履行或者不履行合同,并根据情况可部分或全部免予承担违约责任。

● 律师批注

参见本书第一章"一般商品买卖合同"第十条的批注。

第十一条 知识产权

乙方软件系统为载体的软件知识产权归乙方所有。

甲方应充分尊重乙方知识产权,未经乙方许可,甲方不得以任何形式将乙方软件及相关文件向任何第三方提供。

甲方不得协助第三方对本合同所涉及的软件产品及相关文件做出侵权行为(不包含未来甲方委托第三方进行产品二次开发的行为),否则,甲方与第三方应承担共同侵权的连带赔偿责任。

乙方应保证提供给甲方的产品拥有自主知识产权,如被第三方指控侵权,由此引起的任何纠纷将由乙方负全部责任,承担由此给甲方造成的一切经济损失。

● 律师批注

【条款目的】

明确软件上设定的知识产权的归属及侵权后果。

【风险提示】

软件上设定的知识产权一般有发明专利权、著作权,这些权利一般经销售方软件公司在相关机构注册登记,成为被保护的权利人单独享有的权利;其他任何人未经权利人许可使用软件,即构成侵权。具体规定可参考《知识产权法》、《著作权法》。

【法律规定】

《中华人民共和国合同法》(1999.10.01 施行)

第一百三十七条 出卖具有知识产权的计算机软件等标的物的,除法律另有规定或者当事人另有约定的以外,该标的物的知识产权不属于买受人。

第十二条 争议解决方式

1. 甲乙双方与本合同有关的一切争议应由甲乙双方协商解决。协商仍不能解决的,任何一方均可向人民法院提起诉讼,以诉讼方式解决。

2. 甲乙双方确认,本合同签订地人民法院为本合同争议诉讼的管辖法院。

● 律师批注

参见本书第一章"一般商品买卖合同"第十一条的批注。

> **第十三条 保密**
>
> 双方约定:不论本合同是否变更、解除、终止,本条款均有效,即由此合同涉及的情报、资料和技术秘密未经对方书面同意,任何一方不得向第三方泄露、给予或转让该保密信息。
>
> 乙方若要在相关的宣传或出版物中使用甲方商标、标志、名称或项目简介,并作为案例进行市场推广行为,必须经甲方许可后方可使用。

● 律师批注

【条款目的】

明确买方的保密义务。

【风险提示】

不论合同是否变更、解除、终止,买方均负有对交易中了解到的技术秘密、资料、情报等信息的保密义务。

> **第十四条 其他**
>
> 1. 合同签订地:
> 2. 合同文本经甲乙双方代表签字并加盖合同专用章后生效。
> 3. 本合同一式_____份,甲方持_____份,乙方持_____份,每份合同具有同等的法律效力。

● 律师批注

参见本书第一章"一般商品买卖合同"第十二条、第十三条、第十四条、第十五条的批注。

> 买方(盖章):_____　　卖方(盖章):_____
> 授权代表(签字):_____　　授权代表(签字):_____
> 委托代理人(签字):_____　　委托代理人(签字):_____
> _____年_____月_____日　　　_____年_____月_____日
> 签约地点:_____

● 律师批注

参见本书第一章"一般商品买卖合同"关于本条的批注。

附件一:软件配置清单(略)

附件二:软件报价清单(略)

附件三:培训及软件服务方案

培训及软件服务方案

甲方:＿＿＿＿＿＿＿＿

乙方:＿＿＿＿＿＿＿＿

通过甲乙双方友好协商,达成如下协议:

一、甲方已使用乙方"＿＿＿＿＿＿软件"超过一年,根据原销售合同所定款项,一年的免费服务期已满,甲方如再需要乙方的售后服务,甲方须交纳服务费。

二、收费方式:

软件维护按年收取服务费:单机版每年服务费为全部软件款的＿＿＿＿＿＿%,网络版每年服务费为全部软件款的＿＿＿＿＿＿%,维护人员上门服务所需差旅、交通及食宿费用由甲方负担。现甲方交纳＿＿＿＿＿＿年＿＿＿＿＿＿月至＿＿＿＿＿＿年＿＿＿＿＿＿月软件维护费＿＿＿＿＿＿元整。

硬件及网络维护按天收取服务费:每天＿＿＿＿＿＿元,不足一天按一天计算,维护人员上门服务所需差旅、交通及食宿费用由甲方负担。

三、乙方保证负责进行软件的不断完善和提高,针对软件重大版本升级,乙方应及时通知甲方,甲方自主决定是否使用升级版软件,乙方视情况收取成本费。

四、甲方使用乙方软件后,如果在使用过程中发现问题可及时提出,并且甲方可根据本单位的业务发展和特殊需要,提出增加或改变功能的合理要求,小改动不收费,若改动较大,按实际工作量收费。

五、甲方在使用过程中出现故障或问题,可通过电话向乙方咨询,若通过电话无法解决,乙方应及时安排技术人员上门解决,本地用户＿＿＿＿＿＿小时内、外地用户＿＿＿＿＿＿日内到达。

六、若甲乙双方在合同期内发生争议,双方应协商解决。合同自甲乙双方签订之日起生效。

甲方负责人:＿＿＿＿＿＿＿＿＿＿　　乙方负责人:＿＿＿＿＿＿＿＿＿＿

签订日期:＿＿＿＿＿＿＿＿＿＿　　　签订日期:＿＿＿＿＿＿＿＿＿＿

● 律师批注

【条款目的】

附件是合同的有效组成部分,是对合同内容的补充和丰富。可参照本合同第二条的批注。

第三章 特殊买卖合同范本律师批注

一、预约文书——备忘录、采购意向书、认购书(商品房)①

在商务往来中,尤其是重大商务合同正式签订前,买卖双方要进行多轮磋商谈判,就每一个交易细节逐个达成共识,或者先就交易达成初步意向,约定在将来一定期限内签订正式合同,为固定双方已达成的谈判成果、前期共识或者就下一步工作进行安排,实务中需要一类正式合同之前的法律文书,法律上称为预约合同,包括认购书、订购书、预订书、意向书、备忘录等。在最高人民法院出台《关于审理买卖合同纠纷案件适用法律问题的解释》之前,实务中对这类文书的法律约束力分歧较大。最高人民法院出台该司法解释后,从法律层面明确了此类文书的合同效力。该解释第2条规定:"当事人签订认购书、订购书、预订书、意向书、备忘录等预约合同,约定在将来一定期限内订立买卖合同,一方不履行订立买卖合同的义务,对方请求其承担预约合同违约责任或者要求解除预约合同并主张损害赔偿的,人民法院应予支持。"该司法解释明确了认购书、订购书、备忘录等预约文书的独立契约效力,即便是正式合同未成立,当事人一方也可以直接依据预约文书中的约定主张违约责任。

关于订约双方可就预约文书中的哪些条款主张权利,笔者认为这些条款应当包括两个条件:(1) 这些条款的约定必须具体和确定;(2) 当事双方必须有受约束的意思表示。比如,备忘录中的关于保密条款、独家谈判条款、费用承担条款,意向书中的预定签约条款,认购书中的定金条款等,都属于此类具有合同约束效力的条款。关于违约责任的具体形式,应当包括损害赔偿、支付违约金、定金罚则等,具体适用应根据文书的性质及约定来决定。

【相关案例】
例3-1:开发商违反认购书约定承担定金赔偿责任

2009年10月4日,陈某与某房地产公司签订《房产认购协议书》,并交付定金2万元,约定购买该公司开发的一套房屋。开发商承诺房屋无权利负担。签订协议后,2009年10月9日楼盘开盘,陈某遂携带购房款到房地产公

---

① 此处为笔者对三个范本的整体批注,具体范本请参见本书附录一。

司准备正式签订商品房买卖合同。签订购房合同前,陈某经向当地房管局查询得知,其预订的该套住宅已于2009年9月29日抵押给银行。陈某遂拒绝签订商品房买卖合同,并要求房地产公司返还定金2万元;并提出在房地产公司解除对该房屋的抵押后,双方再签订商品房买卖合同。但房地产公司不愿退还已收取的定金。陈某遂将房地产公司告上法庭,要求法院判令该公司撤销《房产认购协议书》,返还已交的2万元定金并加倍赔偿2万元。法院经审理后作出判决:撤销双方签订的《房产认购协议书》,房地产公司返还陈某已付购房定金2万元,并支付赔偿金2万元。

评析:

本案中,认购书如确系双方真实意思表示,权利义务内容不违反现行法律、法规,即具有法律约束力。开发商在出售已抵押的房产过程中没有履行告知受让人(购房者)房产已被抵押的法定义务,从而导致购房者拒绝签订商品房买卖合同,根据认购书条款及《合同法》的相关规定,开发商应当为其违约行为承担定金赔偿责任。

【法律规定】

《最高人民法院关于审理买卖合同纠纷案件适用法律问题的解释》(2012.07.01施行)

第二条 当事人签订认购书、订购书、预订书、意向书、备忘录等预约合同,约定在将来一定期限内订立买卖合同,一方不履行订立买卖合同的义务,对方请求其承担预约合同违约责任或者要求解除预约合同并主张损害赔偿的,人民法院应予支持。

二、凭样品买卖合同

凭样品买卖合同

合同编号：

出卖人：(以下简称甲方)　　　　买受人：(以下简称乙方)
住所地：　　　　　　　　　　　　住所地：
法定代表人：　　　　　　　　　　法定代表人：

● **律师批注**

参见本书第一章"一般商品买卖合同"针对合同主体的批注。

甲乙双方根据《中华人民共和国合同法》等有关法律规定，在平等、自愿的基础上，经充分协商，就乙方购买甲方产品达成以下买卖合同条款。

● **律师批注**

参见本书第一章"一般商品买卖合同"针对鉴于条款的批注。

第一条　产品名称、型号、数量

_____
_____。

● **律师批注**

参见本书第一章"一般商品买卖合同"第一条的批注。

第二条　产品质量_____。

1. 产品质量的要求：

为准确表明产品品质，乙方在确认订购前，应由甲乙双方共同确认产品样品，并将样品封存，以作为交易标的物的品质标准。样品质量说明如下：_____。

2. 产品包装的特殊要求：_____。

3. 乙方对产品质量有异议的，应当在收到产品后_____日内提出确有证据的书面异议并通知甲方；逾期不提出异议的，视为甲方产品质量符合本合同约定的要求。但乙方使用甲方产品的，不受上述期限限制，视为甲方产品符合合同约定的要求。

● 律师批注

【条款目的】
通过产品样品及质量说明确定买卖合同标的物的品质。

【风险提示】
1. 样品品质的确认方式:

(1) 样品的品质内涵包括规格、型号、花色、材质等外在质量和内在质量的标准。但是如果当事人约定仅采用样品的某一或某一部分特征作为标的物交付的品质,则样品的其他特征不应作为出卖人交付标的物的品质标准。

(2) 对样品进行文字说明可以达到准确界定样品品质的目的。根据《合同法》第168条规定,当事人封存样品时,还可同时对样品的质量予以说明。出卖人交付的标的物应当与样品及其说明的质量相同。当事人在封存样品的同时,还可以用语言、文字对样品的品质予以说明,防止合同成立后样品发生变化,从而产生纠纷。

(3) 样品质量与说明不一致时,质量标准应如何确定。样品说明的作用是对样品外观及内在品质的描述,防止双方对样品的品质发生理解上的差异,对样品的外观及内在品质可能引起歧义的部分进行明确界定。实践中经常出现样品与语言文字说明不一致的情形。2012年颁布的最高人民法院《关于审理买卖合同纠纷案件适用法律问题的解释》第40条对处理该情形作出了明确规定:"合同约定的样品质量与文字说明不一致且发生纠纷时当事人不能达成合意,样品封存后外观和内在品质没有发生变化的,人民法院应当以样品为准;外观和内在品质发生变化,或者当事人对是否发生变化有争议而又无法查明的,人民法院应当以文字说明为准。"

2. 当样品存在隐蔽瑕疵,出卖人仍应当承担瑕疵担保责任。《合同法》第169条规定:"凭样品买卖的买受人不知道样品有隐蔽瑕疵的,即使交付的标的物与样品相同,出卖人交付的标的物的质量仍然应当符合同种物的通常标准。"由于样品存在某些肉眼无法识别的瑕疵,在买受人不知情的情况下,出卖人不能利用信息及经验优势,故意提供存在隐蔽瑕疵的产品。需要特别指出的是,这里的"瑕疵"指的是影响到标的物通常用途的瑕疵。如果样品虽然存在隐蔽瑕疵,但并没有因此影响标的物的通常用途,出卖人仍然可以按样品的品质交付标的物;如果出卖人未按样品的品质要求交付标的物的,且样品存在的隐蔽瑕疵足以影响标的物的通常用途,达不到同种物的通常标准的,出卖人须交付符合同种物的通常标准的标的物。

3. 样品确认后,应当由双方共同封存以备日后对照,必要时要在公证处封存。

【相关案例】
例 3-2：操作失误导致凭规格买卖合同转变为凭样品买卖合同

A 公司向美国出口一批玉米，合同规定水分最高为 15%，杂质不超过 2.5%。在成交前 A 公司曾向买方寄过样品，订约后 A 公司又电告买方成交货物与样品相似。当货物运到美国后，买方提出货物与样品不符，并出示相应的检验证书证明货物的质量比样品低 7%，并以此要求 A 公司赔偿 2.5 万美元的损失。

评析：

本案显然是由于卖方（A 公司）在合同履行过程中从事了一些不必要的交易环节（寄送样品并电话确认），导致交易合同性质发生改变，买卖双方对产品质量的约定从凭规格转变为凭样品品质，徒然增加交易风险。从合同内容看，在这笔进出口交易中，双方以商品的规格作为表示商品品质的方法，并以此作为交验商品的依据，属于凭规格的买卖，只要 A 公司所交货物符合合同规定的规格，A 公司就算已经履行了合同。但是成交前 A 公司向对方寄送样品时并未声明是参考样品，签约后又电告对方成交货物与样品相似，这样对方就有理由认为该笔交易既凭规格又凭样品。而在国际贸易中，凡属于凭样品买卖，卖方所交货物必须与样品完全一致，否则买方有权拒收货物或提出索赔。因此，在这种情况下，A 公司很难以该笔交易并非凭样品买卖为由拒绝赔偿。

【法律规定】

《中华人民共和国合同法》(1999.10.01 施行)

第一百六十八条　凭样品买卖的当事人应当封存样品，并可以对样品质量予以说明。出卖人交付的标的物应当与样品及其说明的质量相同。

第一百六十九条　凭样品买卖的买受人不知道样品有隐蔽瑕疵的，即使交付的标的物与样品相同，出卖人交付的标的物的质量仍然应当符合同种物的通常标准。

《最高人民法院关于审理买卖合同纠纷案件适用法律问题的解释》(2012.07.01 施行)

第四十条　合同约定的样品质量与文字说明不一致且发生纠纷时当事人不能达成合意，样品封存后外观和内在品质没有发生变化的，人民法院应当以样品为准；外观和内在品质发生变化，或者当事人对是否发生变化有争议而又无法查明的，人民法院应当以文字说明为准。

> 第三条　产品价款
> 1. 产品的单价与总价：单价：____元/件；总价：____元。
> 上述货物的含税价为：_____，总价款为：_____元。
> 2. 甲方产品的包装费用、运输费用、保险费用等按下列约定承担：
> 甲方产品的包装物由_____提供，包装费用由_____承担。
> 甲方产品的运输由_____办理，运输费用由_____承担。
> 甲方产品的保险由_____办理，保险费用由_____承担。

● 律师批注

　　参见本书第一章"一般商品买卖合同"第六条的批注。

> 第四条　产品交付
> 甲方产品交付方式为：乙方提货/甲方送货/甲方代办托运（注：三选一）。
> 　　产品交付地点为_____，交货时间为合同生效后_____日，若乙方对甲方产品有特殊要求的，甲方应当在乙方提供相关确认文件后_____日内交货。但乙方未能按约定付款甲方有权拒绝交货，乙方未能及时提供相应文件的，甲方有权延期交货。
> 　　在合同约定期限内甲方违约未能及时交货的，产品毁损、灭失的风险由甲方承担；产品交付后或乙方违约致使甲方拒绝交货、延期交货的，产品毁损、灭失的风险由乙方承担。

● 律师批注

　　参见本书第一章"一般商品买卖合同"第四条的批注。

> 第五条　价款结算
> 　　乙方应在本合同签订_____日内向甲方预付货款_____元，甲方交付前给付价款_____元，余款由乙方在收到甲方产品之日起_____日内付清。
> 　　乙方应当以现金、支票或即期银行承兑汇票方式支付甲方价款。
> 　　双方同意乙方未能付清所有价款之前，甲方产品的所有权仍属于甲方所有。

● 律师批注

　　参见本书第一章"一般商品买卖合同"第六条的批注。

> 第六条 合同的解除与终止
> 双方协商一致的,可以终止合同的履行。一方根本性违约的,另一方有权解除合同,但应当及时书面通知对方。

● 律师批注

参见本书第二章"机器设备买卖合同"第十一条的批注。

> 第七条 商业秘密
> 乙方在签订和履行本合同中知悉的甲方的全部信息(包括技术信息和经营信息等)均为甲方的商业秘密。
> 无论何种原因终止、解除本合同的,乙方同意对在签订和履行本合同中知悉的甲方的商业秘密承担保密义务。非经甲方书面同意或为履行本合同义务之需要,乙方不得使用、披露甲方的商业秘密。
> 乙方违反上述约定的,应当赔偿由此给甲方造成的全部损失。

● 律师批注

参见本书第二章"软件买卖协议"第十三条的批注。

> 第八条 违约责任
> 本合同签订后,任何一方违约,都应当承担违约金_____元。若违约金不足以弥补守约方损失的,违约方应当赔偿给守约方造成的一切损失(包括直接损失、可得利益损失及主张权利的费用等)。

● 律师批注

参见本书第一章"一般商品买卖合同"第八条、第九条的批注。

> 第九条 不可抗力
> 因火灾、战争、罢工、自然灾害等不可抗力因素而致本合同不能履行的,双方终止合同的履行,各自的损失各自承担。不可抗力因素消失后,双方需要继续履行合同的,由双方另行协商。
> 因不可抗力终止合同履行的一方,应当于事件发生后_____日内向对方提供有权部门出具的发生不可抗力事件的证明文件并及时通知对方。未履行通知义务而致损失扩大的,过错方应当承担赔偿责任。

● 律师批注

参见本书第一章"一般商品买卖合同"第十条的批注。

第十条 其他约定事项

1. 乙方联系人或授权代表在履行合同过程中对甲方所作的任何承诺、通知等,都对乙方具有约束力,具有不可撤销性。

2. 签订或履行合同过程中,非经甲方书面同意或确认,乙方对甲方任何人员的个人借款,均不构成乙方对甲方的预付款或已付款款项。

3. 乙方联系地址、电话等发生变化的,应当及时通知甲方,在乙方通知到甲方前,甲方按本合同列明的联系方式无法与乙方联系的,由乙方承担相应的责任。

4. 本合同未约定的事项,由双方另行签订补充协议,补充协议与本合同书具有同等法律效力。

5. 乙方应当在签订合同时向甲方提供其合法经营的证明文件,并作为本合同的附件。

6. 签订本合同时,双方确认的合同附件为本合同不可分割的组成部分,与本合同具有同等法律效力。

● 律师批注

参见本书第一章"一般商品买卖合同"第十三条的批注。

第十一条 争议解决

本合同履行过程中产生争议的,双方可协商解决。协商不成的,应向_____人民法院提起诉讼解决。

● 律师批注

参见本书第一章"一般商品买卖合同"第十一条的批注。

第十二条 本合同经双方盖章或授权代表签字后生效。

● 律师批注

参见本书第一章"一般商品买卖合同"关于本条的批注。

第十三条 本合同一式四份,双方各执两份。

● 律师批注

参见本书第一章"一般商品买卖合同"关于本条的批注。

甲方：	乙方：
委托代理人：	委托代理人：
电话：	电话：
传真：	传真：
____年____月____日	____年____月____日

● **律师批注**

参见本书第一章"一般商品买卖合同"关于本条的批注。

三、试用买卖合同

试用买卖合同

合同编号：

出卖人：_____（下称甲方）　　买受人：_____（下称乙方）

地址：_____　　　　地址：_____

邮编：_____　　　　邮编：_____

电话：_____　　　　电话：_____

传真：_____　　　　传真：_____

电子邮箱：_____　　　电子邮箱：_____

● **律师批注**

参见本书第一章"一般商品买卖合同"关于本条的批注。

甲乙双方根据《中华人民共和国合同法》等有关法律的规定，经充分协商，本着自愿及平等互利的原则，订立合同如下：

● **律师批注**

参见本书第一章"一般商品买卖合同"关于本条的批注。

第一条　乙方向甲方购买_____并约定先行试用后如合意时，即行成交；甲方于合同成立之日起_____日内，将买卖标的物运到乙方_____（工厂）。

第二条　试用期间以_____日为限，自接到_____（具体产品）次日起算。

● **律师批注**

【条款目的】

确定试用期间，明确买受人作出是否购买意思表示的最后期限。

【风险提示】

实践中对试用期间的确定，应当依《合同法》第170条的规定来确定，即：

（1）依当事人的约定确定试用期间。标的物的试用期间是试用买卖合同中的重要条款，而试用买卖合同同样适用合同的自愿原则，因此，在试用买卖中,对标的物试用期间的确定,首先应由双方当事人在合同中约定,如果合同中没有约定或者约定不明确的,可以由双方当事人协议补充确定。

(2) 根据合同条款或者交易习惯确定。如果双方当事人在试用买卖合同中对试用期间没有约定或者约定不明确,且事后又不能达成补充协议确定的,可以按合同有关条款或者交易习惯确定。

(3) 由出卖人确定。如果双方当事人未约定试用期间或者约定的试用期间不明确,事后又不能达成补充协议确定,且根据合同有关条款及交易习惯亦无法确定的,则依《合同法》第170条的规定,由出卖人确定试用期间。因为在试用买卖中,买受人试用标的物时是在无偿使用,只是在享受权利,没有义务的负担,而出卖人则只承担了义务,因此根据权利义务相一致的原则,应当由出卖人确定试用期间。但是对于出卖人确定的试用期间,还应当考虑对标的物试用或者检验的合理期间,如果试用期间太短,则买受人就不能充分地检验或者试用标的物,从而不利于保护买受人的利益。

【法律规定】

《中华人民共和国合同法》(1999.10.01 施行)

第一百七十条　试用买卖的当事人可以约定标的物的试用期间。对试用期间没有约定或者约定不明确,依照本法第六十一条的规定仍不能确定的,由出卖人确定。

> **第三条**　双方约定,若试用后乙方认为合意,即行成交;前项试用,如不合意,应立即将_____(具体产品)退回,以示买卖不成立。退回所需运费由乙方负担。

● **律师批注**

【条款目的】

本条款是试用买卖合同基础条款,决定了合同的特性。

【风险提示】

买卖双方达成试用合意后,买卖合同已经成立,尚未生效;只有试用后买方同意购买或者试用期过后买方未作表示,合同方生效。

【法律规定】

《中华人民共和国合同法》(1999.10.01 施行)

第一百七十一条　试用买卖的买受人在试用期内可以购买标的物,也可以拒绝购买。试用期间届满,买受人对是否购买标的物未作表示的,视为购买。

第四条 在试用期间,乙方对_____(具体产品)有自由使用之权,因此而有所损害的,乙方应负赔偿之责。

若其损害系制造欠妥所致或属运输中之损坏的,不在赔偿之列。

● 律师批注

【条款目的】

明确试用过程中标的物损害赔偿的责任主体。

【风险提示】

关于试用过程中标的物损毁、灭失风险的承担问题,法律并未明确规定,当事人可根据实际情况自行约定风险承担方式。

【法律规定】

《中华人民共和国合同法》(1999.10.01 施行)

第一百四十二条 标的物毁损、灭失的风险,在标的物交付之前由出卖人承担,交付之后由买受人承担,但法律另有规定或者当事人另有约定的除外。

第五条 试用期届满,乙方不立刻表示不合意,并将_____(具体产品)退还甲方,视为试用合格,买卖合同即应生效。

● 律师批注

【条款目的】

确认试用买卖合同生效标准。

【风险提示】

根据《合同法》的规定,试用买卖合同在以下情况下生效:

(1)买受人对试用买卖合同的承认,即买受人在试用期内,表示同意购买标的物,即承认试用买卖合同的效力。买受人在试用期间,既可以对标的物作出购买的意思表示,也可以作出拒绝购买的意思表示,这是试用买卖合同中买受人的基本权利。买受人是否认可标的物,是否愿意购买标的物,完全取决于自己的意愿,不受其他条件或者第三人的限制。

对于买受人同意购买标的物的意思表示,可以由买受人以明示的方式作出,也可以以买受人的相关行为作出认定,如买受人毫无保留地向出卖人支付全部或者部分价款的行为可以推定其同意购买标的物;又如买受人虽然未支付价款,但是对标的物作出了试用或者检验以外的行为,如将标的物出租或者出卖的,亦可推定其同意购买标的物。

(2) 试用期间届满,买受人未作意思表示,视为同意购买。《合同法》第171条规定,试用期间届满,买受人对是否购买标的物未作表示的,视为购买。这就是对买受人承认试用买卖合同的拟制。因为在试用期间届满前,买受人对标的物是否认可,应当及时作出意思表示,以免当事人之间的法律关系长时间处于不稳定状态,买受人作出是否认可标的物的表示是其应当履行的义务,如果买受人没有履行该项义务,就应当为此承担相应的责任,因此法律规定此时视为买受人同意购买。

【相关案例】

例 3-3:试用期间届满,买受人未作意思表示,视为购买

2009 年 3 月 8 日,某商厦为推广某化妆品牌举办特定化妆品的试用买卖活动。活动期间,所有女性可以凭证件试用该品牌的化妆品,试用期间无须支付任何费用。同日,林女士选用了一套适合于自己皮肤的化妆品,并与该商厦签订了一份合同。合同规定:林女士所选用的化妆品价值 800 元,试用期届满时如若同意购买应向商厦支付价款,不同意购买则应归还本商厦,无须支付任何费用。试用期为 20 天,自交付化妆品的次日起算。3 月 27 日,商厦职工向林女士打电话询问其是否购买,并告知如若购买应在 29 日前付款,林女士只是说化妆品很适合自己的皮肤,对于是否购买未作任何表示。试用期限届满后,商厦多次向林女士催要货款,均遭拒绝,无奈商厦向法院起诉了林女士。

法院经审理认为:根据《合同法》第 171 条的规定,林女士在试用期内有权决定是否购买该化妆品,而林女士在试用期届满时未作是否购买的表示,应当视为购买。因此,商厦要求其付款的行为应受法律保护,法院遂判决林女士向某商厦支付化妆品款 800 元。

评析:

本案争议在于试用买卖合同是否生效。试用买卖作为一种附条件的买卖,只有在买受人经过一定期限内使用并承认购买后,合同才生效。《合同法》第 171 条规定:"试用买卖的买受人在试用期内可以购买标的物,也可以拒绝购买。试用期间届满,买受人对是否购买标的物未作表示的,视为购买。"

就本案而言,林女士与商厦之间的试用买卖合同的试用期为"自交付化妆品的次日起 20 天",林女士有权在商厦交付化妆品 20 天内决定是否购买。但是,林女士在试用期内没有作出反应,后经商厦工作人员通知购买也未拒绝。因此,应当视为林女士同意购买该化妆品,试用买卖合同发生效力,林女士应当承担支付货款的义务。

【法律规定】

《中华人民共和国合同法》(1999.10.01 施行)

第一百七十一条 试用买卖的买受人在试用期内可以购买标的物,也可以拒绝购买。试用期间届满,买受人对是否购买标的物未作表示的,视为购买。

《最高人民法院关于审理买卖合同纠纷案件适用法律问题的解释》(2012.07.01 施行)

第四十一条 试用买卖的买受人在试用期内已经支付一部分价款的,人民法院应当认定买受人同意购买,但合同另有约定的除外。

在试用期内,买受人对标的物实施了出卖、出租、设定担保物权等非试用行为的,人民法院应当认定买受人同意购买。

第四十二条 买卖合同存在下列约定内容之一的,不属于试用买卖。买受人主张属于试用买卖的,人民法院不予支持:

(一)约定标的物经过试用或者检验符合一定要求时,买受人应当购买标的物;

(二)约定第三人经试验对标的物认可时,买受人应当购买标的物;

(三)约定买受人在一定期间内可以调换标的物;

(四)约定买受人在一定期间内可以退还标的物。

第四十三条 试用买卖的当事人没有约定使用费或者约定不明确,出卖人主张买受人支付使用费的,人民法院不予支持。

> 第六条 买卖价款议定为人民币_____元整,于合同成立时由乙方缴付保证金人民币_____元整。
>
> 如买卖成立,保证金应充作价金的一部分;如买卖不成立,保证金由甲方全数返还乙方。

● 律师批注

【条款目的】

约定标的物价款,并约定担保方式。

【风险提示】

在试用买卖合同中,标的物已在买方控制之下,因此,为了防范买方道德风险同时保证合同的顺利履行,卖方可以要求买方提供适当担保。担保的形式可以是保证、履约定金、抵押、质押。需要指出的是,保证金并非《担保法》意义上的准确术语,其性质最接近定金,但根据最高人民法院《关于适用〈中华人民共和国担保法〉若干问题的解释》第118条的规定,却不能直接适用定金罚则。

【法律规定】
《最高人民法院关于适用〈中华人民共和国担保法〉若干问题的解释》(2000.12.13 施行)

第一百一十八条 当事人交付留置金、担保金、保证金、订约金、押金或者订金等,但没有约定定金性质的,当事人主张定金权利的,人民法院不予支持。

> 第七条 试用后乙方认为不合格,或需要继续试用时,可以要求甲方调换或延长试用期,甲方若不同意可拒绝。
> 第八条 试用后如乙方认为合格的,应于试用期终止日起算＿＿＿＿＿日内将货款全部付清,不得拖延。

● 律师批注

【条款目的】
约定试用后,合同双方根据买方意见,决定试用合同的生效或解除。

【风险提示】
乙方试用后的表态决定交易能否达成。试用期届满前,买方应当及时作出是否购买的表示;若不作出明确表示,视为同意购买。

【法律规定】
《中华人民共和国合同法》(1999.10.01 施行)

第一百七十一条 试用买卖的买受人在试用期内可以购买标的物,也可以拒绝购买。试用期间届满,买受人对是否购买标的物未作表示的,视为购买。

> 第九条 合同一式两份,甲、乙双方各执一份为凭。

● 律师批注

参见本书第一章"一般商品买卖合同"关于本条的批注。

> 出卖人(甲方):　　　　　　　　买受人(乙方):
> 法定代表人或授权代表:　　　　　法定代表人或授权代表:
> 签约时间:＿＿＿年＿＿＿月＿＿＿日　　签约地点:＿＿＿＿＿＿

● 律师批注

参见本书第一章"一般商品买卖合同"关于本条的批注。

四、分期付款买卖合同

分期付款买卖合同

销字第_____号
合同签订地：_____

出卖方（甲方）：_____ 地址：_____
买受方（乙方）：_____ 地址：_____
担保方（丙方）：_____ 地址：_____
反担保方（丁方）：_____ 地址：_____

● 律师批注

参见本书第一章"一般商品买卖合同"关于本条的批注。

甲、乙、丙、丁四方根据《中华人民共和国合同法》及相关法律、法规之规定，经充分协商，就乙方以分期付款方式购买甲方汽车有关事宜达成如下协议：

● 律师批注

参见本书第一章"一般商品买卖合同"关于本条的批注。

　　第一条　乙方以分期付款方式向甲方购车共_____辆，车辆明细见本合同附件一。
　　车价款合计_____元，车辆购置附加税、上牌照费用、车船使用税、印花税等由乙方另行交纳，相关费用见本合同附件二。

● 律师批注

参见本书第一章"一般商品买卖合同"第一条、第二条、第六条的批注。

　　第二条　乙方在签订合同时，向甲方首付车价款_____元，其余车款_____元，丙方为乙方担保，乙方分_____个月付清，月还款以本合同附件三为准。付款期限自____年____月____日起至____年____月____日止，每月____日前结算。

● 律师批注

【条款目的】

本条款是合同标志性条款,它确定了买卖双方的交易模式,卖方将交易标的交付买方使用,买方按照双方约定的还款计划定期还款。

【风险提示】

(1) 买方应当要求卖方阐明分期付款价格的计算方法,尤其是利率的选择;同一款商品,分期付款和直接购买的价格往往差距巨大,买方作出购买决定前应当认真对比,要求卖方说明原因。

(2) 分期支付至少应当为3次,否则不视为分期付款买卖合同。

(3) 分期付款交易总周期中一般会设置3至5个时间节点。其中,最后一个时间节点最为重要。买方需按照合同在规定时间内将相应款项交给卖方。对于卖方而言,在款项金额方面,如果资金回收压力较大,可提高首期款比例,只要最终不影响签约和过户即可;反之,可降低首付款比例。同时,合理的还款计划也是降低卖方风险的重要手段。

(4) 对于买方而言,分期付款方式确实可以降低购买门槛,但也不应当为提前占有使用标的物失去理性,可根据收支情况,量力而行,选择适当的还款方案,避免违约风险。

(5) 双方可视情况约定提前还款的价格计算方法。

【法律规定】

《最高人民法院关于审理买卖合同纠纷案件适用法律问题的解释》(2012.07.01 施行)

第三十八条 合同法第一百六十七条第一款规定的"分期付款",系指买受人将应付的总价款在一定期间内至少分三次向出卖人支付。

……

第三条 甲方所售汽车符合有关部门批准的厂家标准。

● 律师批注

参见本书第二章"汽车买卖合同"第二条相关条款及批注。

第四条 本合同签订并交纳首付款后,乙方不得单方解除合同,否则办理车辆手续的一切费用及损失由乙方负担,并承担本合同第九条所规定的违约责任。乙方提车时,应认真验收车辆,对车型、规格、外表、技术参数等无异议后,填写验车单。提车后要认真阅读服务手册、产品说明书和用

户须知,做到正常使用和保养。乙方应按服务手册规定进行定保登记和保养,如出现故障,乙方应及时到厂家指定的服务站维修、鉴定和处理。由于乙方不按规定保养维修或超限运输等违法经营等事项导致车辆出现质量问题,甲方不承担任何责任。

● 律师批注

参见本书第一章"一般商品买卖合同"第八条、第九条的批注。

第五条 乙方提车后,自主经营,且承担汽车毁损或灭失及经营中所出现的一切风险。为防止车辆因意外事故造成乙方不能还款,乙方同意在还款期限内按甲方指定的保险公司和指定的险种、保额进行投保。负担车辆运营中应缴纳的运管费、保险费等各项费用。乙方在按期还款的前提下有权独立运输,独立享受盈利和亏损。乙方在运营中未经书面授权不得以甲方或行驶证登记单位的名义签订任何合同或雇用工作人员和开展任何经济活动。乙方在运营中的一切民事责任由乙方自负。否则,因乙方经营中的风险给甲方造成经济损失的,甲方有权向乙方追偿。

● 律师批注

【条款目的】

标的物交付后,使用中的一切风险和收益由买方自行承担。

【风险提示】

(1)要求买方对贵重物品购买保险是保证卖方权益的重要手段。

(2)因标的物已交付,除所有权外,买方已是标的物其他全部权益及一切损毁、灭失风险的享有者和承担者。

第六条 在车款付清前,经各方同意车辆登记户名为_____。乙方在如期还款的前提下,有对车辆的使用权、收益权。乙方不得将车辆出租、抵押、转让或对外投资等,否则其行为无效且承担一切责任和损失。

第七条 合同期满,乙方交清全部款项,甲方协助乙方办理车辆过户手续。费用由乙方负担。

● 律师批注

【条款目的】

第六条、第七条是所有权保留条款,即在买受方未支付标的物所有价款前,出卖方保留所有权。

【风险提示】

分期付款买卖合同的特殊交易方式决定了所有权保留条款的必要性。由于在未支付全部价款之前,标的物已经交付买受方,并由买受方实际控制,出卖方对交易的控制力度已大大减弱,交易风险相应增加。《合同法》第133条规定:"标的物的所有权自标的物交付时起转移,但法律另有规定或者当事人另有约定的除外。"第134条规定:"当事人可以在买卖合同中约定买受人未履行支付价款或者其他义务的,标的物的所有权属于出卖人。"为控制买受方的违约行为,保障交易顺利进行,合同约定,在交易价款未完全付清前,出卖方保留所有权是相当必要的。同时,在两种情形下,出卖人的标的物保留权受到限制:(1)买受人已支付价款达到总价款的75%以上的,出卖人不能取回;(2)第三人善意取得标的物时,出卖人不得取回。当然,买受人在出卖人行使标的物取回权之前,主动消除违约情形,是能够赎回标的物的。

【法律规定】

《中华人民共和国合同法》(1999.10.01施行)

第一百三十三条 标的物的所有权自标的物交付时起转移,但法律另有规定或者当事人另有约定的除外。

第一百三十四条 当事人可以在买卖合同中约定买受人未履行支付价款或者其他义务的,标的物的所有权属于出卖人。

《最高人民法院关于审理买卖合同纠纷案件适用法律问题的解释》(2012.07.01施行)

第三十四条 买卖合同当事人主张合同法第一百三十四条关于标的物所有权保留的规定适用于不动产的,人民法院不予支持。

第三十五条 当事人约定所有权保留,在标的物所有权转移前,买受人有下列情形之一,对出卖人造成损害,出卖人主张取回标的物的,人民法院应予支持:

(一)未按约定支付价款的;

(二)未按约定完成特定条件的;

(三)将标的物出卖、出质或者作出其他不当处分的。

取回的标的物价值显著减少,出卖人要求买受人赔偿损失的,人民法院应予支持。

第三十六条 买受人已经支付标的物总价款的百分之七十五以上,出卖人主张取回标的物的,人民法院不予支持。

在本解释第三十五条第一款第(三)项情形下,第三人依据物权法第一百零六条的规定已经善意取得标的物所有权或者其他物权,出卖人主张取回标的物的,人民法院不予支持。

第三十七条 出卖人取回标的物后,买受人在双方约定的或者出卖人指定的回赎期间内,消除出卖人取回标的物的事由,主张回赎标的物的,人民法院应予支持。

买受人在回赎期间内没有回赎标的物的,出卖人可以另行出卖标的物。

出卖人另行出卖标的物的,出卖所得价款依次扣除取回和保管费用、再交易费用、利息、未清偿的价金后仍有剩余的,应返还原买受人;如有不足,出卖人要求原买受人清偿的,人民法院应予支持,但原买受人有证据证明出卖人另行出卖的价格明显低于市场价格的除外。

第八条 乙方必须按合同约定按时付款。乙方出现下列情形之一的甲方或履行担保义务的丙方有权采取相应措施以维护自身合法权益:

1. 非经甲方书面同意出现迟延还款;
2. 隐匿、转移、出售、出租车辆或不能提供车辆真实情况或位置;
3. 私自毁损、拆除或其他因乙方原因导致 GPS 无法正常工作或工作失效的;
4. 出现交通事故等纠纷或违法经营造成车辆被扣押或被留置;
5. 乙方更改联系方式或通讯地址未在三日内告知甲方;
6. 乙方经济条件恶化出现履约风险,不能在甲方指定的期限内提供新担保;
7. 拖欠运管费等行政事业收费给甲方或丙方造成损失的;
8. 乙方隐瞒与他人共同购买车辆或冒名顶替购车;
9. 未经甲方同意乙方以该车辆对外投资;
10. 其他影响乙方还款或给甲方或丙方造成经济损失的情形。

如乙方出现上述情形之一的,视为乙方丧失履约诚信和履约能力,甲方有权要求乙方提前将车款全部付清或要求丙、丁方提前履行担保义务。届时,甲方或履行担保义务的丙方有权收回乙方车辆,车辆收回后_____日内乙方应将所欠甲方车款或丙方为乙方代偿的款项全部付清,否则甲方或履行担保义务的丙方有权委托有资质的评估机构以车辆按变现价评估,并按评估价销售,车辆销售款用于偿还乙方所欠全部车款或丙方代偿的全部款项及甲、丙方向乙方催款、寻找车辆、收车所发生的一切经济损失,包括但不限于车辆使用费、交通费、差旅费、律师代理费、误工费、财产保全费、执行费等;乙方所付款项,按下列顺序清偿债务:(1) 守约方为实现权利而支付的费用;(2) 已拖欠的违约利息;(3) 利息;(4) 损失赔偿金;(5) 欠款本金,并终止合同。

● 律师批注

【条款目的】

明确触发违约机制的情形。违约情形下,卖方可行使取回权或追偿债务,并将追偿债务的所有成本计入违约成本,促使买受人按约定期限还款。违约条款是降低卖方风险的重要手段之一。

【风险提示】

(1) 有些支出费用的承担方式,比如律师费,需要当事人在合同中约定。

(2) 买受人的合同解除权受到一定制约:买受人未支付的到期价款需达到全部价款的20%;如果合同中存在低于此限制的约定将导致合同无效。

(3) 出卖人解除合同时,已收到的合同价款超出标的物使用费及违约损害赔偿金的部分,应当返还给买受人。

(4) 买受人支付的标的物价款达到合同价款的75%以上时,出卖人不得取回标的物。

【法律规定】

《中华人民共和国合同法》(1999.10.01施行)

第一百六十七条 分期付款的买受人未支付到期价款的金额达到全部价款的五分之一的,出卖人可以要求买受人支付全部价款或者解除合同。

出卖人解除合同的,可以向买受人要求支付该标的物的使用费。

《最高人民法院关于审理买卖合同纠纷案件适用法律问题的解释》(2012.07.01施行)

第三十六条 买受人已经支付标的物总价款的百分之七十五以上,出卖人主张取回标的物的,人民法院不予支持。

……

第三十八条 合同法第一百六十七条第一款规定的"分期付款",系指买受人将应付的总价款在一定期间内至少分三次向出卖人支付。

分期付款买卖合同的约定违反合同法第一百六十七条第一款的规定,损害买受人利益,买受人主张该约定无效的,人民法院应予支持。

第三十九条 分期付款买卖合同约定出卖人在解除合同时可以扣留已受领价金,出卖人扣留的金额超过标的物使用费以及标的物受损赔偿额,买受人请求返还超过部分的,人民法院应予支持。

当事人对标的物的使用费没有约定的,人民法院可以参照当地同类标的物的租金标准确定。

第九条 如乙方违约,乙方向甲方支付欠款总额(已到期和未到期欠款额之和)30%的违约金或向履行担保义务的丙方支付实际履行担保额30%的违约金。

● 律师批注

【条款目的】

通过设置较高标准的违约金,增大违约成本,促使买受人按约定期限还款。

【风险提示】

实践中,分期付款买卖合同一般由出卖方提供合同文本,为维护自身权益,倾向于约定较高的违约成本,因此签订合同时,买受人应当根据偿还能力合理制订还款计划,避免触发违约条款。

【相关案例】

例3-4:分期付款买卖合同的违约纠纷

2008年6月15日,原、被告签订了一份《工程机械车辆买卖合同》及《补充协议》,合同主要约定:被告向原告购买挖掘机一台,价款1 097 000元;付款方式为合同签订时支付首付款77 000元,余款1 020 000元由被告分24个月按月等额支付给原告,每月付款42 500元;被告若逾期还款,除应按逾期付款额日万分之四的比例支付逾期利息外,还应当赔偿原告为追索债权发生的一切经济损失,包括但不限于车辆使用费、交通费、差旅费、律师代理费。合同签订后,被告支付首付款当日提机使用。但被告后来并未按照合同的约定按时足额履行分期付款义务,原告遂诉至法院,要求被告偿付逾期分期款167 681.91元及逾期利息7 670.72元,律师代理费6 887元,并承担本案全部诉讼费用。

评析:

签订《工程机械车辆买卖合同》系原、被告之间的真实意思表示,并且没有违反法律、行政法规的强制性规定,合同合法有效。原告交付了合格的标的物给被告,被告应按期支付货款给原告。被告未按照合同约定按时足额支付分期款构成违约,应承担相应的违约责任。原告要求被告支付逾期分期款、支付逾期利息及偿付律师代理费符合合同约定及法律规定。法院因此判决支持了原告的全部诉请。

> 第十条 如因该车质量问题和违反本合同条款发生纠纷,应友好协商,所达成的补充协议与本合同具有同等效力。协商不成时,各方均同意在_____提起诉讼:A. 甲方所在地人民法院;B. 乙方所在地人民法院;C. 丙方所在地人民法院;D. 丁方所在地人民法院。

● **律师批注**

参见本书第一章"一般商品买卖合同"第十一条的批注。

> 第十一条 乙方已详细阅读了上述条款,阅后对上述条款内容及填写数额没有异议。
> 第十二条 丙、丁方已详细阅读上述条款,愿为乙方提供连带责任担保。丁方同意为乙方履行合同义务向丙方提供反担保,丙方履行担保义务后,有权向乙、丁方追偿。

● **律师批注**

【条款目的】

通过设置担保和反担保条款,在合同相对方不履行义务的情形下,由担保人及反担保人承担责任,更好地维护了担保权人的权利。

【风险提示】

担保是保证当事人合同权益的常用法律手段,能够有效解决合同履行风险问题;实际操作中,担保权人应当核实担保及反担保人的身份,并确认其履行担保义务的能力。可参照本书第二章"一般工业品买卖合同"第十三条的批注。

【法律规定】

《中华人民共和国担保法》(1995.10.01 施行)

第四条 第三人为债务人向债权人提供担保时,可以要求债务人提供反担保。

反担保适用本法担保的规定。

第十八条 当事人在保证合同中约定保证人与债务人对债务承担连带责任的,为连带责任保证。

连带责任保证的债务人在主合同规定的债务履行期届满没有履行债务的,债权人可以要求债务人履行债务,也可以要求保证人在其保证范围内承担保证责任。

> 第十三条 本合同履行地:甲方所在地。本合同正本一式五份,甲方二份,乙方、丙方、丁方各一份。本合同自各方签字盖章并经丙方合同审核人签字后生效。

● 律师批注

参见本书第一章"一般商品买卖合同"第十四条、第十五条的批注。

> 第十四条 本合同附件:
> 附件一 分期付款购车车辆明细表(略)
> 附件二 分期付款购车费用明细表(略)
> 附件三 分期还款明细表(略)

● 律师批注

【条款目的】

附件是合同的有效组成部分,是对合同内容的补充和丰富。同时,在某些情形下,附件构成了对合同的补充约定,形成对主合同约定的变更,买卖双方应当注意此处可能存在的合同陷阱。

> 甲方: 丙方:
> 法定代表人或授权代理人: 授权代理人:
> ＿＿年＿＿月＿＿＿＿日 ＿＿年＿＿月＿＿＿＿日
> 乙方: 丁方:
> ＿＿年＿＿月＿＿＿＿日 ＿＿年＿＿月＿＿＿＿日

● 律师批注

参见本书第一章"一般商品买卖合同"关于本条的批注。

五、货物赊欠买卖合同

货物赊欠买卖合同

合同编号：

甲方（卖方）：_____
乙方（买方）：_____

● 律师批注

参见本书第一章"一般商品买卖合同"关于本条的批注。

经甲乙双方协商同意，达成如下协议，共同遵守。
第一条　甲方愿将货物赊销给乙方，约定____年____月____日交付。

● 律师批注

【条款目的】
明确买卖双方的赊欠合同关系。

【风险提示】
本条款是赊欠买卖合同的标志性条款。由于赊销行为存在交付上的不对等性，实践中，应当事先核实买受人的身份、信用背景、支付能力等；如有必要，可要求买受人提供付款担保。

赊欠买卖合同的交易结构与法律关系与分期付款买卖合同类似，合同条款可以参照后者的相关条款进行设计。

第二条　货物单价为_____元/每件，总价为人民币_____元整（或以交货日交货地的市价为标准）。

● 律师批注

参见本书第一章"一般商品买卖合同"第六条的批注。

第三条　乙方应自甲方交货之日起_____日内支付货价予甲方，不得有拖延短欠等情形。

● 律师批注

参见本书第一章"一般商品买卖合同"第四条的批注。

第三章 特殊买卖合同范本律师批注

　　第四条　甲方如届交货期不能交货，或仅能交付一部分时，应于_____日前通知乙方延缓日期，乙方不允者可解除买卖协议，但须自接到通知之日起_____日内答复，逾期即视为承认延期。

● 律师批注

　　参见本书第一章"一般商品买卖合同"第四条的批注。

　　第五条　甲方如届交货期不能交货又未经依前条约定通知乙方时，乙方可要求甲方限期交付，倘逾期仍不交时，乙方可解除协议。

● 律师批注

　　参见本书第一章"一般商品买卖合同"第四条、第九条的批注。

　　第六条　如因不可抗力事由，致甲方不能按期交货或一部分货品未能交清的，得延缓至不能交货原因消除后_____日内交付。

● 律师批注

　　参见本书第一章"一般商品买卖合同"第十条的批注。

　　第七条　乙方交款之期以甲方交货之期为标准。乙方逾交款日期不交款的，甲方可要求乙方限期支付货款，并请求自原约定交款日期起算至交款日止，按拖欠货款金额的每日_____比例计算违约金。

● 律师批注

　　参见本书第一章"一般商品买卖合同"第六条、第八条的批注。

　　第八条　甲方所交付的货品，如有不合格或品质恶劣或数量短少时，甲方应负补充或调换或减少价金的义务。

● 律师批注

　　参见本书第一章"一般商品买卖合同"第九条的批注。

　　第九条　乙方发现货品有瑕疵时，应立即通知甲方并限期请求履行前条的义务，倘甲方不履行义务时，乙方除可解除协议外并可请求损害赔偿。

● 律师批注

参见本书第一章"一般商品买卖合同"第七条的批注。

> 第十条 争议的解决方法
> 双方当事人在履行本合同过程中发生争议时,应当协商解决;协商不能解决的由_____仲裁/_____人民法院判决。

● 律师批注

参见本书第一章"一般商品买卖合同"第十一条的批注。

> 本协议一式两份,甲、乙双方各执一份。从双方签字之日起即时生效,均具有同等法律效力。
>
> 出卖人(甲方):_____   买受人(乙方):_____
> 代表:_____   代表:_____
> 电话:_____   电话:_____
> 签约时间:___年___月___日   签约地点:_____

● 律师批注

参见本书第一章"一般商品买卖合同"关于本条的批注。

六、招投标买卖合同

招投标买卖合同

合同编号：

招标方：_____（以下简称甲方）
地址：_____ 邮编：_____
电话：_____ 传真：_____
电子邮箱：_____

投标方：_____（以下简称乙方）
地址：_____ 邮编：_____
电话：_____ 传真：_____
电子邮箱：_____

● 律师批注

参见本书第一章"一般商品买卖合同"关于本条的批注。

第一条 _____公司（以下简称×公司）邀请具有资格的投标者提供密封的标书，提供完成合同项目所需的劳力、材料、设备或服务。

● 律师批注

【条款目的】
招标人表达希望投标的要约邀请。

【风险提示】
招标分为公开招标和邀请招标。公开招标，是指招标人以招标公告的方式邀请不特定的法人或者其他组织投标；公开招标应当发布招标公告，并在网络、报刊等相关媒介发布。

邀请招标，是指招标人以投标邀请书的方式邀请特定的法人或者其他组织投标；邀请招标应当至少向三家以上符合条件的公司或其他组织发出投标邀请书。

【法律规定】
《中华人民共和国招标投标法》（2000.01.01 施行）
第十条 招标分为公开招标和邀请招标。
公开招标，是指招标人以招标公告的方式邀请不特定的法人或者其他组织投标。

邀请招标，是指招标人以投标邀请书的方式邀请特定的法人或者其他组织投标。

第十六条　招标人采用公开招标方式的，应当发布招标公告。依法必须进行招标的项目的招标公告，应当通过国家指定的报刊、信息网络或者其他媒介发布。

招标公告应当载明招标人的名称和地址、招标项目的性质、数量、实施地点和时间以及获取招标文件的办法等事项。

第十七条　招标人采用邀请招标方式的，应当向三个以上具备承担招标项目的能力、资信良好的特定的法人或者其他组织发出投标邀请书。

投标邀请书应当载明本法第十六条第二款规定的事项。

> **第二条**　每一位具有资格的投标者在交纳_____元人民币（或美元），并提交书面申请后，均可获得招标文件。

● 律师批注

【条款目的】
明确标书购买费用。

【风险提示】
注意资格门槛：投标人获得招标信息后，应通过招标公告确认自己是否具有投标资格，如果招标公告没有明确投标资格要求，投标人可以到招标公司查阅招标文件。招标公告会说明招标文件出售的时间和地点。同时，招标人不得将发售标书作为营利手段。

【法律规定】
《中华人民共和国招标投标法实施条例》（2012.02.01 施行）

第十六条　招标人应当按照资格预审公告、招标公告或者投标邀请书规定的时间、地点发售资格预审文件或者招标文件。资格预审文件或者招标文件的发售期不得少于5日。

招标人发售资格预审文件、招标文件收取的费用应当限于补偿印刷、邮寄的成本支出，不得以营利为目的。

> **第三条**　每一份标书都要附一份投标保证书，且应不迟于_____（时间）提交给×公司。

● 律师批注

【条款目的】
明确投标保证书提交的期限。

【风险提示】
投标保证书又称投标保函。它是为保护招标者的利益,防止投标者中途撤标或拒签合同,由投标者通过银行开立的书面保证文件。投标保证书与招标书、投标书一样,都具有法律效力。与本合同第十八条"保函"相呼应。

> **第四条** 所有标书将在_____(时间)对投标者代表公开开标。

● 律师批注

【条款目的】
确定公开开标时间,与本合同第二十五条"开标"相呼应。

> **第五条** 如果具有资格的投标者希望与×公司组建合资公司,需在投标截止日期前30天提出要求。

● 律师批注

【条款目的】
确定组建联合投标体的时间要求。

【风险提示】
关于联合投标体,《招标投标法》第31条对其资质、责任分配等有明确的要求。

【法律规定】
《中华人民共和国招标投标法》(2000.01.01 施行)

第三十一条 两个以上法人或者其他组织可以组成一个联合体,以一个投标人的身份共同投标。

联合体各方均应当具备承担招标项目的相应能力;国家有关规定或者招标文件对投标人资格条件有规定的,联合体各方均应当具备规定的相应资格条件。由同一专业的单位组成的联合体,按照资质等级较低的单位确定资质等级。

联合体各方应当签订共同投标协议,明确约定各方拟承担的工作和责任,并将共同投标协议连同投标文件一并提交招标人。联合体中标的,联合体各方应当共同与招标人签订合同,就中标项目向招标人承担连带责任。

招标人不得强制投标人组成联合体共同投标,不得限制投标人之间的竞争。

> **第六条** 标前会议将在_____(时间)_____(地址)召开。

● **律师批注**

【条款目的】
作为开标前招投标方的沟通机制,明确标前会议召开的时间和地点。

> **第七条** 提交标书最后期限
> 1. 标书应按上述地址在_____年_____月_____日_____时之前寄至×公司。
> 2. 招标人可延长提交标书的最后期限,但至少应在原期限前____日通过电传或电报通知所有已索取投标文件的具有资格的投标者。在此情况下,所有原期限下招标人和投标者的权利义务顺延至新期限结束。

● **律师批注**

【条款目的】
明确提交标书的最后期限及招标人变更截止时间的履行程序。

【风险提示】
标书应当在截止日期前送达指定地点,而不是在截止时间邮寄出,这一点与法律文书递交的时间确定方法是不同的。此外,这个时间节点,间接影响着投标人权益。根据《招标投标法》之规定,招标人对已发出的招标文件进行必要的澄清或者修改的,应当在招标文件要求提交投标文件截止时间至少15日前,通知文件收受人;招标人应当确定投标人编制投标文件所需要的合理时间;但是,依法必须进行招标的项目,自招标文件开始发出之日起至投标人提交投标文件截止之日止,最短不得少于20日。

【法律规定】
《中华人民共和国招标投标法》(2000.01.01施行)
第二十三条 招标人对已发出的招标文件进行必要的澄清或者修改的,应当在招标文件要求提交投标文件截止时间至少十五日前,以书面形式通知所有招标文件收受人。该澄清或者修改的内容为招标文件的组成部分。
第二十四条 招标人应当确定投标人编制投标文件所需要的合理时间;但是,依法必须进行招标的项目,自招标文件开始发出之日起至投标人提交投标文件截止之日止,最短不得少于二十日。

第二十八条　投标人应当在招标文件要求提交投标文件的截止时间前,将投标文件送达投标地点。招标人收到投标文件后,应当签收保存,不得开启。投标人少于三个的,招标人应当依照本法重新招标。

在招标文件要求提交投标文件的截止时间后送达的投标文件,招标人应当拒收。

第八条　项目概述(根据具体情况填写)＿＿＿＿＿＿＿＿＿＿＿。
第九条　资金来源(根据具体情况填写)＿＿＿＿＿＿＿＿＿＿＿。
第十条　资格要求

1. 本合同项下的一切货物、服务均应来自有资格的投标者。本合同项下的一切开支仅限于支付这样的货物和服务。

2. 货物、服务来源地与投标者国籍含义不同。

3. 为说明自己有资格中标,投标者应向招标人提供上述第1项所规定的证明,保证有效地执行合同。为此,招标者在公布中标者前,可要求投标者更新其先前提供的资格证明材料。投标者提供的材料应包括:

（1）法律地位证明文件副本,注册地及主要经营场所。如果是合资公司,应提供合资者的材料。

（2）提供主要合同执行人的资格、经历证明材料。

（3）填写执行合同计划所需设备。

（4）填写可能的分包人。

（5）目前进行中涉及投标者的诉讼的情况。

（6）项目构想细节。

4. 投标者可更新资格证明申请,在投标日亲手交出。

5. 由两家或两家以上公司组成的合资企业应满足以下条件:

（1）标书和投标成功后的协议书对所有合资人都有法律约束力。

（2）由所有合资人的授权签字人签署并提交一份委托书,提名合资人中的一个为主办人。

（3）合资主办人被授权承担义务,代表任何一位或全体合资人接受指导。整个合同的执行,包括款项支付仅由合资主办人办理。

（4）所有合资人根据合同条款对合同的执行共同负责[这点声明不仅要在上述委托书中,也要在标书和协议(投标成功时)中写明]。

（5）随同标书应有一份合资伙伴间协议的副本。

● 律师批注

【条款目的】
明确投保人应当具备的资质,保障合同顺利履行。

【风险提示】
对招标方来说,首先,可以了解投标人的财务能力、技术状况。可选择在财务、技术、服务经验等方面优秀的投标人参加投标。其次,可以淘汰不合格或资质不符的投标人,减少评审阶段的工作时间,减少评审费用。第三,还能排除将合同授予没有经过资格预审的投标人的风险,为招标方选择一个优秀的投标人中标打下良好的基础。

【法律规定】
《中华人民共和国招标投标法》(2000.01.01 施行)
第三十一条 两个以上法人或者其他组织可以组成一个联合体,以一个投标人的身份共同投标。

联合体各方均应当具备承担招标项目的相应能力;国家有关规定或者招标文件对投标人资格条件有规定的,联合体各方均应当具备规定的相应资格条件。由同一专业的单位组成的联合体,按照资质等级较低的单位确定资质等级。

……

《中华人民共和国招标投标法实施条例》(2012.02.01 施行)
第十七条 招标人应当合理确定提交资格预审申请文件的时间。依法必须进行招标的项目提交资格预审申请文件的时间,自资格预审文件停止发售之日起不得少于 5 日。

第十八条 资格预审应当按照资格预审文件载明的标准和方法进行。
国有资金占控股或者主导地位的依法必须进行招标的项目,招标人应当组建资格审查委员会审查资格预审申请文件。资格审查委员会及其成员应当遵守招标投标法和本条例有关评标委员会及其成员的规定。

第十九条 资格预审结束后,招标人应当及时向资格预审申请人发出资格预审结果通知书。未通过资格预审的申请人不具有投标资格。
通过资格预审的申请人少于 3 个的,应当重新招标。

第二十条 招标人采用资格后审办法对投标人进行资格审查的,应当在开标后由评标委员会按照招标文件规定的标准和方法对投标人的资格进行审查。

第二十一条 招标人可以对已发出的资格预审文件或者招标文件进行必要的澄清或者修改。澄清或者修改的内容可能影响资格预审申请文件或者投标文件编制的,招标人应当在提交资格预审申请文件截止时间至少3日前,或者投标截止时间至少15日前,以书面形式通知所有获取资格预审文件或者招标文件的潜在投标人;不足3日或者15日的,招标人应当顺延提交资格预审申请文件或者投标文件的截止时间。

第二十二条 潜在投标人或者其他利害关系人对资格预审文件有异议的,应当在提交资格预审申请文件截止时间2日前提出;对招标文件有异议的,应当在投标截止时间10日前提出。招标人应当自收到异议之日起3日内作出答复;作出答复前,应当暂停招标投标活动。

第三十七条 招标人应当在资格预审公告、招标公告或者投标邀请书中载明是否接受联合体投标。

招标人接受联合体投标并进行资格预审的,联合体应当在提交资格预审申请文件前组成。资格预审后联合体增减、更换成员的,其投标无效。

联合体各方在同一招标项目中以自己名义单独投标或者参加其他联合体投标的,相关投标均无效。

第十一条 投标费用

投标者承担准备和提交其标书所需的全部费用。无论投标情况怎样,招标者都不负担这些费用。

第十二条 投标文件内容

1. 向投标者发售的一套投标文件可花费_____元(或美元)获得,包括以下几部分:

(1) 卷一 投标者须知合同条款:一般条款;特定条款

(2) 卷二 技术规范(包括图纸清单)

(3) 卷三 投标表格和附件;投标保证书;工程量表;附录

(4) 卷四 图纸

2. 投标文件还包括在开标前发布的附件和召开的标前会议的会议纪要。

3. 具有资格的投标者还可购买更多的文件副本,付费不退还。[价格如下(略)]

4. 项目承包人、生产者、供货人和其他人如欲得到投标文件,不得直接与×公司联系,应从具有资格的投标者处获得。

5. 如果在规定的期限内,文件无损坏地被归还,无论是作为标书的一部分或其他情况下,投标者的资格证明费可被返还:

(1) 若提交标书,费用的_____%返还;

(2) 若未提交标书,在投标截止日前归还文件,费用的_____%返还。

6. 希望投标者认真阅读投标文件包含的各项内容。投标者要承担因不遵守文件规定导致的风险。不符合文件规定要求的标书将被拒绝。

7. 投标文件四卷装订在一起,投标者应仔细检查是否缺页,及附件是否完整。

● 律师批注

【条款目的】

明确招投标文件的具体内容。

【风险提示】

投标文件通常由经济部分、商务部分和技术部分等组成。

(1) 经济部分主要是投标报价。

(2) 商务部分包括可以证明企业和项目部组成人员的材料,如资质证书、营业执照、组织机构代码、税务登记证、企业信誉业绩奖励以及授权委托人、公证书、法人代表证明文件、项目部负责人证明文件。

(3) 技术部分包括施工方案和施工组织设计及施工组织部署等。

第十三条 投标文件解释

潜在的投标者可按以下地址书面或电传通知×公司要求解释文件:

(1) 地址:(略)

(2) 招标人在提交标书最后期限前28天书面答复解释文件的要求。书面答复将向所有具有资格并已取得投标文件的投标者散发。

第十四条 投标文件修正

1. 在提交标书最后期限前,招标人可根据自己的意愿,或应回复潜在投标者的解释文件的要求,发布附录修改投标文件。

2. 附录将用邮件、电传或电报送达每个持有投标文件的具有资格的投标者,这些文件对他们是有约束力的,潜在的投标者应即时用电传或电报告知招标人附录已收到。

3. 为了使投标者在准备投标时有时间考虑附录文件,招标人可按合同规定延长投标期限。

● 律师批注

【条款目的】

明确投标文件解释与修正的行使方式。

【风险提示】
招标人可根据自己的意愿发布附录修改投标文件,并可视情况延长投标期限。

> **第十五条 组成标书的文件**
> 标书和投标者与招标者之间的一切联络均使用中文。
> 1. 投标者准备的标书应包括以下文件:
> (1) 投标表格和附件;
> (2) 投标保证书;
> (3) 补充信息目录库;
> (4) 资格证明材料;
> (5) (如果有)可供选择的报价;
> (6) 要求提供的其他材料。
> 2. 按合同规定可要求中标者讨论修改其计划。

● 律师批注
【条款目的】
明确一份完整的投标文书的组成要素。

> **第十六条 投标价格以及支付**
> 1. 除非合同中另有明确规定,合同包括第一条所述全部项目,以投标者提供的项目单价和总价为基础。
> 2. 在提交标书前 28 天承包人应付的税收和其他税负应包括在单价和总价及投标总价中。招标人在对标书进行评估、比较时,也应如此考虑。
> 3. 根据合同条款,投标者提出的单价和总价可在执行合同过程中进行调整。
> 4. 投标者应以人民币对单价和总价报价。

● 律师批注
【条款目的】
明确报价的项目基础及价格涵盖范围。

【风险提示】
常规价格即中等水平的价格,根据系统设计方案,核定施工工程量,确定工程成本,经过风险分析,确定应得的预期利润后进行汇总,然后经过分析和研究竞争对手的情况及招标方的心理底价对不合理的费用和设备配套方案进行调整,确定最终投标价。考虑到竞争对手的情况,可以采取一些报价技巧,包括不同条件报价法、不平衡报价法、计日工单价的报价法、优惠取胜法,等等。

> **第十七条 标书效力**
> 1. 从特定的投标结束期起 6 个月内投标书保持有效且可供接受。
> 2. 在特殊条件下,在原标书有效期结束前,招标人或其代理人可要求投标者延长其标书有效期。招标人的要求和投标者的答复均应是书面的,或采用电传、电报形式。投标者可以拒绝这样的要求,且不会因此失去其投标保函。答应这样要求的投标者不得改动其标书,但被要求顺延其投标保函有效期。第十八条中有关投标保函的返还和失去的规定同样适用于延长期。

● 律师批注

【条款目的】

明确投标文件效力期限及变更方式。

【风险提示】

只有招标人有权提出延长标书有效期,投标人可视情形决定是否同意;若投标人拒绝延长,不会因此失去投标保证金。

> **第十八条 保函**
> 1. 投标者应随其标书提交一份人民币投标保函,金额不少于投标价格的 2%。
> 2. 投标保函采用_____形式,保函还可以是保险公司或同地的债券公司的付款保证书。银行保函和付款保证书必须采用本文件包括的样本形式;其他形式须事先得到招标人或其代理人×公司的同意。信用证、银行保函和投标保函的有效期应比标书有效期长 1 个月。
> 3. 如果投标者同意按第十七条的规定延长标书有效期,则应相应地把投标保函的有效期延长到标书有效期结束后 1 个月。
> 4. 任何未附可接受的投标保函的标书都将被×公司拒绝。
> 5. 不成功的标书的投标保函将尽快返还,不得迟于标书有效期结束后 30 日。
> 6. 成功的投标者的投标保函将在其开始进行工程和按要求提供履约保函后返还。

> **7. 投标保函在下列情况下将失去：**
> **（1）投标者在标书有效期内撤标；**
> **（2）成功的投标者未签约或未提供必要的履约保函。**

● **律师批注**

【条款目的】

投标人在有效期内不能撤回其投标文件，一旦中标，必须在规定期限内提交履约保证金或签署合同。

【风险提示】

注意投标保函不同于履约保函，前者所有投标人均需提供，有效期与投标有效期一致；后者仅由中标人提供。

根据《房屋建筑和市政基础设施工程施工招标投标管理办法》的规定，投标保证金可以使用支票、银行汇票等，一般不得超过投标总价的 2%，最高不得超过 50 万元。

【法律规定】

《中华人民共和国招标投标法实施条例》（2012.02.01 施行）

第二十六条 招标人在招标文件中要求投标人提交投标保证金的，投标保证金不得超过招标项目估算价的 2%。投标保证金有效期应当与投标有效期一致。

依法必须进行招标的项目的境内投标单位，以现金或者支票形式提交的投标保证金应当从其基本账户转出。

招标人不得挪用投标保证金。

> **第十九条 供选择的方案**
> 投标者可提供一份完全符合投标文件要求的基本标书。根据自己的意愿，投标者还可在以下几项在基本标书之外提出供选择的方案：
> **（1）**启动贷款，在开始建设工程前，提供无息贷款，可相当于投标价格的 10%。招标人由此产生的费用或存款按第三十条计算。
> **（2）**在基本标书之外还可提出供选择的方案。为了在评标中把供选择的方案考虑在内，每一方案应伴有价格细目表，说明与提交给招标人的基本投标价格相比投标者估计会增加或减少的费用。将对基本报价给予比较、评估。评价最低的投标者的供选择方案将得到考虑。如果供选择方案是招标人可接受的，将写入合同。未标价或未提供足够细节的供选择方案不予接受。

(3) 供选择的技术方案应伴有供全面评价的必要信息,包括设计计算、图纸、方法及原技术规范中未涉及的材料、工艺的规格,以及供选择方案的标价细目表和供选择方案的合同价格。

(4) 只有对那些在基本报价基础上提供另外的财务、经济和技术好处的供选择方案,招标人才在评标中给予考虑。

● 律师批注

【条款目的】

明确投标人在基本标书之外可以提出的选择方案的范围(包括财务、经济或技术等)及相应要求。

第二十条 标前会议

1. 建议投标者或其正式代表参加于_____年_____月_____日_____时在_____举行的标前会议。

2. 会议旨在回答可能提出的问题,并使投标者有机会检查现场的情况。

3. 投标者书面或通过电传、电报提出的问题要求在会议前一周到达×公司。

4. 会议记录,包括提出的问题及答复的文本将迅速提供给与会者的全体索取了投标文件的具有资格的投标者。

5. 如果根据标前会议,要对第十二条第一项所列投标文件进行修改,应由招标人或其代理人×公司通过第十二条第二项规定的开标前发布的附件进行,而不能通过标前会议记录进行。

● 律师批注

【条款目的】

明确标前会议用于投标前信息及疑问沟通、勘查现场、优化招标文件的作用。

【风险提示】

标前会议不是招标采购的法定程序。如果招标人首次组织集中招标采购活动,或者集中招标采购项目涉及品种多、采购规模大、招标人因特殊需求对评标定标提出特殊要求等,召开标前会议是有必要的。标前会议的主要议程:一是由招标人说明集中招标采购项目的特点和需要;二是由经办机构讲解招标文件和投标人注意事项;三是由应邀出席的行政机关代表介绍当地行政机关对集中招标采购项目监督管理的做法和要求;四是解答投标人提出的问题。

招标人或者招标代理机构在标前会议上对投标人的答疑不能作为招标文件的组成部分,如果答疑涉及对招标文件的澄清,则必须以招标人或者招标代理机构对投标人澄清要求的书面答复为准。

【法律规定】

《中华人民共和国招标投标法》(2000.01.01 施行)

第二十三条 招标人对已发出的招标文件进行必要的澄清或者修改的,应当在招标文件要求提交投标文件截止时间至少十五日前,以书面形式通知所有招标文件收受人。该澄清或者修改的内容为招标文件的组成部分。

> 第二十一条 标书格式和签字
>
> 1. 投标者应准备第十五条规定的标书的一个原本和两个副本,并分别注明"原本"和"副本"。如果两者之间有不同,以原本为准。
>
> 2. 标书原本和两个副本应打字或用不能抹掉的墨水书就,并由一名或多名有权责成投标者遵守合同的人士签字。与标书一起应有一份书面委托书用以证明授权。写有条目和修订内容的每一页标书都要有标书上签字人士的缩写签名。
>
> 3. 全套标书不应有改动、行间书写或涂抹的地方,除非按议程的指示或为改正投标者的错误,但这种情况下改正的地方应有在标书签字人士的缩写签名。
>
> 4. 每位投标者只能提交一份标书,不包括按第十九条提交的供选择方案。投标者对一个合同只能投一次标。
>
> 第二十二条 标书封缄和标记
>
> 1. 投标者应把标书原本和两个副本分别装入一个内信封和一个外信封,且在信封上注明"原本"、"副本"。
>
> 2. 标记:
>
> (1) 内外信封均应注明×公司地址;
>
> (2) 注明以下事项:为建设合同工程投标_____项目,请勿在_____年_____月_____日_____时前打开。
>
> 3. 内信封上应写明投标者姓名和地址,以便在标书误期的情况下不用打开即可退回投标者。而外信封上不能有任何涉及投标者的信息。
>
> 4. 如果外信封未按规定注明有关事项,一旦标书被错误处置或提前打开,×公司对此不负任何责任。提前打开的标书将被招标人或其代理人×公司拒绝,予以退回。

● 律师批注

【条款目的】

明确标书的格式及装订规范。

> 第二十三条 逾期标书
> ×公司在提交标书最后期限之后收到的标书都将不被打开,退回投标者。

● 律师批注

【条款目的】

在招标文件要求提交投标文件的截止时间后送达的投标文件,招标人应当拒收。

【法律规定】

《中华人民共和国招标投标法实施条例》(2012.02.01 施行)

第三十六条 未通过资格预审的申请人提交的投标文件,以及逾期送达或者不按照招标文件要求密封的投标文件,招标人应当拒收。

……

> 第二十四条 标书修改和撤销
> 1. 投标者在提交标书后可对其进行修改或予以撤销,只要修改文件和撤标通知在提交标书最后期限前送达×公司。
> 2. 投标者的修改文件或撤标通知应按有关提交标书条款的规定准备、封缄、标记和发出。撤标通知可以通过电传、电报送达,但随后应提交一份有签名的确认件,且其邮戳上日期不能晚于提交标书最后期限。
> 3. 按本条第一项的规定,任何标书在最后期限后不能再进行修改。
> 4. 在提交标书最后期限和标书有效期满之间的时间撤标将按第十八条的规定失去投标保函。

● 律师批注

【条款目的】

明确标书修改和撤销的操作规程及时间限制。

【法律规定】

《中华人民共和国招标投标法》(2000.01.01 施行)

第二十三条 招标人对已发出的招标文件进行必要的澄清或者修改的,

应当在招标文件要求提交投标文件截止时间至少十五日前,以书面形式通知所有招标文件收受人。该澄清或者修改的内容为招标文件的组成部分。

《中华人民共和国招标投标法实施条例》(2012.02.01 施行)

第三十五条 投标人撤回已提交的投标文件,应当在投标截止时间前书面通知招标人。招标人已收取投标保证金的,应当自收到投标人书面撤回通知之日起 5 日内退还。

投标截止后投标人撤销投标文件的,招标人可以不退还投标保证金。

> **第二十五条 开标**
>
> 1. 招标人将于_____年____月_____日_____时在办公地点_____对出席会议的投标者代表开标,参加开标的投标者代表应签到。
>
> 2. 按第二十四条提交了撤标通知的标书将不再打开。招标人或其代理人将检查标书是否完整,是否提供了要求的投标保证书,文件是否签字以及是否有条理。
>
> 3. 在开标时将宣布投标者姓名、投标价格及修订、投标保证书、撤标通知(如果有)以及其他招标人或其代理人认为适宜宣布的事项。
>
> 4. 招标人或其代理人将根据自己的记录准备开标会议记录,并存档备查。

● 律师批注

【条款目的】
明确开标流程。

【风险提示】
投标人少于 3 个的,不得开标,招标人应当重新招标。

投标人对开标有异议的,应当在开标现场提出,招标人应当当场作出答复,并制作笔录。

【法律规定】
《中华人民共和国招标投标法》(2000.01.01 施行)

第三十五条 开标由招标人主持,邀请所有投标人参加。

第三十六条 开标时,由投标人或者其推选的代表检查投标文件的密封情况,也可以由招标人委托的公证机构检查并公证;经确认无误后,由工作人员当众拆封,宣读投标人名称、投标价格和投标文件的其他主要内容。

招标人在招标文件要求提交投标文件的截止时间前收到的所有投标文件,开标时都应当众予以拆封、宣读。

开标过程应当记录,并存档备查。

《中华人民共和国招标投标法实施条例》(2012.02.01 施行)

第四十四条　招标人应当按照招标文件规定的时间、地点开标。

投标人少于3个的,不得开标;招标人应当重新招标。

投标人对开标有异议的,应当在开标现场提出,招标人应当当场作出答复,并制作记录。

> **第二十六条　过程保密**
> 1. 在公开开标后,在向成功投标者授标前,有关对标书的检查、解释、评估及比较以及对授标的建议等信息不应让投标者或其他与评标过程无关的人士知晓。
> 2. 如果投标者试图在此过程中对招标人施加影响,其投标将被拒绝。

● 律师批注

【条款目的】

当事人在订立合同过程中知悉的商业秘密,无论合同是否成立,不得泄露或者不正当地使用。泄露或者不正当地使用该商业秘密给对方造成损失的,应当承担损害赔偿责任。

> **第二十七条　对标书的解释**
> 为了帮助检查、评价和比较标书,招标人可要求投标者就其标书作出解释,包括单位价格细目表。提出解释要求和相应回答均应是书面的,或通过电传或电报进行。除非按第二十六条的规定,应要求对招标人在评标过程中发现的教学计算错误进行更正,不得对价格或其他标书要素进行修改。

● 律师批注

【条款目的】

招标人可要求投标人对标书中的不明确内容作出澄清或说明,但该澄清或说明不得构成对标书的实质性变更。

> **第二十八条　判定是否符合要求**
> 1. 在详细评标前,招标人将判定每份标书是否符合投标文件的要求。
> 2. 符合要求的标书是符合投标文件的所有条件和规格,而没有实质上的偏差或保留。实质偏差是指对工程的范围、质量、管理有实质影响,或

与投标文件不符,对合同中招标人的权利和投标者的义务有实质性限制。纠正这样的偏差或保留,将对其他提交符合要求的标书的投资者的竞争力有不公正的影响。

3. 不符合投标文件要求的标书招标人将拒绝。

第二十九条　改正错误

1. 被判定实际符合要求的标书,将由招标人检查是否有数学计算方面的错误。以下错误将由招标人改正:

(1) 当数字与文字表示的数额不同时,以文字表示为准,除非文中明确以数字表示为准;

(2) 当单价和以单价乘以数量得到的总价不同时,以单价报价为准,除非招标人认为单价存在严重错误,在这样的情况下,以总价报价为准,改正单价错误。

2. 招标人可按上述步骤对标书所列数额错误进行更正,如此更正得到投标者的首肯,则对投标者有约束力。如果投标者认为更正的数额会给其造成困难,可撤标。不过撤标使投标者面临失去投标保证书的危险。

● 律师批注

【条款目的】

明确标书中出现错误时改正错误的参考方式。

【法律规定】

《中华人民共和国招标投标法》(2000.01.01 施行)

第二十九条　投标人在招标文件要求提交投标文件的截止时间前,可以补充、修改或者撤回已提交的投标文件,并书面通知招标人。补充、修改的内容为投标文件的组成部分。

第三十条　评价和比较标书

1. 招标人只评价和比较那些被判定符合投标文件要求的标书。只对基本报价进行评比,对报价最低的标书授予合同。

2. 在评标中,招标人通过下列对报价的调整,确定每份标书的投标价格:

(1) 除去临时费用和相关条款。如果发生临时费用,计入工程量表中的偶发事件,应包括有竞争力的加班费用。

(2) 对在标书价格和上述调整中未得到反映的,其他数量变更、偏差或替代报价进行适当的调整。

（3）其他招标人认为对执行合同、价格和支付有潜在巨大影响的因素，包括标书中不平衡、不现实的单价的作用。

3. 招标人保留接受或拒绝任何变更、偏差和替代报价的权利。超出投标文件要求的变更、偏差、替代报价和其他因素，或将给招标人带来非主动提出的利益的因素在评标中不予以考虑。

4. 在合同执行期内适用的价格调整条款在评标中不予以考虑。

5. 如果成功投标者的报价与工程师对合同工程所需实际费用的估计相差很远，招标人将要求成功投标者自己承担费用，把提交的履约保函增加，使招标人能避免成功投标者今后在执行合同中因错误引起的损失。

● 律师批注

【条款目的】
明确评标标准。

【风险提示】
评标一般有三种方法：

（1）最低评标价法。评标委员会根据评标标准确定的每一投标不同方面的货币数额，将其与投标价格放在一起来比较，估值后价格（即"评标价"）最低的投标可作为中选投标。

（2）打分法。评标委员会根据评标标准确定的每一投标即为最佳的投标标准确定的每一投标不同方面的相对权重（即"得分"），得分最高的投标即为最佳的投标，可作为中选投标。

（3）合理最低投标价法。即能够满足招标文件的各项要求，投标价格最低的投标即可作为中选投标。

在这三种评标方法中，前两种可统称为"综合评标法"。

【法律规定】
《中华人民共和国招标投标法》（2000.01.01 施行）

第三十七条　评标由招标人依法组建的评标委员会负责。

依法必须进行招标的项目，其评标委员会由招标人的代表和有关技术、经济等方面的专家组成，成员人数为五人以上单数，其中技术、经济等方面的专家不得少于成员总数的三分之二。

前款专家应当从事相关领域工作满八年并具有高级职称或者具有同等专业水平，由招标人从国务院有关部门或者省、自治区、直辖市人民政府有关部门提供的专家名册或者招标代理机构的专家库内的相关专业的专家名单中确定;一般招标项目可以采取随机抽取方式,特殊招标项目可以由招标人直接确定。

与投标人有利害关系的人不得进入相关项目的评标委员会;已经进入的应当更换。

评标委员会成员的名单在中标结果确定前应当保密。

第四十条 评标委员会应当按照招标文件确定的评标标准和方法,对投标文件进行评审和比较;设有标底的,应当参考标底。评标委员会完成评标后,应当向招标人提出书面评标报告,并推荐合格的中标候选人。

招标人根据评标委员会提出的书面评标报告和推荐的中标候选人确定中标人。招标人也可以授权评标委员会直接确定中标人。

国务院对特定招标项目的评标有特别规定的,从其规定。

第四十三条 在确定中标人前,招标人不得与投标人就投标价格、投标方案等实质性内容进行谈判。

《中华人民共和国招标投标法实施条例》(2012.02.01 施行)

第四十七条 招标投标法第三十七条第三款所称特殊招标项目,是指技术复杂、专业性强或者国家有特殊要求,采取随机抽取方式确定的专家难以保证胜任评标工作的项目。

> **第三十一条 招标人的权利**
> 招标人保留以下权利:接受或拒绝任何标书;在授标前任何时候取消招标,拒绝所有标书,且对因此受影响的投标者不负任何责任,也无义务告知投标者他的行为动机。

● 律师批注

【条款目的】

招标人终止招标的,应当及时发布公告,或者以书面形式通知被邀请的或者已经获取资格预审文件、招标文件的潜在投标人。已经发售资格预审文件、招标文件或者已经收取投标保证金的,招标人应当及时退还所收取的资格预审文件、招标文件的费用,以及所收取的投标保证金及银行同期存款利息。

> **第三十二条 授标通知**
> 1. 在招标人规定的标书有效期结束前,招标人将用电传或电报(事后用挂号信书面确认)通知成功的投标者其标书已被接受,挂号信(合同条款中称作"接受证书")中应明确招标人在考虑工程建设、完成及维修等因素后将支付给承包人的款额(合同条款中称作"投标额")。
> 2. 授标通知构成合同的一部分。
> 3. 在成功投标者提交履约保函后,招标人立即通知其他投标者他们的投标不成功。

● 律师批注

【条款目的】

中标人确定后,招标人应当向中标人发出中标通知书,并同时将中标结果通知所有未中标的投标人。

中标通知书对招标人和中标人具有法律效力。中标通知书发出后,招标人改变中标结果的,或者中标人放弃中标项目的,应当依法承担法律责任。

【法律规定】

《中华人民共和国招标投标法》(2000.01.01 施行)

第四十五条 中标人确定后,招标人应当向中标人发出中标通知书,并同时将中标结果通知所有未中标的投标人。

中标通知书对招标人和中标人具有法律效力。中标通知书发出后,招标人改变中标结果的,或者中标人放弃中标项目的,应当依法承担法律责任。

《中华人民共和国招标投标法实施条例》(2012.02.01 施行)

第五十八条 招标文件要求中标人提交履约保证金的,中标人应当按照招标文件的要求提交。履约保证金不得超过中标合同金额的10%。

> **第三十三条 签订合同**
> 1. 在通知成功投标者后28天内,招标人将寄去两份投标文件提供的协议,双方同意的规定已写入。
> 2. 收到协议后28天内,成功投标者签字、封缄使协议生效,把两份都还给招标人。招标人签字协议生效后,还给中标人一份。

● 律师批注

【条款目的】

招标人和中标人应当依照《招标投标法》及其实施条例的规定签订书面

合同,合同的标的、价款、质量、履行期限等主要条款应当与招标文件和中标人的投标文件的内容一致。招标人和中标人不得再行订立背离合同实质性内容的其他协议。

【法律规定】
《中华人民共和国招标投标法》(2000.01.01 施行)
第四十六条　招标人和中标人应当自中标通知书发出之日起三十日内,按照招标文件和中标人的投标文件订立书面合同。招标人和中标人不得再行订立背离合同实质性内容的其他协议。

《中华人民共和国招标投标法实施条例》(2012.02.01 施行)
第五十七条　招标人和中标人应当依照招标投标法和本条例的规定签订书面合同,合同的标的、价款、质量、履行期限等主要条款应当与招标文件和中标人的投标文件的内容一致。招标人和中标人不得再行订立背离合同实质性内容的其他协议。

招标人最迟应当在书面合同签订后 5 日内向中标人和未中标的投标人退还投标保证金及银行同期存款利息。

甲方:_____	乙方:_____
法定代表人或授权代表:	法定代表人或授权代表:
_____(签字)	_____(签字)
本合同于_____年_____月_____日订立于_____(地点)。	

● 律师批注
　　参见本书第一章"一般商品买卖合同"关于本条的批注。

七、委托拍卖合同

委托拍卖合同

合同编号：

委托人：_____   拍卖人：_____
法定住址：_____   法定住址：_____
法定代表人：_____   法定代表人：_____
委托代理人：_____   委托代理人：_____
身份证号码：_____   身份证号码：_____
通讯地址：_____   通讯地址：_____
邮政编码：_____   邮政编码：_____
联系人：_____   联系人：_____
电话：_____   电话：_____
传真：_____   传真：_____
账号：_____   账号：_____

● 律师批注

参见本书第一章"一般商品买卖合同"关于本条的批注。

双方当事人经充分协商，根据《中华人民共和国拍卖法》、《中华人民共和国合同法》及其他有关规定，签订如下条款，以便遵守：

● 律师批注

参见本书第一章"一般商品买卖合同"关于本条的批注。

第一条 委托人愿就下述拍卖物委托拍卖人依法公开拍卖（如拍卖对象为股权及某些无形资产，以下项目应作相应调整）：

1. 拍卖标的：
   拍卖物名称：_____。
   品种规格：_____。
   数量：_____。
   质量：_____。
   包装：_____。
   存放地：_____。

> **2.** 委托人保证对拍卖标的拥有无争议的所有权（处分权），并根据拍卖人的要求提供拍卖标的有关证明和资料，说明知道或应当知道的拍卖标的瑕疵。
> **3.** 下列物品或者财产权利禁止拍卖：
> （1）法律、法规禁止买卖的；
> （2）所有权或者处分权有争议，未经司法、行政机关确权的；
> （3）尚未办结海关手续的海关监管货物。

● **律师批注**

【条款目的】

确认拍卖标的的基本情况，明确禁止拍卖的情形，保证拍卖行为的合法性。

【风险提示】

（1）委托人对拍品的权属具有保证责任，对拍品基本情况包括但不限于证书、资料、瑕疵，具有说明义务；

（2）注意某些特定物品禁止拍卖（参见本条第3款）；

（3）文物拍卖前应当经有关部门鉴定审核；国家行政机关依法没收的物品，充抵税款、罚款的物品和其他物品，及人民法院依法没收的物品，充抵罚金、罚款的物品以及无法返还的追回物品，按照国务院规定应当委托拍卖的，由财产所在地的省级人民政府和设区的市的人民政府指定的拍卖人进行拍卖。

【相关案例】

例3-5：委托人与拍卖人均未尽到瑕疵说明义务

2008年7月28日，王先生参加了某拍卖行举行的拍卖会，竞买了600吨特种钢材。拍卖前，王先生按照该拍卖行的要求，到委托人存货处看样，但被告知不能提取样品进行抽验鉴别。参加拍卖前，王先生将50万元保证金交付给被告，拍卖会结束后，便与拍卖行签订了600吨特种钢材的拍卖成交确认书，并且现场交付了全额货款及佣金，共计420余万元。王先生提货时，通过检验发现该批货物中有87吨系普通钢材，而非拍卖行所称的全部是特种钢材。

王先生立即向拍卖行提出异议，但拍卖行未给任何答复。王先生遂起诉拍卖行及原货主，要求退还87吨普通钢材的货款及佣金。

评析：
　　本案中，被告原货主存在一定的故意行为：未按《拍卖法》第 27 条的规定，将拍品的瑕疵告知拍卖行；同时，虽然在拍卖前展示了拍卖标的，却拒绝竞买人抽验和鉴别拍品品质的正当要求；以上问题在拍卖成交后，开具成交确认书时仍未纠正。拍卖行明显存在过失行为：(1) 未要求委托人说明标的物瑕疵；(2) 未能于拍卖前向竞买人提示瑕疵；(3) 当原货主拒绝竞买人王先生查验货物时，未能自行依法查验。鉴于以上情形，原货主与拍卖行应当共同对竞买人王先生承担损害赔偿责任。

【法律规定】
《中华人民共和国拍卖法》(2004.08.28 修正)
　　第六条　拍卖标的应当是委托人所有或者依法可以处分的物品或者财产权利。
　　第七条　法律、行政法规禁止买卖的物品或者财产权利，不得作为拍卖标的。
　　第八条　依照法律或者按照国务院规定需经审批才能转让的物品或者财产权利，在拍卖前，应当依法办理审批手续。
　　委托拍卖的文物，在拍卖前，应当经拍卖人住所地的文物行政管理部门依法鉴定、许可。
　　第九条　国家行政机关依法没收的物品，充抵税款、罚款的物品和其他物品，按照国务院规定应当委托拍卖的，由财产所在地的省、自治区、直辖市的人民政府和设区的市的人民政府指定的拍卖人进行拍卖。拍卖由人民法院依法没收的物品，充抵罚金、罚款的物品以及无法返还的追回物品，适用前款规定。

　　第二条　拍卖标的交付(转移)及其时间、方式
　　1. 动产类：拍卖标的经拍卖成交的，本标的由_____在_____按拍卖标的清单向买受人移交。_____与买受人在移交清单上签字或盖章交付始为成立。若拍卖标的由拍卖人交付(转移)买受人，委托人应于_____年_____月_____日前将本合同所载拍卖标的交付拍卖人，交付地点为_____，交付方式为_____，交付后至拍卖成交时的保管费用由_____承担。
　　2. 不动产类：拍卖标的经拍卖成交的，在买受人成交款付清之日起_____日内，本标的由_____在拍卖标的所在地向买受人移交。拍卖标的权属转移手续由_____办理，费、税由_____承担。

3. 债权类：拍卖标的经拍卖成交后，在买受人成交款付清之日起_____日内，由债权人通知债务人，买受人开始行使债权人权利。

4. 其他类_____。

第三条　拍卖标的保留价

拍卖标的保留价_____。

● 律师批注

【条款目的】

确认拍卖标的保留价。拍卖标的有保留价的，竞买人的最高应价未达到保留价时，该应价不发生效力，拍卖师应当停止拍卖标的的拍卖。

【风险提示】

拍卖标的无保留价的，拍卖师应当在拍卖前予以说明。

拍卖标的有保留价的，竞买人的最高应价未达到保留价时，该应价不发生效力，拍卖师应当停止拍卖标的的拍卖。

【法律规定】

《中华人民共和国拍卖法》（2004.08.28 修正）

第二十八条　委托人有权确定拍卖标的的保留价并要求拍卖人保密。

……

第五十条　拍卖标的无保留价的，拍卖师应当在拍卖前予以说明。

拍卖标的有保留价的，竞买人的最高应价未达到保留价时，该应价不发生效力，拍卖师应当停止拍卖标的的拍卖。

第四条　拍卖期限及地点

拍卖人应于_____年_____月_____日之前在举办的拍卖会上对本合同所载拍卖标的进行拍卖。

● 律师批注

参见本书第一章"一般商品买卖合同"第四条批注。

第五条　佣金、费用及其支付的方式、期限

1. 拍卖标的经拍卖成交的，委托人应在交割之日起_____日内向拍卖人支付成交价_____%的佣金，支付方式为_____。拍卖未成交的，委托人应向拍卖人支付如下费用：_____。

2. 拍卖标的经拍卖成交的,拍卖人应在拍卖割之日起_____日内,将拍卖成交款支付给委托人,支付方式为_____。委托人应向拍卖人支付由拍卖人代委托人支付的费用_____以及拍卖人代委托人缴纳的应纳税款。拍卖标的未成交的,委托人应在_____日内取回拍卖标的,逾期不取回的,按_____元/天支付保管费。

● **律师批注**

【条款目的】
确认佣金及拍卖费用的支付金额及支付方式。

【风险提示】
(1) 拍卖成交的,佣金支付比例约定优先,如果事先未作约定,拍卖人向委托人及买受人各收取佣金最高为成交价的5%;拍卖未成交的,拍卖人仅收取约定的或合理水平费用。

(2) 拍卖政府机关罚没物品或者人民法院委托拍卖的物品,拍卖人仅能向买受人收取最高5%的佣金;若未成交,可以向委托机关收取约定或合理费用。

【法律规定】
《中华人民共和国拍卖法》(2004.08.28修正)
第五十六条 委托人、买受人可以与拍卖人约定佣金的比例。

委托人、买受人与拍卖人对佣金比例未作约定,拍卖成交的,拍卖人可以向委托人、买受人各收取不超过拍卖成交价百分之五的佣金。收取佣金的比例按照同拍卖成交价成反比的原则确定。

拍卖未成交的,拍卖人可以向委托人收取约定的费用;未作约定的,可以向委托人收取为拍卖支出的合理费用。

第五十七条 拍卖本法第九条规定的物品成交的,拍卖人可以向买受人收取不超过拍卖成交价百分之五的佣金。收取佣金的比例按照同拍卖成交价成反比的原则确定。拍卖未成交的,适用本法第五十六条第三款的规定。

第六条 拍卖成交价款的支付方式及期限
拍卖标的经拍卖成交的,拍卖人应在交割之日起_____日内,将拍卖成交款支付给委托人,支付方式为_____。

● 律师批注

【条款目的】

明确拍卖成交款的支付时间及方式。可参考本书第一章"一般商品买卖合同"第六条的相关批注。

> 第七条 拍卖标的的评估和鉴定
> 1. 拍卖人认为需要对拍卖标的进行评估的,可以委托评估,评估费用由_____承担。拍卖人认为需要对拍卖标的进行鉴定的,可以:
> (1) 自行鉴定;
> (2) 委托鉴定。
> 2. 鉴定费用由_____承担。广告、运输、保管、保险等费用由_____支付。
> 3. 鉴定结论与委托人声明的拍卖标的的状况不符的,拍卖人有权要求变更或解除合同。

● 律师批注

【条款目的】

拍卖人有权单方面要求对拍卖品进行鉴定,以确定拍卖品的品质与委托人提供的信息相符。这是拍卖人自我风险管理的手段。

【风险提示】

(1) 对鉴定费用的承担,双方应当有合理的分担,以防止拍卖人借鉴定获取不正当利益。

(2) 鉴定是拍卖人风险管理的重要手段,但实际操作中,尤其是在文物拍卖领域,拍卖人仍然不对拍卖品系真品承担保证责任,赝品风险仍由竞买人承担。

【法律规定】

《中华人民共和国拍卖法》(2004.08.28 修正)

第四十一条 委托人委托拍卖物品或者财产权利,应当提供身份证明和拍卖人要求提供的拍卖标的的所有权证明或者依法可以处分拍卖标的的证明及其他资料。

第四十二条 拍卖人应当对委托人提供的有关文件、资料进行核实。拍卖人接受委托的,应当与委托人签订书面委托拍卖合同。

第四十三条 拍卖人认为需要对拍卖标的进行鉴定的,可以进行鉴定。鉴定结论与委托拍卖合同载明的拍卖标的状况不相符的,拍卖人有权要求变更或者解除合同。

> **第八条　拍卖标的的撤回**
> 1. 委托人在拍卖公告前撤回拍卖标的的,应当向拍卖人支付如下费用_____。
> 2. 委托人在拍卖公告后但在拍卖前撤回拍卖标的的,除应当支付上述费用外,还应当承担拍卖人已经发生的费用及因委托人撤拍而造成竞买人所发生的损失。委托人在约定期限不履行付款义务的,拍卖人有权从拍卖价款中予以扣除。
> 3. 拍卖人有足够理由证明拍卖标的存在下列情况之一的,拍卖人可以中止拍卖活动,并有权追究委托人的法律责任:
> (1) 拍卖标的的权属状况与委托人声明的不一致;
> (2) 拍卖标的存在委托人未声明的重大瑕疵;
> (3) _____。

● **律师批注**

【条款目的】
委托人有权在拍卖成交前撤回标的;拍卖人在发现标的物重大权利及质量瑕疵时,有权中止拍卖,规避风险。

【风险提示】
委托人撤回标的物不需要理由,但应当支付约定费用;拍卖人不得擅自中止拍卖程序,除非发生合同约定的事由。

【法律规定】
《中华人民共和国拍卖法》(2004.08.28 修正)
第二十九条　委托人在拍卖开始前可以撤回拍卖标的。委托人撤回拍卖标的的,应当向拍卖人支付约定的费用;未作约定的,应当向拍卖人支付为拍卖支出的合理费用。

> **第九条　拍卖标的未实现交付的约定**
> 因买受人未交割的原因致使拍卖标的未能实现交付的,拍卖人应承担违约责任,委托人有权解除合同。

● **律师批注**

【条款目的】
因买受人原因导致的流拍的责任承担。

【风险提示】
因买受人未接受中拍标的物产生的后果,可参见《拍卖法》第39、40条之规定,买受人要承担相关的违约责任。

【法律规定】
《中华人民共和国拍卖法》(2004.08.28修正)
第三十九条　买受人应当按照约定支付拍卖标的的价款,未按照约定支付价款的,应当承担违约责任,或者由拍卖人征得委托人的同意,将拍卖标的再行拍卖。拍卖标的再行拍卖的,原买受人应当支付第一次拍卖中本人及委托人应当支付的佣金。再行拍卖的价款低于原拍卖价款的,原买受人应当补足差额。
第四十条　买受人未能按照约定取得拍卖标的的,有权要求拍卖人或者委托人承担违约责任。买受人未按照约定受领拍卖标的的,应当支付由此产生的保管费用。

> **第十条　保密约定**
> 拍卖人应当对委托人的身份、保留价及_____进行保密。

● 律师批注

【条款目的】
明确拍卖人对委托人身份及拍卖标的保留价等的保密义务。

【法律规定】
《中华人民共和国拍卖法》(2004.08.28修正)
第二十一条　委托人、买受人要求对其身份保密的,拍卖人应当为其保密。
第二十八条　委托人有权确定拍卖标的的保留价并要求拍卖人保密。
……

> **第十一条　双方权利义务**
> (一)委托人权利义务
> 1. 委托人委托拍卖物品或者财产权利,应当提供身份证明和拍卖人要求提供的拍卖标的的所有权证明或者依法可以处分拍卖标的的证明及其他资料。
> 2. 在法律允许的情况下确定对于拍卖物的底价拍卖人不得以低于该底价的价格进行拍卖,由此而造成不能成交的,委托人应承担责任。

3. 委托人在交付拍卖物时,应向拍卖人指出其知道或应当知道的拍卖物瑕疵。否则,由此造成的后果由委托人负责。

4. 委托人应向拍卖人预付受理费人民币_____元,用于对拍卖物进行估价、仓储保管、运输、保险和公告、广告等项费用开支,由拍卖人按实际开支多退少补。如拍卖人先行垫付该项费用的,在拍卖成交后,从所得价款中扣除。

5. 委托人应按成交总额的_____%向拍卖人支付佣金;该款项也可由拍卖人从拍卖所得价款中扣除。

6. 委托人可以自行办理委托拍卖手续,也可以由其代理人代为办理委托拍卖手续。

7. 委托人应当向拍卖人说明拍卖标的的来源和瑕疵。

8. 委托人有权确定拍卖标的的保留价并要求拍卖人保密。

9. 委托人不得参与竞买,也不得委托他人代为竞买。

10. 按照约定由委托人移交拍卖标的的,拍卖成交后,委托人应当将拍卖标的移交给买受人。

(二) 拍卖人权利义务

1. 拍卖人及拍卖师必须具备拍卖的资质。

2. 拍卖人接受委托后,未经委托人同意,不得委托其他拍卖人拍卖。

3. 对委托人送交的拍卖物品,拍卖人应当由专人负责,妥善保管,建立拍卖品保管、值班和交接班制度,并采取必要的安全防范措施。

4. 拍卖结束后,拍卖人在收齐全部应收款项后,应将拍卖所得价金一次全部付给委托人,不得延误。

5. 对需要征税的拍卖物,由委托人交付税金;经税务机关同意,税金可从拍卖所得价款中取得。

6. 拍卖成交后,由拍卖人按成交价金开给竞买人发票或符合税务机关规定的收据。

7. 拍卖人有权要求委托人说明拍卖标的的来源和瑕疵,拍卖人应当向竞买人说明拍卖标的的瑕疵。

8. 拍卖人及其工作人员不得以竞买人的身份参与自己组织的拍卖活动,并不得委托他人代为竞买。

9. 拍卖人不得在自己组织的拍卖活动中拍卖自己的物品或者财产权利。

10. 拍卖成交后,拍卖人应当按照约定向委托人交付拍卖标的的价款,并按照约定将拍卖标的移交给买受人。

> 11. 拍卖人应当对委托人提供的有关文件、资料进行核实。
> 12. 拍卖人应当在拍卖前展示拍卖标的,并提供查看拍卖标的的条件及有关资料。
> 13. 拍卖人进行拍卖时,应当制作拍卖笔录。
> 14. 拍卖人不得有下列行为:
> (1) 出租、擅自转让拍卖经营权;
> (2) 对拍卖标的进行虚假宣传,给买受人造成经济损失;
> (3) 雇佣未依法注册的拍卖师或其他人员充任拍卖师主持拍卖活动的;
> (4) 采用恶意降低佣金比例或低于拍卖活动成本收取佣金,甚至不收取佣金(义拍除外)或给予委托人回扣等手段进行不正当竞争的;
> (5) 其他违反法律法规的行为。
> 15. 拍卖人不得擅自变更拍卖标的保留价,不得低于保留价进行拍卖。

● 律师批注

【条款目的】

明确委托人、拍卖人的权利义务。

【风险提示】

瑕疵说明是委托人与拍卖人的重要义务,各方均应如实说明;如果拍卖人认为拍卖物情况存在与委托人说明不一致的情形,可自行组织鉴定,并根据鉴定结论变更或解除合同。

【相关案例】

例3-6:从拍卖品系赝品看拍卖人的瑕疵说明义务

2010年9月,张先生在A拍卖行组织的一次竞拍活动中,成功拍得某位名人的一幅山水画,价格16万元,佣金1.7万元。在拍卖行提供的《竞买人登记表》背面,拍卖行以加粗字体大写"重要提示"的方式进行了声明,内容为:自行审视拍品,拍卖会前,竞买人应对拍品进行详细了解,本公司所提供的拍品文字数据等仅供参考,对拍品真伪及其质量不承担瑕疵担保责任。2011年6月,张先生想将画出手,遂拿到另一家拍卖行委托拍卖,被告知此画系赝品。在与A拍卖行交涉无果后,张先生遂以A拍卖行以真品售价拍卖赝品,明显存在恶意欺诈的意图,起诉至法院,要求解除其与拍卖行之间的拍卖合同,退还已支付的字画价款16万元,返还佣金1.7万元,并赔偿1倍的字画价款及佣金17.7万元。法院审理后认为张先生既然在登记表上签字，就应当知悉拍卖风险，驳回了张先生的诉讼请求。

评析：

显然，张先生在登记表上签字的行为，被法院作为了解其背面免责条款的依据。A拍卖行对拍品真伪瑕疵所作出的免责声明是根据《拍卖法》的相关规定制定的，应当具备我国《拍卖法》所规定的效力。A拍卖行没有保证拍品无瑕疵的义务，同时A拍卖行对拍品进行了两天的公开预展，为竞买人全面了解拍品现状提供了必要的便利条件，而张先生在知晓该免责声明的情况下参与了竞买并成交，系其自主选择决策的结果，固然有可能因拍品存在瑕疵而遭受损失，但亦属艺术品拍卖所特有的正常交易风险，张先生在作出竞买选择之时亦应同时承担此种风险。

【法律规定】

《中华人民共和国拍卖法》(2004.08.28修正)

第十八条　拍卖人有权要求委托人说明拍卖标的的来源和瑕疵。

拍卖人应当向竞买人说明拍卖标的的瑕疵。

第十九条　拍卖人对委托人交付拍卖的物品负有保管义务。

第二十条　拍卖人接受委托后，未经委托人同意，不得委托其他拍卖人拍卖。

第二十一条　委托人、买受人要求对其身份保密的，拍卖人应当为其保密。

第二十二条　拍卖人及其工作人员不得以竞买人的身份参与自己组织的拍卖活动，并不得委托他人代为竞买。

第二十三条　拍卖人不得在自己组织的拍卖活动中拍卖自己的物品或者财产权利。

第二十四条　拍卖成交后，拍卖人应当按照约定向委托人交付拍卖标的的价款，并按照约定将拍卖标的移交给买受人。

第二十五条　委托人是指委托拍卖人拍卖物品或者财产权利的公民、法人或者其他组织。

第二十六条　委托人可以自行办理委托拍卖手续，也可以由其代理人代为办理委托拍卖手续。

第二十七条　委托人应当向拍卖人说明拍卖标的的来源和瑕疵。

第二十八条　委托人有权确定拍卖标的的保留价并要求拍卖人保密。

拍卖国有资产，依照法律或者按照国务院规定需要评估的，应当经依法设立的评估机构评估，并根据评估结果确定拍卖标的的保留价。

第二十九条 委托人在拍卖开始前可以撤回拍卖标的。委托人撤回拍卖标的的,应当向拍卖人支付约定的费用;未作约定的,应当向拍卖人支付为拍卖支出的合理费用。

第三十条 委托人不得参与竞买,也不得委托他人代为竞买。

第三十一条 按照约定由委托人移交拍卖标的的,拍卖成交后,委托人应当将拍卖标的移交给买受人。

第三十五条 竞买人有权了解拍卖标的的瑕疵,有权查验拍卖标的和查阅有关拍卖资料。

第四十一条 委托人委托拍卖物品或者财产权利,应当提供身份证明和拍卖人要求提供的拍卖标的的所有权证明或者依法可以处分拍卖标的的证明及其他资料。

第四十二条 拍卖人应当对委托人提供的有关文件、资料进行核实。拍卖人接受委托的,应当与委托人签订书面委托拍卖合同。

第四十三条 拍卖人认为需要对拍卖标的进行鉴定的,可以进行鉴定。

鉴定结论与委托拍卖合同载明的拍卖标的状况不相符的,拍卖人有权要求变更或者解除合同。

第十二条 违约责任

（一）拍卖人违约责任

1. 超越权限处理委托事务的责任。拍卖人超越权限给委托人造成损失的,应当赔偿损失。

2. 擅自转委托的责任。拍卖人违反亲自处理委托事务的义务,未经委托人同意而擅自转委托,因此给委托人造成损失的,拍卖人应对委托人承担赔偿责任。但是,在紧急情况下,拍卖人为维护委托人的利益而需要转委托的,拍卖人不承担违约责任。

3. 擅自变更委托人的指示处理委托事务的责任。拍卖人违反按照委托人的指示处理委托事务的义务,擅自变更委托人的指示行事,因此给委托人造成损失的,应对委托人承担赔偿责任。但因情况紧急难以和委托人取得联系的,拍卖人不承担违约责任。

4. 对次拍卖人选任不当或者指示不当的责任。拍卖人经委托人同意而转委托的,如果对次拍卖人选任不当或者指示不当,因此给委托人造成损失的,拍卖人应对委托人承担赔偿责任。

5. 违反交付财物及转移权利义务的责任。拍卖人未将处理事务取得的财产或者权利及时转交给委托人,因此给委托人造成损失的,拍卖人应当承担赔偿责任。

（二）委托人违约责任

1. 违反费用支付义务的违约责任。委托人应当预付处理委托事务的费用，如果委托人违反了这一义务，则应当向拍卖人承担违约责任。

2. 违反报酬支付义务的违约责任。拍卖人完成委托事务的，委托人应当向其支付报酬。因不可归责于拍卖人的事由，委托合同终止或者委托事务不能完成的，委托人应当向拍卖人支付相应的报酬。如果委托人违反此义务的，应向拍卖人承担违约责任。

● 律师批注

参见本书第一章"一般商品买卖合同"第八条、第九条的批注。

第十三条　合同中止、终止事由

（一）有下列情形之一的，应当中止拍卖：

1. 没有竞买人参加拍卖的；

2. 第三人对拍卖标的所有权或处分权有争议并当场提供有效证明的；

3. 委托人在拍卖会前以正当理由书面通知拍卖人中止拍卖的；

4. 发生意外事件致使拍卖活动暂时不能进行的；

5. 出现其他依法应当中止的情形的。

中止拍卖由拍卖人宣布。中止拍卖的事由消失后，应恢复拍卖。

（二）有下列情形之一的，应当终止拍卖：

1. 人民法院、仲裁机构或者有关行政机关认定委托人对拍卖标的无处分权并书面通知拍卖人的；

2. 拍卖标的被认定为赃物的；

3. 发生不可抗力或意外事件致使拍卖活动无法进行的；

4. 拍卖标的在拍卖前毁损、灭失的；

5. 委托人在拍卖会前书面通知拍卖人终止拍卖的；

6. 出现其他依法应当终止的情形的。

终止拍卖由拍卖人宣布。拍卖终止后，委托人要求继续进行拍卖的，应当重新办理拍卖手续。

● 律师批注

【条款目的】

中止情形主要是指合同履行条件欠缺或者因外力暂时无法履行的情形。

终止情形所指的主要是拍卖行为已违反法律的强制性规定,或者由于外力导致拍卖行为无法继续进行,以及由于标的物灭失导致的履行不能。同时可参照本书第二章"机器设备买卖合同"第十一条的批注。

> 第十四条　声明及保证
> （一）委托人
> 1. 委托人有权签署并有能力履行本合同。
> 2. 委托人签署和履行本合同所需的一切手续(＿＿＿＿＿＿)均已办妥并合法有效。
> 3. 在签署本合同时,任何法院、仲裁机构、行政机关或监管机构均未作出任何足以对委托人履行本合同产生重大不利影响的判决、裁定、裁决或具体行政行为。
> 4. 委托人为签署本合同所需的内部授权程序均已完成,本合同的签署人是委托人法定代表人或授权代表人。本合同生效后即对合同双方具有法律约束力。
> （二）拍卖人
> 1. 拍卖人有权签署并有能力履行本合同。
> 2. 拍卖人签署和履行本合同所需的一切手续(＿＿＿＿＿＿)均已办妥并合法有效。
> 3. 在签署本合同时,任何法院、仲裁机构、行政机关或监管机构均未作出任何足以对拍卖人履行本合同产生重大不利影响的判决、裁定、裁决或具体行政行为。
> 4. 拍卖人为签署本合同所需的内部授权程序均已完成,本合同的签署人是拍卖人法定代表人或授权代表人。本合同生效后即对合同双方具有法律约束力。

● 律师批注

参见本书第二章"机器设备买卖合同"第十二条的批注。

> 第十五条　保密
> 甲乙双方保证对在讨论、签订、执行本协议过程中所获悉的属于对方的且无法自公开渠道获得的文件及资料(包括商业秘密、公司计划、运营活动、财务信息、技术信息、经营信息及其他商业秘密)予以保密。未经该资料和文件的原提供方同意,另一方不得向任何第三方泄露该商业秘密的全部或部分内容。但法律、法规另有规定或双方另有约定的除外。保密期限为＿＿＿年。

● 律师批注

【条款目的】

明确双方的保密义务及期限。

【风险提示】

不论合同是否变更、解除、终止,买方均负有对交易中了解到的技术秘密、资料、情报等信息的保密义务。

> 第十六条 通知
> 1. 根据本合同需要一方向另一方发出的全部通知以及双方的文件往来及与本合同有关的通知和要求等,必须用书面形式,可采用_____(书信、传真、电报、当面送交等)方式传递。以上方式无法送达的,方可采取公告送达的方式。
> 2. 各方通讯地址如下:_____。
> 3. 一方变更通知或通讯地址,应自变更之日起_____日内,以书面形式通知对方;否则,由未通知方承担由此而引起的相关责任。

● 律师批注

【条款目的】

一般合同中,本条内容放在合同题头或者签字盖章栏"住所地"一栏下,本合同以专款方式列出,显得更加正式。

> 第十七条 合同的变更
> 本合同履行期间,发生特殊情况时,任何一方需变更本合同的,要求变更一方应及时书面通知对方,征得对方同意后,双方在规定的时限内(书面通知发出_____日内)签订书面变更协议,该协议将成为合同不可分割的部分。未经双方签署书面文件,任何一方无权变更本合同,否则,由此给对方造成的经济损失,由责任方承担。

● 律师批注

参见本书第二章"机器设备买卖合同"第十四条的批注。

> 第十八条 合同的转让
> 除合同中另有规定外或经双方协商同意外,本合同所规定双方的任何权利和义务,任何一方在未经征得另一方书面同意之前,不得转让给第三方。任何转让,未经另一方书面明确同意,均属无效。

● 律师批注

参见本书第二章"机器设备买卖合同"第十五条的批注。

> 第十九条　争议的处理
> 1. 本合同受中华人民共和国法律管辖并按其进行解释。
> 2. 本合同在履行过程中发生的争议,由双方当事人协商解决,也可由有关部门调解;协商或调解不成的,按下列第_____种方式解决:
> （1）提交_____仲裁委员会仲裁;
> （2）依法向_____人民法院起诉。

● 律师批注

参见本书第一章"一般商品买卖合同"第十一条的批注。

> 第二十条　不可抗力
> 1. 如果本合同任何一方因受不可抗力事件影响而未能履行其在本合同下的全部或部分义务,该义务的履行在不可抗力事件妨碍其履行期间应予中止。
> 2. 声称受到不可抗力事件影响的一方应尽可能在最短的时间内通过书面形式将不可抗力事件的发生通知另一方,并在该不可抗力事件发生后_____日内向另一方提供关于此种不可抗力事件及其持续时间的适当证据及合同不能履行或者需要延期履行的书面资料。声称不可抗力事件导致其对本合同的履行在客观上成为不可能或不实际的一方,有责任尽一切合理的努力消除或减轻此等不可抗力事件的影响。
> 3. 不可抗力事件发生时,双方应立即通过友好协商决定如何执行本合同。不可抗力事件或其影响终止或消除后,双方须立即恢复履行各自在本合同项下的各项义务。如不可抗力及其影响无法终止或消除而致使合同任何一方丧失继续履行合同的能力,则双方可协商解除合同或暂时延迟合同的履行,且遭遇不可抗力一方无须为此承担责任。当事人迟延履行后发生不可抗力的,不能免除责任。
> 4. 本合同所称"不可抗力"是指受影响一方不能合理控制的,无法预料或即使可预料到也不可避免且无法克服,并于本合同签订日之后出现的,使该方对本合同全部或部分的履行在客观上成为不可能或不实际的任何事件。此等事件包括但不限于自然灾害如水灾、火灾、旱灾、台风、地震,以及社会事件如战争（不论曾否宣战）、动乱、罢工,政府行为或法律规定等。

● 律师批注

参见本书第一章"一般商品买卖合同"第十条的批注。

> 第二十一条 合同的解释
> 本合同未尽事宜或条款内容不明确,合同双方当事人可以根据本合同的原则、合同的目的、交易习惯及关联条款的内容,按照通常理解对本合同作出合理解释。该解释具有约束力,除非解释与法律或本合同相抵触。

● 律师批注

【条款目的】

与鉴于条款相呼应,鉴于条款的作用可参见本书第二章"机器设备买卖合同"第十七条的批注。

> 第二十二条 合同的效力
> 本合同自双方或双方法定代表人或其授权代表人签字并加盖单位公章或合同专用章之日起生效。
> 　　有效期为_____年,自_____年_____月_____日至_____年_____月_____日。
> 　　本合同正本一式_____份,双方各执_____份,具有同等法律效力。

● 律师批注

参见本书第一章"一般商品买卖合同"第十四条、第十五条的批注。

> 委托人(盖章):_____　　拍卖行(盖章):_____
> 授权代表(签字):_____　　授权代表(签字):_____
> 签订地点:_____　　　签订地点:_____
> 　　年　　月　　日　　　　　　　年　　月　　日

● 律师批注

参见本书第一章"一般商品买卖合同"关于本条的批注。

八、互易合同

```
                    互 易 合 同

                                        合同编号：

        互易方：_____（以下简称甲方）
        互易方：_____（以下简称乙方）
```

● 律师批注

参见本书第一章"一般商品买卖合同"关于合同主体的批注。

兹为汽车互易，甲乙双方经协商，同意缔结合同条款如下：

● 律师批注

参见本书第一章"一般商品买卖合同"关于本条的批注。

第一条 甲方将其所有的车辆（详情见第八条），与乙方所有的车辆（详情见第八条），彼此互易。

● 律师批注

【条款目的】
明确交易的标的及交易方式。

【法律规定】
《中华人民共和国合同法》(1999.10.01 施行)
第一百七十五条 当事人约定易货交易，转移标的物所有权的，参照买卖合同的有关规定。

第二条 双方应将票据及相关凭证，于合同订立同时互相交接核对清楚，并限于一个月内会同向车辆登记管理机构办理过户手续。

● 律师批注

【条款目的】
明确附属凭证交接及交易手续。

【风险提示】
根据交易标的不同，标的物交接中的附属凭证及交接手续是完全不同的；根据《物权法》的规定，一般动产，直接交付即可发生物权转移；特殊动产，如车辆、船舶，需变更登记以对抗善意第三人；不动产则必须办理过户手续，实现物权转移。

【法律规定】
《中华人民共和国物权法》(2007.10.01 施行)
第十四条　不动产物权的设立、变更、转让和消灭，依照法律规定应当登记的，自记载于不动产登记簿时发生效力。
第十五条　当事人之间订立有关设立、变更、转让和消灭不动产物权的合同，除法律另有规定或者合同另有约定外，自合同成立时生效；未办理物权登记的，不影响合同效力。
第二十三条　动产物权的设立和转让，自交付时发生效力，但法律另有规定的除外。
第二十四条　船舶、航空器和机动车等物权的设立、变更、转让和消灭，未经登记，不得对抗善意第三人。

> 第三条　本互易交易中，甲方愿补贴乙方人民币_____元整，作为对车辆差价的补偿。

● 律师批注
【条款目的】
互易标的物价格差的解决方式，一方向对方支付一定的金钱，以补足互换物之间的价差。

> 第四条　本互易交易中，各方确认标的物为自己所有，系合法取得，且任何第三人无权主张权利；否则，出易人应赔偿给对方造成的损失。
> 第五条　各方应保证其出易标的物，无与他人预约买卖及为任何债权提供担保等瑕疵。

● 律师批注
【条款目的】
第四条、第五条要求买卖双方保证对标的物的处分权；可参照本书第一章"一般商品买卖合同"关于第八条、第九条的批注。

【相关案例】

例3-7:互易合同侵犯了标的物其他共同所有人的权益导致合同无效

张某和李某是某小区同一门栋的业主。张某住在六楼,李某住在一楼。由于张某看上了李某一楼的院子,想和李某换房。于是张某找到李某与其协商换房一事。后双方同意将他们所有的房屋交换,并签订了房屋互易合同,该合同经房屋管理部门批准后生效。张某也办妥了原由李某承租住房的房屋的租赁手续。但李某的妻子韩某后来提出,其对李某与张某换房之事并不知晓,便拒绝搬出所住房屋。在协商未果的情况下,张某遂向法院提起诉讼,要求李某履行所签换房合同。法院审理后认为:李某之妻是该房的共同所有人,但并不知道换房的事,得知后又拒不同意。遂判决所签的换房协议无效,由李某赔偿因协议无效而给原告造成的损失。

评析:

本案由于李某和张某的换房协议是其私自签订的,在签署过程中其妻一直不知此事,李某也未将此事告诉其妻子。但该房是李某夫妻双方共同租住的,换房行为侵犯了其妻子的处分权。现妻子知道后以自己是共同承租人为由拒绝履行协议,主张合同无效是符合法律规定的。由于换房协议无效,而过错在李某,因而二审判决李某赔偿因协议无效给张某造成的损失。

第六条 如违背本合同第四条、第五条内容时,违反约定的一方应向对方支付违约金;如有其他损失,还应支付相关赔偿金。

● 律师批注

【条款目的】

本条是互易合同中的违约条款;可参照本书第一章"一般商品买卖合同"关于第八条、第九条的批注。

第七条 互易交易中应缴纳的税费,出易人按照法律规定各自承担。

● 律师批注

【条款目的】

明确交易中税费的承担方式。

【风险提示】

由于互易交易中免除了金钱作为交易媒介的环节,而汽车、船舶、房产的转让环节是根据交易价格征收相关税费,因此,买卖双方在办理缴税手续时,需要对交易标的进行估价,以确定税基。

第八条　互易标的物基本情况列示于下：
甲方所有车辆：
(1) 年式：_____
(2) 出品厂牌：_____
(3) 制造号码：_____
(4) 牌照号码：_____
乙方所有车辆：
(1) 年式：_____
(2) 出品厂牌：_____
(3) 制造号码：_____
(4) 牌照号码：_____

● 律师批注
【条款目的】
明确互易标的物的基本情况。

本合同一式两份，甲、乙双方各执一份为凭。
甲方：_____　　　　乙方：_____
_____年____月____日　　　_____年____月____日
签约地点：_____

● 律师批注
参见本书第一章"一般商品买卖合同"关于本条的批注。

第四章 销售组织形式协议范本律师批注

一、商品代销合同

商品代销合同

合同编号：_____

甲方(委托人)：_____　　乙方(代销人)：_____
法定住址：_____　　　　法定住址：_____
法定代表人：_____　　　法定代表人：_____
职务：_____　　　　　　职务：_____
身份证号码：_____　　　身份证号码：_____
通讯地址：_____　　　　通讯地址：_____
邮政编码：_____　　　　邮政编码：_____
电话：_____　　　　　　电话：_____

● **律师批注**

参见本书第一章"一般商品买卖合同"关于本条的批注。

> 甲乙双方本着自愿、平等、互惠互利、诚实信用的原则，经充分友好协商，就乙方代售甲方_____产品的相关事宜，订立如下合同条款，以兹共同恪守履行。

● **律师批注**

参见本书第一章"一般商品买卖合同"关于本条的批注。

第一条　代售产品

1. 乙方代售甲方的产品的详细信息：代销商品、数量、价格：

商品名称	商标品牌	规格型号	生产厂家	计量单位	数量	单价
合计						

合计金额人民币大写：

2. 代售商品种类增减的条件及方法：_____
3. 约定新产品（是/否）包括在内：_____
4. 代销商品的交付时间、地点、方式及费用负担：_____

● 律师批注

参见本书第一章"一般商品买卖合同"第一条、第二条的批注。

第二条　代售期限

1. 本合同的代售期限为_____年，从本合同签订之日起至_____年_____月_____日止。双方可根据本合同的约定提前终止或续期。

2. 乙方要求对本合同续期的，应至少在本合同期限届满前提前_____个月向甲方书面提出。甲方同意的，与乙方签订续期合同。

3. 甲乙双方约定，在本合同期限届满时，乙方满足以下条件可以续约：
（1）较好地履行了本合同的义务，没有发生过重大违约行为；
（2）已经向甲方支付了到期的全部款项；
（3）同意向甲方支付_____元的续约费。

● 律师批注

【条款目的】

明确代销期限及续约条件，双方应当注意对方在本条款中设置不公平条款，为续约设置障碍或提高续约门槛。

第三条 代售商品价格

1. 配送价格：甲方向乙方统一配送产品的价格，按照成本价格加管理费的办法确定，但管理费最多不得超过成本价格的_____%。成本价格由进项价格、进项税、包装费、运费及_____构成。甲方除向乙方收取资格审查费和销售返利以外，不得向乙方收取其他费用或牟取任何利益。

2. 销售价格：乙方应当按照甲方建议（规定）的零售价格销售产品（服务）。乙方不得擅自调整规定的产品销售价格或以收取_____费用等方式变相加价。如果甲方建议（规定）的零售价格不符合本地区市场情况，乙方需调整销售价格时，应当向甲方报告。甲方应当根据系统的统一性要求和乙方所处地区的市场情况综合考虑，作出调整价格的决定。

● 律师批注

【条款目的】

明确代销商品的配送价格及销售价格。

【风险提示】

（1）销售价格应当依照供货方的建议零售价，但乙方有建议变更的权利。

（2）其他的代销价格形成机制可以由当事人自行约定。

第四条 佣金

1. 乙方的佣金以每次售出并签字的协议产品为基础，其收佣百分比如下：_____元按_____%收佣；_____元按_____%收佣。

2. 佣金以发票金额计算，任何附加费用如包装费、运输费、保险费、海关税或由进口国家征收的关税等应另开发票。

3. 佣金按成交的货币来计算和支付。

4. 甲方每季度应向乙方说明佣金数额和支付佣金的有关商务，甲方在收到货款后，应在30天内支付佣金。

5. 乙方所介绍的询价或订单，如甲方不予接受则无佣金。若乙方所介绍的订单合约已中止，乙方无权索取佣金，若该合约的中止是由于甲方的责任，则不在此限。

● 律师批注

【条款目的】

明确代销人的利益获取机制。

【风险提示】

佣金分配方式是代销双方关注的焦点,分配方式应当做到明确无误,不产生歧义,以免合作中发生纠纷。

【相关案例】

例 4-1:代销产品的所有权人是委托人还是代销人?

2000 年 12 月,原告 A 公司委托被告张某为 A 公司饲料产品在河南地区的销售代理,约定了销售佣金方式,为张某提供了销售代理证书及产品质量保证书。2001 年 8 月,A 公司在张某的联系下发货 60 吨至平顶山站,欲销往当地某养殖场,养殖场提货试用后未购买。后张某又联系了几家单位均嫌价格太高,于是电报征求 A 公司意见。2001 年 10 月 13 日,A 公司向张某发传真称:关于我公司发来畜禽饲料 60 吨的事宜,现同意每吨在原价基础上下调 300 元,请您将货款一次性付给我公司,我方将支付您劳务费 2 万元。2002 年 3 月,张某发电报给 A 公司,称货物存在质量问题,要求 A 公司来平顶山自行处理。饲料公司及 A 公司经货运站多次通知未到货运站处理,2002 年 5 月后货运站依法对存余货物作无主处理。后 A 公司作为原告诉至法院,请求判令被告张某立即给付货款 10 万元。法院经审理判决驳回原告 A 公司的诉讼请求。

评析:

代销合同属于《合同法》上无名合同,通常可以表述为:受托方接受委托方的委托,为其代为销售产品货物等,并收取一定的劳务费而签订的一种合同,其本质是委托代理关系,具有委托合同的性质。就本案来看,被告张某接受原告 A 公司的委托,作为其产品的地区代理商,且有佣金约定,双方显然存在代销合同关系。在代销关系下,货物所有权并未发生转移,张某并非货主,不享有对货物的所有权,没有处分的权利;原告作为所有人,A 公司在张某电告货物存在质量问题要求处理,且货运站多次通知的情况下,迟迟未作出回应,不及时行使权利,导致货物被货运站作为无主货物处理,相关后果只能由其自行承担。

第五条 商情报告

1. 乙方有权接受客户对产品的意见和申诉,并及时通知甲方,以关注甲方的切身利益为宜。

2. 乙方应尽力向甲方提供商品的市场和竞争等方面的信息,每 _____ 个月需向甲方寄送工作报告。

3. 甲方应向乙方提供包括销售情况、价目表、技术文件和广告资料等一切必要的信息。甲方还应将产品价格、销售情况或付款方式的任何变化及时通知乙方。

● 律师批注

【条款目的】

明确委托人和代销人之间交换商业情报的义务,便于彼此及时进行业务调整。

第六条 推销、宣传与广告

1. 乙方是_____市场的代售商,应收集信息,争取客户,尽力促进产品的销售。

2. 乙方有义务通过广告活动,宣传代理产品(服务),并按照本合同的规定负担广告与宣传费用。

3. 甲方通过制订总体广告计划及其他规定,实施产品的广告计划和发布广告;乙方应按照甲方的要求在代理区域内发布促销广告,开展促销活动。

4. 乙方应当执行甲方对广告活动的要求,不得违反规定发布广告。

5. 乙方可自行策划并实施针对代售区域市场特点的广告宣传或促销推广活动,但必须获得甲方事先书面同意,并在甲方指导下进行。

● 律师批注

【条款目的】

合同双方分配代销期间的广告宣传义务,应当明确宣传费用的承担问题。

第七条 购货与销售

1. 乙方需货时,应向甲方发出书面订单,一般应在每月_____日以前向甲方下达下一月度订单,并在提货前支付_____%货款,余款_____个月内付清且不得迟于下次提货前。

(1) 甲方收到乙方全额货款后交付货物,交货地点为乙方所在地。

(2) 甲方可代乙方发货,乙方承担铁路货运或汽运费等,发货方式由乙方确定。

(3) 甲方在发货后将货运单据传真或寄至乙方。货运时间以货运单据上标明的时间为准。

2. 乙方须在收到货物后_____日内对产品的质量进行检验,因产品质量及包装不符合质量标准的,或者产品的保质期已经超过规定标准的,由甲方予以换货或退货。

● 律师批注

【条款目的】

约定委托人和代销人之间购货的结算及交付方式。

> 第八条 监督、培训及售后服务
> 1. 甲方应当在不影响乙方正常营业的前提下,定期或不定期对乙方的经营活动进行辅导、检查、监督和考核。乙方应当遵循甲方或其委派的督导员在经营过程中的建议和指导。
> 2. 乙方应当保持完整、准确的交易记录,在每月_____日前向甲方递交上月的总营业收入的财务报表。
> 3. 在本合同有效期内,甲方每年应对乙方或其指定承担管理职责的人员提供不少于_____次的业务培训。培训费用由甲方负担,但参加培训人员的差旅费自负。
> 4. 在本合同有效期内,甲方应持续地对乙方提供开展经营所必需的营销、服务或技术上的指导,并向乙方提供必要的协助。
> 5. 甲方为乙方提供的产品应严格按照甲方提供的质保书和国家的相关规定进行质保服务。
> 6. 乙方在销售完成后,应按甲方要求填写客户登记表,并应于每月定期以传真或其他形式向甲方返回客户登记表,以便于日后的售后服务和例行巡检工作。
> 7. 当乙方发生售后服务要求时,乙方应书面通知甲方服务要求和内容,甲方应在收到乙方通知的_____小时内给予答复,确认服务内容和时间,同时,甲方向乙方提供_____小时售后服务热线联络服务。

● 律师批注

【条款目的】

明确合同履行过程中,委托人对代销人的监督检查制度及相关销售培训、售后支持的制度安排。

> 第九条 合同转让
> 1. 在本合同有效期内,乙方应当独立自主地经营代售业务,禁止以承包、租赁、合作、委托或其他任何方式将代售业务全部或部分转移给第三人经营管理。
> 2. 未经甲方书面同意,乙方不得转让本合同。
> (1) 乙方要求转让本合同时,应当将转让的理由及转让条件、受让人

按照本合同规定制作的信息披露文件等情况报告给甲方,由甲方作出是否同意转让的决定。

(2)乙方转让本合同时,在同等条件下,甲方指定的第三人有优先受让的权利。在甲方向乙方发出优先受让的通知后,乙方不得撤销转让或变更转让价格与转让条件,否则,乙方在_____年内不得进行转让。

(3)乙方转让本合同,受让人应当与甲方重新签订代售合同。

● 律师批注

参见本书第二章"机器设备买卖合同"第十五条的批注。

第十条 合同变更

1. 为适应市场竞争的需要,甲方有权对本合同进行适当变更,但变更必须是善意与合理的,且不得与主合同及合同附件中的附属协议的内容相抵触。

2. 甲方应当将合同变更的原因、可行性及有关事项,在规定的变更时间前_____日通知乙方。

3. 乙方应当按照甲方的规定在代理区域内实行变更,并及时将实施的情况报告甲方。

4. 在本合同期满续订合同时,甲方有权以新制定的代售合同代替本合同。对本合同的修订应基于合理和善意的准则,且新制定的销售代理合同文本应当适用于全部的代售商。

● 律师批注

参见本书第二章"机器设备买卖合同"第十四条的批注。

第十一条 合同的终止

1. 本合同因下列情况而终止:

(1)合同期限届满,甲乙双方不再续签本合同;

(2)甲乙双方通过书面协议解除本合同;

(3)因不可抗力致使合同目的不能实现的;

(4)在合同期限届满之前,当事人一方明确表示或以自己的行为表明不履行合同主要义务的;

(5)当事人一方迟延履行合同主要义务,经催告后在合理期限内仍未履行的;

（6）当事人有其他违约或违法行为致使合同目的不能实现的；
（7）一方宣告破产或宣告解散的；
（8）法院、政府等行政行为要求代售商终止营业的。

2. 本合同终止后，乙方应立即停止使用与代售有关甲方任何的标识及知识产权。

3. 乙方应在本合同终止之日起_____日内返还甲方为履行本合同而提供的所有物品，包括文件及其副本或其他任何复制品。

4. 本合同终止之日存在的全部完好无损、尚在保质期内、可以再次使用或销售的剩余产品的处理方式为：
（1）甲方以原售价回购；
（2）乙方自行处理。

● 律师批注

【条款目的】

明确合同终止的情形及终止后剩余产品的处置办法。参见本书第二章"机器设备买卖合同"第十一条的批注。

第十二条　合同的解除

1. 甲方有下列行为之一的，乙方有权书面通知甲方解除合同，解除合同的通知在到达甲方时生效：
（1）在本合同签订时不符合法律、法规关于代售商资格的强制性规定致使乙方遭受经济损失的；
（2）在签订本合同前未按法律、法规规定提供代理相关信息或提供虚假信息致使乙方遭受经济损失的；
（3）在本合同签订时不具备或本合同有效期内丧失相关知识产权的所有权或使用权，导致第三方向乙方主张相关权利的；
（4）因产品质量问题引起大量投诉并被主要媒体曝光，品牌形象和价值及企业商誉受到严重损害的；
（5）无故停止向乙方供应代售产品的；
（6）公开许可乙方使用的商业秘密，致使乙方遭受经济损失的；
（7）甲方不履行或不完全履行本合同项下的任何义务，乙方书面通知其_____日内更正，逾期未更正的。

2. 乙方有下列行为之一的，甲方有权书面通知其更正，乙方应在接到通知后_____日内更正，逾期未更正的，甲方有权书面通知乙方解除合

同,解除合同的通知在到达乙方时生效:

(1) 因管理和服务问题引起大量投诉或被主要媒体曝光批评,严重损害甲方经营体系的商誉的;

(2) 未经甲方事先书面同意擅自全部或部分转让本合同的;

(3) 故意向第三人泄露甲方的商业秘密的;

(4) 故意向甲方报告错误的或误导性的信息的;

(5) 违反竞业禁止的规定参与竞争的;

(6) 乙方逾期支付本合同项下的任何款项,逾期超过_____日,仍不改正的。

● 律师批注

参见本书第二章"机器设备买卖合同"第十一条的批注。

第十三条 声明及保证

(一) 甲方

1. 甲方为一家依法设立并合法存续的企业,有权签署并有能力履行本合同。

2. 甲方签署和履行本合同所需的一切手续(_____)均已办妥并合法有效。

3. 在签署本合同时,任何法院、仲裁机构、行政机关或监管机构均未作出任何足以对甲方履行本合同产生重大不利影响的判决、裁定、裁决或具体行政行为。

4. 甲方为签署本合同所需的内部授权程序均已完成,本合同的签署人是甲方法定代表人或授权代表人。本合同生效后即对合同双方具有法律约束力。

(二) 乙方

1. 乙方为一家依法设立并合法存续的企业,有权签署并有能力履行本合同。

2. 乙方签署和履行本合同所需的一切手续(_____)均已办妥并合法有效。

3. 在签署本合同时,任何法院、仲裁机构、行政机关或监管机构均未作出任何足以对乙方履行本合同产生重大不利影响的判决、裁定、裁决或具体行政行为。

4. 乙方为签署本合同所需的内部授权程序均已完成,本合同的签署人是乙方法定代表人或授权代表人。本合同生效后即对合同双方具有法律约束力。

● 律师批注

参见本书第二章"机器设备买卖合同"第十二条的批注。

第十四条 保密

甲乙双方保证对在讨论、签订、执行本协议过程中所获悉的属于对方的且无法自公开渠道获得的文件及资料(包括商业秘密、公司计划、运营活动、财务信息、技术信息、经营信息及其他商业秘密)予以保密。未经该资料和文件的原提供方同意,另一方不得向任何第三方泄露该商业秘密的全部或部分内容。但法律、法规另有规定或双方另有约定的除外。保密期限为_____年。

● 律师批注

【条款目的】
明确交易双方的保密义务及保密范围。

【风险提示】
不论合同是否变更、解除、终止,买方均负有对交易中了解到的技术秘密、资料、情报等信息的保密义务。

第十五条 通知

1. 根据本合同需要一方向另一方发出的全部通知以及双方的文件往来及与本合同有关的通知和要求等,必须用书面形式,可采用_____(书信、传真、电报、当面送交等)方式传递。以上方式无法送达的,方可采取公告送达的方式。

2. 各方通讯地址如下:_____。

3. 一方变更通知或通讯地址,应自变更之日起_____日内,以书面形式通知对方;否则,由未通知方承担由此而引起的相关责任。

● 律师批注

参见本书第二章"机器设备买卖合同"第十三条的批注。

第十六条 争议的处理

1. 本合同受中华人民共和国法律管辖并按其进行解释。

2. 因履行本合同引起的或与本合同有关的争议,双方应首先通过友好协商解决,如果协商不能解决争议,则采取以下第_____种方式解决争议:

(1) 提交_____仲裁委员会仲裁;

(2) 依法向_____人民法院起诉。

● 律师批注

参见本书第一章"一般商品买卖合同"第十一条的批注。

第十七条 不可抗力

1. 如果本合同任何一方因受不可抗力事件影响而未能履行其在本合同下的全部或部分义务,该义务的履行在不可抗力事件妨碍其履行期间应予中止。

2. 声称受到不可抗力事件影响的一方应尽可能在最短的时间内通过书面形式将不可抗力事件的发生通知另一方,并在该不可抗力事件发生后_____日内向另一方提供关于此种不可抗力事件及其持续时间的适当证据及合同不能履行或者需要延期履行的书面资料。声称不可抗力事件导致其对本合同的履行在客观上成为不可能或不实际的一方,有责任尽一切合理的努力消除或减轻此等不可抗力事件的影响。

3. 不可抗力事件发生时,双方应立即通过友好协商决定如何执行本合同。不可抗力事件或其影响终止或消除后,双方须立即恢复履行各自在本合同项下的各项义务。如不可抗力及其影响无法终止或消除而致使合同任何一方丧失继续履行合同的能力,则双方可协商解除合同或暂时延迟合同的履行,且遭遇不可抗力一方无须为此承担责任。当事人迟延履行后发生不可抗力的,不能免除责任。

4. 本合同所称"不可抗力"是指受影响一方不能合理控制的,无法预料或即使可预料到也不可避免且无法克服,并于本合同签订日之后出现的,使该方对本合同全部或部分的履行在客观上成为不可能或不实际的任何事件。此等事件包括但不限于自然灾害如水灾、火灾、旱灾、台风、地震,以及社会事件如战争(不论曾否宣战)、动乱、罢工,政府行为或法律规定等。

● 律师批注
参见本书第一章"一般商品买卖合同"第十条的批注。

> 第十八条 补充与附件
> 本合同未尽事宜,依照有关法律、法规执行,法律、法规未作规定的,甲乙双方可以达成书面补充合同。本合同的附件和补充合同均为本合同不可分割的组成部分,与本合同具有同等的法律效力。

● 律师批注
参见本书第一章"一般商品买卖合同"第十二条的批注。

> 第十九条 合同的效力
> 本合同自双方或双方法定代表人或其授权代表人签字并加盖单位公章或合同专用章之日起生效。
> 有效期为_____年,自_____年_____月_____日至_____年_____月_____日。
> 本合同正本一式_____份,双方各执_____份,具有同等法律效力。

● 律师批注
参见本书第一章"一般商品买卖合同"关于本条的批注。

> 甲方(盖章):_____　　乙方(盖章):_____
> 法定代表人(签字):_____　　法定代表人(签字):_____
> 开户银行:_____　　　　开户银行:_____
> 账号:_____　　　　　　账号:_____
> 签订地点:_____　　　　签订地点:_____
> ____年____月____日　　　　____年____月____日

● 律师批注
参见本书第一章"一般商品买卖合同"关于本条的批注。

二、品牌特许经营合同

```
                品牌特许经营合同

                                         合同编号：
                 本合同由以下双方于____年__月__日在____签订。
       甲方：_____
       乙方：_____
```

● 律师批注
【条款目的】
明确特许加盟合同主体，核实特许人的加盟资质。

【风险提示】
（1）签约前，应重点考察甲方是否具有特许加盟资质，具体考察事项包括：特许人营业执照上是否包括"特许经营"项目；特许人是否拥有至少两个直营店，并且经营时间超过1年；特许人是否向商务主管部门备案。

（2）特许人的主体只能是企业，企业以外的其他单位和个人不得作为特许人从事特许经营活动。

【相关案例】
例4-2：特许人不具备加盟资质导致加盟协议无效
2009年1月20日，陈女士与王某先后签订了《AT童装连锁机构加盟合约》，约定：陈女士加盟AT童装连锁机构，购买AT品牌童装进行经营。王某在上述合同上签名并加盖"AT童装经销店"印章。2009年4月5日，陈女士还与王某之妻黄某签订了《AT童装连锁机构加盟管理合约》，对童装销售、收费等进行了约定。黄某在上述合约上签名并加盖"AT童装经销连锁店"的印章。陈女士加盟后，支付了合同约定的款项。但在履行合同过程中，陈女士发现"AT童装经销店"、"AT童装经销连锁店"系王某个人经营的，其是个体工商户，黄某、王某根本不具备特许经营资质，且向其购买的童装因品质低劣无法正常销售。于是，陈女士将王某夫妇和海南AT童装连锁公司等3名被告诉至海口市中级人民法院，要求解除合同、退还加盟违约金2万元。海口市中级人民法院判决陈女士胜诉。王某、黄某不服，上诉到海南省高级人民法院。海南省高级人民法院维持了一审判决。

评析：
《商业特许经营管理条例》第3条第2款规定："企业以外的其他单位和

个人不得作为特许人从事特许经营活动。""企业"身份是法律对商业特许经营活动主体的基本要求。王某、黄某与陈女士签订的两份加盟合同,虽然盖有"AT童装经销连锁店"的印章,但经查明,该店系王某个人经营的个体工商户,并非企业,不能作为特许经营合同中的特许人。王某的行为违反了《商业特许经营管理条例》的强制性规定。根据《合同法》第52条第(5)项之规定,违反法律、行政法规的强制性规定的合同无效。因此,陈女士与王某、黄某签订的两份加盟协议无效。因为合同无效,所以王某、黄某收取加盟费和违约金(实为定金)的行为依法构成不当得利,应当返还。

【法律规定】

《商业特许经营管理条例》(2007.05.01施行)

第三条 ……

企业以外的其他单位和个人不得作为特许人从事特许经营活动。

第七条 特许人从事特许经营活动应当拥有成熟的经营模式,并具备为被特许人持续提供经营指导、技术支持和业务培训等服务的能力。

特许人从事特许经营活动应当拥有至少2个直营店,并且经营时间超过1年。

第八条 特许人应当自首次订立特许经营合同之日起15日内,依照本条例的规定向商务主管部门备案。在省、自治区、直辖市范围内从事特许经营活动的,应当向所在地省、自治区、直辖市人民政府商务主管部门备案;跨省、自治区、直辖市范围从事特许经营活动的,应当向国务院商务主管部门备案。

特许人向商务主管部门备案,应当提交下列文件、资料:

(一)营业执照复印件或者企业登记(注册)证书复印件;

(二)特许经营合同样本;

(三)特许经营操作手册;

(四)市场计划书;

(五)表明其符合本条例第七条规定的书面承诺及相关证明材料;

(六)国务院商务主管部门规定的其他文件、资料。

特许经营的产品或者服务,依法应当经批准方可经营的,特许人还应当提交有关批准文件。

> 　　为提升_____经营组织的竞争能力,建立一个长期、稳定并高效运行的经营组织,根据《商业特许经营管理条例》和《合同法》之规定,合同双方就_____品牌特许经营授权许可之有关事项,经协商一致,签订本合同。

● 律师批注

参见本书第一章"一般商品买卖合同"关于本条的批注。

第一章 特许经营之产品项目、业务范围、目标及期限

第一条 特许权形式、范围：

1. 甲方授权许可乙方经营的产品为"_____"品牌_____系列产品。

2. 甲方授权乙方许可经营的区域为：_____省_____市（自治区、直辖市）_____所辖范围，未经甲方书面许可，乙方不得经营其他同类业务。

● 律师批注

【条款目的】

明确特许经营的产品项目、地域范围

【风险提示】

为避免在该加盟区域内甲方再设立其他特许经营主体的风险，合同中应当限制时间，如本合同签订后几年内不能设立新特许主体；限制地域，本店所在位置三公里范围内或所在某行政区域内不能以任何理由设立新特许主体。

第二条 任务目标：双方依据市场规模，确定销售回款额_____万元，并按以下条款执行，实际销售额时间以首批上货时间为计。

● 律师批注

【条款目的】

约定被特许人的销售任务。

第三条 甲方授权许可乙方经营的期限为：_____年_____月_____日至_____年_____月_____日止。合同签订后_____日内，乙方可以单方解除合同。

● 律师批注

【条款目的】

明确特许经营期限及合同解除权。

【风险提示】

合同期限不能少于3年，被特许人（乙方）同意的除外；被特许人在特定期间有单方合同解除权。

【法律规定】

《商业特许经营管理条例》(2007.05.01 施行)

第十二条　特许人和被特许人应当在特许经营合同中约定,被特许人在特许经营合同订立后一定期限内,可以单方解除合同。

第十三条　特许经营合同约定的特许经营期限应当不少于3年。但是,被特许人同意的除外。

……

第二章　业务范围

第四条　有关订货、配货、调拨及退换货规定:

1. 订货方式:

(1) 首期订货款金额:_____万元人民币以上(指结算价)。

(2) 应季产品交货金额,以产品订货交货期为准。

(3) 续单作业的交货期是依据面料、数量与金额的不同而订的,确定的时间经甲乙双方共同订货单方式确认为准。

2. 付款方式: 现金或转账。

3. 交易原则: 款到发货。

4. 运输方式: _____。

5. 途中货品遗失,如乙方能够提供承运部门有效证明资料,由甲方负责向承运部门索赔,否则由乙方承担。乙方收货后应及时进行验货,如有异议,须在提货后三日内以书面传真与甲方联系解决;否则视为乙方验收货品同甲方所发货品无误(超出时限,异议无效)。

6. 调拨方式: 如乙方临时紧缺货,甲方将根据自身库存与其他市场库存情况,尽力协助调拨货品。

7. 应季产品调换规定:

(1) 产品换货期限:货到之日起_____日内。

(2) 往返运费由乙方负担。如乙方的换货在超出甲方规定的时间范围内进行,则所有乙方的换货甲方不予调换。

(3) 如甲方货品降价,乙方不得以原价退货后,再以降价重新购进该货品。

8. 退货规定: 乙方如对产品质量有异议的,应当于收到货物后_____日内向甲方提出,逾期未提出品质问题,经甲方技质部门品检确属质量问题后,可办理退货,非质量问题造成的损坏,由乙方自行承担往返运费。如有另行品质标准规定并经双方认可,也可作为品质标准范围。

9. 装修要求：

(1) 乙方的店铺应当达到下列面积：单项经营少年装系列的单店店铺不能少于_____平方米；综合经营全部产品的单店店铺不能少于_____平方米。

(2) 乙方店铺装修须报甲方统一设计，按图施工、装修。甲方免费向乙方提供设计图稿，为保证全国专卖店形象统一，营业业务品由甲方代为统一制作，费用由乙方承担（包括运输费）。

第五条 有关零售价格之规定，由甲方统一定价，促销价亦同，在未征得甲方书面许可前，乙方不得擅自进行任何变价销售行为。

第六条 乙方须依照甲方营运作业之规定定期、及时、准确地提供必要的营业资料，包括销售情况、财务报表、顾客投诉、存货及收交记录。

第七条 双方应严格遵守甲方《特许经营加盟合同书》及《加盟店经营管理手册》的规定操作业务。

● 律师批注

【条款目的】

本条是关于特许人与被特许人业务往来模式的约定，为经营活动提供制度框架。

【风险提示】

(1) 注意各项费用负担的公平分配。

(2) 订货、退货是争议的高发区，最好针对每次订、退货制作专门的合同文本，同时应当注意保留好货样、交接单等相关证据，便于维权。

第三章 特许经营费用之支付

第八条 履约保证金：人民币_____元整，为甲方确保乙方履行本合同约定，合同截止的三个月内全部返还；若乙方在协议期间违反本协议规定，保证金将予扣罚或不予退还；加盟金_____元整，作为品牌管理费，不予返还。

第九条 广告费之规定：乙方完成任务目标，甲方将以营业额（进货额计算）_____%作为乙方业务地区范围的广告促销投入费用，双方各自承担_____%。具体宣传方案必须由甲方统一操作或乙方提出有关方案报经甲方确认后实施，否则乙方自行安排的各广告宣传费用甲方均不予认可。并且，如乙方不能拿出相同数额的资金做市场投入，甲方的销售奖励不予兑现。

● 律师批注

【条款目的】
明确特许经营中被特许人应当向特许人支付的费用。

【风险提示】
特许人应当阐明相关费用的用途、退还条件及方式。

【法律规定】
《商业特许经营管理条例》(2007.05.01 施行)
　　第十六条　特许人要求被特许人在订立特许经营合同前支付费用的,应当以书面形式向被特许人说明该部分费用的用途以及退还的条件、方式。
　　第十七条　特许人向被特许人收取的推广、宣传费用,应当按照合同约定的用途使用。推广、宣传费用的使用情况应当及时向被特许人披露。
　　特许人在推广、宣传活动中,不得有欺骗、误导的行为,其发布的广告中不得含有宣传被特许人从事特许经营活动收益的内容。

> 第四章　双方权利义务
> 甲方权利义务:
> 　　第十条　有权对乙方的经营活动进行监督检查,并对乙方存在的问题提出整改意见。
> 　　第十一条　提供经营加盟店的开业相关资料及加盟店经营管理手册。
> 　　第十二条　提供店内陈设规划及有关经营所需的辅销器材或制作标准,包括:店铺平面配置图、商品陈列配置表、吊牌、服装专卖证明书、授权书等(模特、衣架、裤架等陈列道具甲方按成本价供给乙方)。
> 　　第十三条　提供产品及与产品相关的知识及信息。
> 　　第十四条　提供加盟店的员工培训课程及经营辅导。
> 　　第十五条　广告宣传、促销活动统一策划。
> 　　第十六条　提供业务信息及一切有关经营业务上的协助。
> 乙方权利义务:
> 　　第十七条　提供经营加盟店所需的合法证件,包括营业地址的租赁合同、营业执照及税务证件等。营业额特别授权期限届满,没有延期的,该商号权属当然归属甲方,乙方不得再使用该商号。
> 　　第十八条　接受甲方的监督检查,对甲方提出的整改意见应在_____日内完成改进。
> 　　第十九条　雇用合法劳工签订劳动合同,并接受总部应有的员工训练。

> 第二十条 按总部规定使用 VI 手册,包括店铺之设计,宣传物品及辅销品之规定。
> 第二十一条 依照甲方的指导及加盟店经营管理手册之规定经营加盟店;接受甲方统一策划之 VIP 卡,并由乙方承担制作成本费及相关打折费用等。
> 第二十二条 按时支付予甲方的款项,包括货款及特许经营相关费用等。
> 第二十三条 维持并促进甲方的商标、声誉及形象,不在加盟店销售其他品牌产品,不加盟经营其他同类产品的特许经营事业。

● 律师批注

【条款目的】
明确特许经营双方的权利义务。

【风险提示】
权利义务内容是合同双方履行的具体内容,应当尽量丰富翔实,约定公平。

> 第五章 商标使用之规定
> 第二十四条 乙方加盟的广告或推广材料,如出现甲方公司名称或商标有关图片、文字或声音均必须事先得到甲方的书面同意。
> 第二十五条 乙方承认商标及有关知识产权的权益完全属于甲方。
> 第二十六条 乙方有义务协助甲方在当地登记商标。
> 第二十七条 乙方不得以加盟店的名义登记商标或有关知识产权的所有人,除非获得甲方的书面许可或指示。
> 第二十八条 乙方如获悉任何第三者有侵犯商标或有关知识产权的行为,应立刻通知甲方,并在甲方的指示下提出诉讼,诉讼费则由甲方支付。

● 律师批注

【条款目的】
关于第二十四条至第二十八条,明确注册商标、企业标识、专利、专有技术等经营资源的归属。

【风险提示】
特许经营中,一般不涉及注册商标、企业标识、专利、专有技术等经营资源的所有权转移。

特许合同终止后,被特许人将不得使用此类经营资源。

> 第六章　保证保密之规定
> 甲方保证:
> 第二十九条　所提供产品质量的保证及不良品退货的保障。
> 第三十条　保证业务范围(区域)专卖权利及另外开店之优先权。
> 第三十一条　保证商标使用不会违反任何第三者的权益,如有违反造成乙方损失,愿意赔偿其损失。
> 第三十二条　保证乙方履行应尽义务的前提下,在同等条件下享受续约优先权。

● 律师批注

【条款目的】

甲方的保证,意在明确特许人保证被特许人经营权而作出的系列承诺。

> 乙方保证:
> 第三十三条　不竞争之保证:
> 1. 乙方在合约期间,不得经营、参观或涉及任何与甲方销售的货品之业务相类似或会产生竞争的行业。
> 2. 不得雇用或企图雇用在合同终止之前一年内被甲方总部雇用的员工,或诱使该员工离开其原来的职位。
> 3. 不得经任何方式将货品销售至乙方销售区域以外的任何市场。

● 律师批注

【条款目的】

不竞争之保证,意在禁止被特许人同业竞争行为。

【风险提示】

同业竞争禁止一般包括经营业务不重叠、不雇用对方员工或不鼓励或参与对方员工(包括近期离职员工)从事与对方相竞争的业务、不窜货等。

> 第三十四条　确认所有关于加盟的资料均属于甲方的商业机密,保证并声明无论是在合同期内或终止后的任何时候,均不会利用甲方加盟店业务的任何资料做其他任何业务用途。
> 第三十五条　保证并确保所有获悉上述资料的员工均不会把上述资料在未经甲方事先书面同意的情况下向任何人泄露。

● 律师批注

【条款目的】

明确被特许人保守商业秘密的义务及保密范围。

【风险提示】

被特许人作为在特许经营期间商业秘密的使用人,知悉和掌握商业秘密;并且,由于特许人合同签订前的信息披露义务,使得特许人的商业秘密被申请人或受许人所知晓,因此,被特许人负有商业秘密保密义务。保密义务应当包括以下内容:

(1) 有关商业秘密的范围、内容及保护措施;

(2) 被特许使用、公布商业秘密的区域及方式限制;

(3) 未经特许人事先同意,受许人或申请人不得复制、翻录或以其他方式将商业秘密泄露给他人;

(4) 特许经营期满后一定时期内,受许人仍应保守相关商业秘密。

【法律规定】

《中华人民共和国合同法》(1999.10.01 施行)

第四十三条 当事人在订立合同过程中知悉的商业秘密,无论合同是否成立,不得泄露或者不正当地使用。泄露或者不正当地使用该商业秘密给对方造成损失的,应当承担损害赔偿责任。

第七章 合同终止及违约责任

第三十六条 有下列情况之一,甲方有权作出单项_____元的处罚,或通知乙方单方面终止合约而无须负任何法律责任及作出任何赔偿。

1. 乙方连续两个月未实现销售。

2. 乙方违反合同任何条款。

3. 乙方未经甲方书面同意,在店铺内销售与甲方产品相似的其他品牌的产品或假冒产品。

4. 乙方不能按照合同规定及时履行支付各项结算费用。

5. 乙方未经甲方书面同意,将产品以任何方式销售至乙方规定区域以外的任何市场,如有发现,甲方有权进行罚没处理。

6. 乙方未经甲方书面同意,在任何情况下关闭其店铺,或无故终止合同行为。

7. 乙方相关人员企图阻止任何甲方授权人士进入乙方之营业范围、货仓范围、办公范围进行正常业务经营监督活动。

8. 乙方破坏"_____"商标之良好商誉及形象。

9. 乙方未经甲方书面同意,擅自进行批发或将零售价定于超过或低于甲方准许的价格。

10. 乙方未能完成公司规定的年度最低销售额(以进货额计算)。

第三十七条 乙方同意于合同期满或任何原因被终止之后,甲方有权免费取回按合同由甲方免费提供给乙方的所有物品。

第三十八条 乙方因不遵守合同之任何条文或违反合同的任何条款,而导致甲方单方面取消合同终止提供产品时,甲方将保留向乙方追究赔偿及采取法律行动的权利。

第三十九条 合同期满,未获得续期或于任何原因终止后,乙方必须立刻履行以下条款:

1. 支付应付的款项予甲方。
2. 停止经营、立即交回特许经营权证书,并自此不可以任何人士或公司声称属于甲方公司的一部分。
3. 停止使用甲方的商标或与之相类似的商标或记号。
4. 将甲方免费提供的有关物品及相关资料退回甲方。
5. 其尚未出售之库存商品,如甲方接手经营,甲方将按照最后一次统一调整价格与乙方结算。甲方接收的货品为自本协议书到期之日起一年内的货品。
6. 对于店内装修,如甲方接手经营,甲方将按照两年折旧与乙方进行换算补偿。
7. 双方协议终止的,按双方订立的终止协议执行。

● 律师批注

【条款目的】

第三十六条至第三十九条是关于违约责任的约定,请参见本书第一章"一般商品买卖合同"第八条、第九条的批注及第二章"机器设备买卖合同"第十一条的批注。

第八章 附则

第四十条 本合同为从属交易合同,双方为独立法人,不构成合伙关系。

第四十一条 合同双方不得转让合同上所属任何权利。

第四十二条 本合同执行期间,因不可抗力,致使合同无法履行时,双方应按有关法律规定即时协商处理。

第四十三条　本合同未规定之事项依《合同法》及《商业特许经营管理条例》之规定,双方并同意以甲方所在地为法院管辖地。

第四十四条　合同期满本合同自然终止,双方如续订合同,应在该合同期满前三十日向对方提出书面意见。

第四十五条　本合同未尽事宜,由双方充分协商后作出补充协议。补充协议是本合同的组成部分,与本合同具有同等法律效力。

第四十六条　本合同正本一式二份,经双方签字盖章后生效,甲乙双方各执一份,具有同等法律效力。

● 律师批注

【条款目的】

关于第四十一条至第四十六条,参见本书第一章"一般商品买卖合同"第十四条、第十五条的批注。

甲方名称：_____	乙方名称：_____
（盖章）	（盖章）
地址：_____	地址：_____
电话：_____	电话：_____
传真：_____	传真：_____
法人代表：_____	代表人：_____
委托代理人：_____	开户行：_____
开户行：_____	账号：_____
账号：_____	税号：_____
签订日期：_____	签订日期：_____

● 律师批注

参见本书第一章"一般商品买卖合同"关于本条的批注。

附录一　买卖类合同范本

目　录

一、一般商品买卖合同范本
　　1. 一般商品买卖合同范本　/246
二、普通商品买卖合同范本
　　2. 一般工业品买卖合同范本　/251
　　3. 工矿产品订货合同范本　/253
　　4. 机器设备买卖合同范本　/255
　　5. 煤炭买卖合同范本　/264
　　6. 家具买卖合同范本　/265
　　7. 商品房预售合同范本　/269
　　8. 商品房现房买卖合同范本　/285
　　9. 汽车买卖合同范本　/298
　　10. 软件买卖合同范本　/306
三、特殊买卖合同范本
　　11. 备忘录范本　/311
　　12. 采购意向书范本　/314
　　13. 认购书(商品房)范本　/316
　　14. 凭样品买卖合同范本　/318
　　15. 试用买卖合同范本　/321
　　16. 分期付款买卖合同范本　/323
　　17. 货物赊欠买卖合同范本　/326
　　18. 招投标买卖合同范本　/328
　　19. 委托拍卖合同范本　/337
　　20. 互易合同范本　/346
四、销售组织形式协议范本
　　21. 商品代销合同范本　/348
　　22. 品牌特许经营合同范本　/356

一、一般商品买卖合同范本

1. 一般商品买卖合同范本

一般商品买卖合同

合同编号：

买方：_____（下称甲方）　　卖方：_____（下称乙方）

地址：_____　　　　　　　　地址：_____

邮编：_____　　　　　　　　邮编：_____

电话：_____　　　　　　　　电话：_____

传真：_____　　　　　　　　传真：_____

电子邮箱：_____　　　　　　　　电子邮箱：_____

鉴于甲乙双方经过充分协商，本着自愿及平等互利的原则，根据《中华人民共和国合同法》等有关法律的规定，就甲方向乙方采购产品达成以下买卖协议。

第一条　名称、品种、规格和质量

1. 名称、品种、规格：_____（应注明产品的牌号或商标）。

2. 质量，按下列第____项执行：

（1）按照_____标准执行（须注明按国家标准或部颁或企业具体标准，如标准代号、编号和标准名称等）。

（2）按样本，样本作为合同的附件（应注明样本封存及保管方式）。

（3）按双方商定的要求执行，具体为：_____（应具体约定产品质量要求）。

第二条　数量和计量单位、计量方法

1. 数量：_____。

2. 计量单位和方法：_____。

3. 交货数量的正负尾差、合理磅差和在途自然增（减）量规定及计算方法：_____。

第三条 包装方式和包装品的处理

_____（应尽可能注明所采用的包装标准是否国家或主管部门标准，自行约定包装标准应具体可行，包装材料由谁供应，包装费用的负担）。

第四条 交货方式

1. 交货时间：_____。
2. 交货地点：_____。
3. 运输方式：_____（注明由谁负责代办运输）。
4. 保险：_____（按情况约定由谁负责投保并具体规定投保金额和投保险种）。
5. 与买卖相关的单证的转移：_____。

第五条 验收

1. 验收时间：_____。
2. 验收标准及方式：_____（如采用抽样检验，应注明抽样标准或方法及比例）。
3. 验收如发生争议，由_____检验机构按_____检验标准和方法，对产品进行检验。

第六条 价格与货款支付

1. 单价：_____；总价：_____（明确币种及大写）。
2. 货款支付：

货款的支付时间：_____；

货款的支付方式：_____；

运杂费和费用的支付时间及方式：_____。

3. 预付货款：_____（根据需要决定是否需要预付货款及金额、预付时间）。

第七条 提出异议的时间和方法

1. 甲方在验收中如发现货物的品种、型号、规格、花色和质量不合规定或约定，应在妥为保管货物的同时，自收到货物后_____日内向乙方提出书面异议；在托收承付期间，甲方有权拒付不符合合同规定部分的货款。甲方未及时提出异议或者自收到货物之日起_____日内未通知乙方的，视为货物合乎规定。
2. 甲方因使用、保管、保养不善等造成产品质量下降的，不得提出异议。
3. 乙方在接到甲方书面异议后，应在_____日内负责处理并通知甲方处理情况，否则，即视为默认甲方提出的异议和处理意见。

第八条　甲方违约责任

1. 甲方中途退货的,应向乙方赔偿退货部分货款的_____%违约金。

2. 甲方未按合同约定的时间和要求提供有关技术资料、包装物的,除交货日期得以顺延外,应按顺延交货部分货款金额每日万分之_____计算,向乙方支付违约金;如_____日内仍不能提供的,按中途退货处理。

3. 甲方自提产品未按乙方通知的日期或合同约定日期提货的,应按逾期提货部分货款金额每日万分之_____计算,向乙方支付逾期提货的违约金,并承担乙方实际支付的代为保管、保养的费用。

4. 甲方逾期付款的,应按逾期货款金额每日万分之_____计算,向乙方支付逾期付款的违约金。

5. 甲方违反合同规定拒绝接收货物的,应承担因此给乙方造成的损失。

6. 甲方如错填到货地点、接货人,或对乙方提出错误异议,应承担乙方因此所受到的实际损失。

7. 其他约定:_____。

第九条　乙方的违约责任

1. 乙方不能交货的,向甲方偿付不能交货部分货款_____%的违约金。

2. 乙方所交货物品种、型号、规格、花色、质量不符合同规定的,如甲方同意利用,应按质论价;甲方不能利用的,应根据具体情况,由乙方负责退换或维修,并承担修理、调换或退货而支付的实际费用。

3. 乙方因货物包装不符合合同规定,须返修或重新包装的,乙方负责返修或重新包装,并承担因此支出的费用。甲方不要求返修或重新包装而要求赔偿损失的,乙方应赔偿甲方该不合格包装物低于合格包装物的差价部分。因包装不当造成货物损坏或灭失的,由乙方负责赔偿。

4. 乙方逾期交货的,应按照逾期交货金额每日万分之_____计算,向甲方支付逾期交货的违约金,并赔偿甲方因此所遭受的损失。如逾期超过_____日,甲方有权终止合同并可就遭受的损失向乙方索赔。

5. 乙方提前交的货物、多交的货物,如其品种、型号、规格、花色、质量不符合约定,甲方在代保管期间实际支付的保管、保养等费用以及非因甲方保管不善而发生的损失,均应由乙方承担。

6. 货物错发到货地点或接货人的,乙方除应负责运到合同规定的到货地点或接货人的费用外,还应承担甲方因此多支付的实际合理费用和逾期交货的违约金。

7. 乙方提前交货的,甲方接到货物后,仍可按合同约定的付款时间付款;合同约定自提的,甲方可拒绝提货。乙方逾期交货的,乙方应在发货前与甲方协商,甲方仍需要货物的,乙方应按数补发,并承担逾期交货责任;甲方不再需要货物的,应在接到乙方通知后_____日内通知乙方,办理解除合同手续,逾期不答复的,视为同意乙方发货。

8. 其他:_____。

第十条　不可抗力与约定免责

不可抗力是指不能预见、不能避免并不能克服的客观情况。具体包括:一是自然原因,如洪水、暴风、地震、干旱、暴风雪等人类无法控制的自然原因所引起的灾害事故;二是社会原因,如战争、罢工、骚乱、政府禁止令、征收征用等引起的;三是突发重大疫情。

任何一方由于不可抗力原因不能履行合同时,应在不可抗力事件结束后____日内向对方通报,以减轻可能给对方造成的损失,在取得有关机构的不可抗力证明后,允许延期履行、部分履行或者不履行合同,并根据情况可部分或全部免予承担违约责任。

交货前发生涉及此类产品的重大社会安全事件,造成恶劣社会影响的,甲方有权解除本合同,双方互不承担责任。

第十一条　争议解决

合同争议的解决方式:本合同项下发生的争议,由双方当事人协商解决或申请调解解决;协商或调解不成的,按下列第_____种方式解决(只能选择一种):

1. 提交_____仲裁委员会仲裁;
2. 依法向_____人民法院起诉。

第十二条　附加条款

1. _____。
2. _____。

第十三条　约定事项

1. 按本合同规定应付的违约金、赔偿金、保管保养费和各种经济损失,应当在明确责任后_____日内,按银行规定的结算办法付清,否则按逾期付款处理。

2. 约定的违约金,视为违约的损失赔偿。双方没有约定违约金或预先赔偿额的计算方法的,损失赔偿额应当相当于违约所造成的损失,包括合同履行后可获得的利益,但不得超过违反合同一方订立合同时应当预见到的因违反合同可能造成的损失。

3. 合同有效期内,除非经对方同意,或者另有法定理由,任何一方不得变更或解除合同。

  4. 合同如有未尽事宜，须经双方共同协商，作出补充规定，补充规定与本合同具有同等效力。

  5. 双方来往函件，按照合同规定的地址或传真号码以_____方式送达对方。如一方地址、电话、传真号码有变更，应在变更后_____日内书面通知对方，否则，应承担相应责任。传真件有效。

  第十四条 本合同经双方盖章或授权代表签字后生效。

  第十五条 本合同正本一式_____份，双方各执_____份。

甲方：_____   乙方：_____

法定代表人或授权代表：（签字） 法定代表人或授权代表：（签字）

本合同于_____年_____月_____日订立于_____（地点）。

二、普通商品买卖合同范本

2. 一般工业品买卖合同范本

一般工业品买卖合同

合同编号：

出卖人：_____
买受人：_____
签订地点：_____　　　　签订时间：_____

第一条　标的物

（注：空格如不够用，可以另接）

标的物名称	商标	规格型号	生产厂家	计量单位	数量	价款	
						单价	总价
合计人民币金额（大写）：					¥：		

第二条　质量要求：_____。
第三条　包装标准、包装物的提供与回收：_____。
第四条　随附必备品、配件、工具的数量及提供办法：_____。
第五条　合理损耗标准及计算方法：_____。
第六条　标的物所有权自（交付/_____）时起转移，但买受人未履行（支付价款/_____）义务的，标的物仍属于出卖人所有；标的物毁损、灭失的风险自交付时起由买受人承担。
第七条　交付（提取）标的物或提取标的物单证的方式、时间、地点：____
_____。
第八条　运输方式及到达站（港）和费用负担：_____。
第九条　验收标准、方法、地点及期限：_____。

第十条　成套设备的安装与调试：_____。
第十一条　出卖人对标的物质量负责的条件及期限：_____。
第十二条　结算方式、时间及地点：_____。
第十三条　担保方式(也可另立担保合同)：_____。
第十四条　本合同解除的条件：_____。
第十五条　违约责任
出卖人的违约责任：_____。
买受人的违约责任：_____。
第十六条　合同争议的解决方式

本合同项下发生的争议，由双方当事人协商解决或申请调解解决；协商或调解不成的，按下列第_____种方式解决(只能选择一种)：

1. 提交_____仲裁委员会仲裁；
2. 依法向_____人民法院起诉。

第十七条　本合同自_____时起生效。
第十八条　其他约定事项：_____。
(以下无正文)
(签字盖章页)

出卖人		买受人	
出卖人(章)：	营业执照号码：	出卖人(章)：	营业执照号码：
住所		住所	
法定代表人：	委托代理人：	法定代表人：	委托代理人：
电话：	传真：	电话：	传真：
开户银行：	账号：	开户银行：	账号：
税号：	邮政编码：	税号：	邮政编码：

3. 工矿产品订货合同范本

工矿产品订货合同

合同编号：

供方：_____（下称甲方） 　需方：_____（下称乙方）
地址：_____ 　地址：_____
邮编：_____ 　邮编：_____
电话：_____ 　电话：_____
传真：_____ 　传真：_____
电子邮箱：_____ 　电子邮箱：_____

甲乙双方根据《中华人民共和国合同法》等有关法律的规定，经充分协商，本着自愿及平等互利的原则，订立本合同。

第一条 产品名称、商标、型号、质量、数量、金额、供货时间

产品名称	商标	规格型号	质量	数量	价款		供货时间
					单价	总价	
合计人民币金额(大写)：						￥：	

第二条 质量要求、技术标准、供方对质量负责的条件和期限：_____。

第三条 交(提)货方式：_____。

第四条 运输方式及到达站(港)的费用负担：_____。

第五条 验收方式及提出异议的期限：_____。

第六条 包装标准、包装物的供应与回收和费用负担：_____。

第七条 超欠幅度、损耗及计算方法：_____。

第八条 随机配件、备品、工具供应方法：_____。

第九条 结算方式及期限：_____。

第十条 违约责任：_____。

第十一条 担保：_____。

第十二条 解决合同纠纷的方式：_____。

第十三条 本合同于_____年___月___日在_____签订,有效期限：_____。

第十四条 其他约定事项：_____。

供方单位名称：_____（公章）　　需方单位名称：_____（公章）
代表人：_____　　　代表人：_____
委托代理人：_____　　　委托代理人：_____
开户银行：_____　　　开户银行：_____
账号：_____　　　账号：_____
电话：_____　　　电话：_____
_____年___月___日　　　　　　　　_____年___月___日

4. 机器设备买卖合同范本

机器设备买卖合同

合同编号：

买方：_____　　　　　卖方：_____
地址：_____　　　　　地址：_____
邮编：_____　　　　　邮编：_____
电话：_____　　　　　电话：_____
传真：_____　　　　　传真：_____
电子邮箱：_____　　　　电子邮箱：_____

鉴于卖方拥有生产、销售_____设备及相关资料的专有权，买方为_____需要有意向卖方购买上述设备及相关资料。双方本着自愿、平等、互惠互利、诚实信用的原则，经充分友好协商，订立如下合同条款，以兹共同恪守履行。

第一条　合同标的

本合同标的为用于_____项目的_____设备。

1. 设备名称、型号、规格、数量_____。

2. 卖方的所有供货及服务必须使安装后的设备完全满足技术规格书的要求。

3. 卖方为买方设计制造并提供设备所需的其他辅助设备及材料。

4. 卖方向买方提供所供设备的以下服务：设计、培训、安装、测试验收、质量保证、售后服务等。

第二条　合同价格

1. 合同总价为￥_____（大写_____元）。

2. 合同总价包括设备及辅助设备的制造、包装、税费、关税、商检费以及安装调试、验收、培训、技术服务（包括技术资料、图纸的提供）、质保期保障等全部费用。

3. 合同总价的分项价格如下：

（1）设备和材料费用：￥_____（大写_____元）。

（2）辅助设备费用：￥_____（大写_____元）。

（3）设计和技术资料费用及培训费用：￥_____（大写_____元）。
（4）技术服务费用：￥_____（大写_____元）。
4. 本合同价格为固定不变价。
5. 如果单价和数量的乘积与总价不一致时，以单价为准并修正总价。

第三条　付款

本合同第二条所规定的合同总价，按以下办法及比例由买方通过_____银行支付给卖方。

1. 合同总价的_____%，计￥_____（大写：_____元），在买方收到卖方提交下列单据并经审核无误后_____日内支付给卖方：

（1）卖方国家有关当局出具的出口许可证影印本_____份，或有关当局出具的不需出口许可证的证明文件_____份。

（2）_____银行出具的以买方为受益人，金额为合同总价的_____%不可撤销的保证函正副本各_____份。

（3）金额为合同总价的形式发票一式_____份。

（4）即期汇票一式_____份。

（5）商业发票一式_____份。

上述单据卖方应于本合同生效之日起_____日内提交。

2. 合同总价的_____%，计￥_____（大写：_____元），在卖方按本合同约定交货时，买方在收到卖方提交的下列单据并经审核无误后_____日内，将每批交货总价的_____%支付给卖方：

（1）全套清洁无瑕疵、空白抬头、空白背书并注明"运费到付通知目的港_____公司"的海运提单正本_____份，副本_____份；

（2）商业发票一式_____份；

（3）即期汇票一式_____份；

（4）详细装箱单一式_____份；

（5）质量合格证一式_____份。

3. 合同总价的_____%，计￥_____（大写：_____元），在买方收到下列单据并经审核无误后_____日内支付给卖方：

（1）商业发票一式_____份；

（2）双方代表按本合同规定签署的_____交接验收证书的影印本_____份；

（3）即期汇票一式_____份。

4. 合同总价的_____%，计￥_____（大写：_____元），在按本合同规定的保证期满后，买方在收到卖方提交的下列单据并经审核无误后

_____日内支付给卖方：

（1）商品发票一式_____份；

（2）双方代表按本合同规定签署的_____保证期结束的确认书影印本_____份；

（3）即期汇票一式_____份。

买卖双方因履行本合同所发生的银行费用,在中国发生的,均由买方负担,在中国以外发生的,均由卖方负担。

第四条 逾期付款

如果买方不能在合同规定的期限内付款,则卖方有权延期交货；如果超过合同规定支付时间_____日买方仍不付款,则卖方有权解除合同,买方应按货物总金额的_____% 计算违约金¥_____（大写：_____元）付给卖方；如果买方未按合同规定的日期付款给卖方,则买方也应支付由此产生的违约金,违约金按拖欠款金额每日_____‰计算,直至该款付清为止。超过合同付款期_____日买方仍不付款,由此造成卖方的损失,应由买方向卖方作出补偿。

第五条 设备交付

1. 交付时间:卖方应于本合同生效后_____个月内分_____批将设备交付完毕。交货日期以设备始发航空部门/铁路部门/水运部门发货时间戳记为准。此日期即为本合同计算迟延交货违约金的根据。

2. 交付地点:所有合同设备由卖方负责运至交货地点。交货地点为_____机场（车站、港口）。货物的所有权及风险在卖方将货物交至承运人后转移至买方。

3. 卖方应于交货日_____日之前,通过电报、电传或传真的方式将合同设备的如下内容通知买方。买方在收到卖方通知后,应尽快向卖方确认交货地点与交货日期。

（1）合同号。

（2）机组号。

（3）设备备妥发运日。

（4）设备名称及编号和价格。

（5）设备总毛重。

（6）设备总体积。

（7）总包装件数。

（8）交运车站/港口/机场名称、车号/船号/飞机号和运单号。

（9）重量超过20吨或尺寸超过9米×3米×3米的每件货物的名称、重量、体积和件数。对每件该类设备(部件)必须标明重心和吊点位置,并附有草图。

(10) 对于特殊物品(易燃、易爆、有毒物品及其他危险品和运输过程中对温度等环境因素和震动有特殊要求的设备或物品)必须特别标明其品名、性质、特殊保护措施、保存方法以及处理意外情况的方法。

第六条 资料交付

1. 卖方应于本合同生效后_____个月内,将与合同设备有关的图纸、资料、技术文件等技术资料以空运/邮寄等方式交付给买方。

2. 技术资料采用空运方式的,_____机场在技术资料空运提单上所加盖的日期戳为技术资料实际交付的日期。买方应在_____日内将带有到达印戳日期的空运提单影印本一份寄送卖方。技术资料采用邮寄方式的,买方所在地所属邮局的落地印戳日期为技术资料的实际交付日期。买方在收到资料_____日内将收到单据复印件寄送给卖方。

3. 在技术资料发运后的 24 小时(或 48 小时)内,卖方应将合同号、空运提单号与日期、资料项号、件数、重量、航班号用电报或电传通知买方,并将空运提单正本_____份、副本_____份和技术资料装箱清单_____份航空邮寄给买方。

第七条 包装

1. 卖方所交付的所有货物要有适合长途运输和多次搬运、装卸的坚固包装,不能造成运输过程中箱件破损、设备和零件散失。并应按设备特点,按需要分别加上防潮、防霉、防锈、防腐蚀等保护措施,以保证货物在没有任何损坏和腐蚀的情况下安全运抵合同设备安装现场。

2. 卖方对包装箱内和捆内的各散装部件均应系加标签,注明合同号、主机名称、部件名称以及该部件在装配图中的位号、零件号。备件和工具除注明上述内容外,尚需注明"备件"或"工具"字样。

3. 卖方应在每件包装箱的邻接四个侧面上,用不褪色的油漆以明显易见的中文或英文字样印刷以下标记:

(1) 合同号;
(2) 目的站/码头;
(3) 收货人;
(4) 设备名称、机组号、图号;
(5) 箱号/件号;
(6) 毛重/净重(公斤);
(7) 体积(长×宽×高,以毫米表示)。

4. 对裸装货物应以金属标签或直接在设备本身上注明上述有关内容。大件货物应带有足够的支架或包装垫木。

5. 每件包装箱内,应附有包括分件名称、数量、价格、机组号、图号的详细装箱单、合格证。外购件包装箱内应有产品出厂质量合格证明书、技术说明(如有)各一份。

6. 卖方交付的技术资料,应具有适合长途运输、多次搬运、防潮和防雨的包装,每包技术资料的封面上应注明下述内容:

(1) 合同号;
(2) 收货人;
(3) 目的地;
(4) 唛头标记;
(5) 毛重/净重(公斤);
(6) 箱号/件号;
(7) 每一包资料内应附有技术资料的详细清单一式二份,标明技术资料的序号、代号、名称和页数。

7. 凡由于卖方包装或保管不善致使货物遭到损坏或丢失时,不论在何时何地发现,一经证实,卖方应负责及时修理、更换或赔偿。在运输中如非卖方包装原因发生货物损坏和丢失时,买方应立即向承运部门提出异议,索取商务证明,并通知卖方_____日内到达现场调查。卖方负责与承运部门及保险公司交涉,买方协助卖方尽快处理,同时卖方应尽快向买方补供货物以满足工期需要。

第八条 验收

1. 货物到达目的地后,卖方在接到买方通知后应及时到达现场,与买方一起根据运单和装箱单组织对货物的包装、外观及件数进行清点检验。如发现有任何不符之处并由双方代表确认属卖方责任后,由卖方处理解决。当货物运到现场后,买方应尽快开箱检验,检验货物的数量、规格和质量。买方应在开箱检查前_____日通知卖方开箱检验日期,卖方应派检验人员参加现场检验工作,买方应为卖方检验人员提供工作和生活方便。如检验时,卖方人员未按时赴现场,买方有权自行开箱检验,检验结果和记录对双方同样有效,并作为买方向卖方提出索赔的有效证据。如买方未通知卖方而自行开箱或最后一批设备到达现场_____个月后仍不开箱,产生的后果由买方承担。

2. 现场检验时,如发现设备由于卖方原因有任何损坏、缺陷、短少或不符合合同中规定的质量标准和规范时,应做好记录,并由双方代表签字,各执一份,作为买方向卖方提出修理或更换的依据;如果卖方委托买方修理损坏的设备,所有修理设备的费用由卖方承担;如果非卖方原因或由于买方原因,发现损坏或短缺,卖方在接到买方通知后,应尽快提供或替换相应的部件,但费用由买方自负。

3. 如双方代表在会同检验中对检验记录不能取得一致意见时,任何一方均可提请中国商品检验局进行商检。商检局出具的商检证书是具有法律效力的最终检验结果,对双方都有约束力,商检费用由责任方负担。

4. 保证期一般是指合同设备签发初步验收证书之日起一年(签最终验收证书)或卖方发运的最后一批交货的设备到货之日起＿＿＿个月(签最终验收证书),二者以先到日期为准。在保证期内,如发现卖方提供的"设备"有缺陷或/和不符合合同规定时,如属卖方责任,则买方有权凭中国商品检验局出具的检验证书向卖方提出索赔。卖方接到买方索赔证书后,应立即无偿换货或降低货价,并负担由此产生的到安装现场的换货费用和风险(货物到达目的港后的风险由买方负责)。如卖方对索赔有异议时,应在接到买方索赔证书后两个星期内提出复议,双方另行协商,逾期索赔即作为成立。卖方换货的期限,应不迟于卖方收到买方索赔证书后＿＿＿个月。

第九条　风险负担

1. 货物毁损、灭失的风险,在货物交付之前由卖方承担,交付之后由买方承担,但法律另有规定或者当事人另有约定的除外。

2. 因买方的原因致使货物不能按照约定的期限交付的,买方应当自违反约定之日起承担货物毁损、灭失的风险。

3. 卖方出卖交由承运人运输的在途货物,除当事人另有约定的以外,毁损、灭失的风险自合同成立时起由买方承担。

4. 卖方按照约定未交付有关货物的单证和资料的,不影响货物毁损、灭失风险的转移。

5. 因货物质量不符合质量要求,致使不能实现合同目的的,买方可以拒绝接受货物或者解除合同。买方拒绝接受货物或者解除合同的,货物毁损、灭失的风险由卖方承担。

6. 货物风险的转移,不影响因卖方履行义务不符合约定,买方要求其承担违约责任的权利。

第十条　不可抗力

1. 如果本合同任何一方因受不可抗力事件影响而未能履行其在本合同项下的全部或部分义务,该义务的履行在不可抗力事件妨碍其履行期间应予中止。

2. 声称受到不可抗力事件影响的一方应尽可能在最短的时间内通过书

面形式将不可抗力事件的发生通知另一方,并在该不可抗力事件发生后_____日内向另一方提供关于此种不可抗力事件及其持续时间的适当证据及合同不能履行或者需要延期履行的书面资料。声称不可抗力事件导致其对本合同的履行在客观上成为不可能或不实际的一方,有责任尽一切合理的努力消除或减轻此等不可抗力事件的影响。

3. 不可抗力事件发生时,双方应立即通过友好协商决定如何执行本合同。不可抗力事件或其影响终止或消除后,双方须立即恢复履行各自在本合同项下的各项义务。如不可抗力及其影响无法终止或消除而致使合同任何一方丧失继续履行合同的能力,则双方可协商解除合同或暂时延迟合同的履行,且遭遇不可抗力一方无须为此承担责任。当事人迟延履行后发生不可抗力的,不能免除责任。

4. 本合同所称"不可抗力"是指受影响一方不能合理控制的,无法预料或即使可预料到也不可避免且无法克服,并于本合同签订日之后出现的,使该方对本合同全部或部分的履行在客观上成为不可能或不实际的任何事件。此等事件包括但不限于自然灾害如水灾、火灾、旱灾、台风、地震,以及社会事件如战争(不论曾否宣战)、动乱、罢工,政府行为或法律规定等。

第十一条　合同的解除

1. 本合同在下列任一情形下解除:
(1) 一方进入解体或倒闭阶段;
(2) 一方被判为破产或其他原因致使资不抵债;
(3) 本合同已有效、全部得到履行;
(4) 双方共同同意提前解除合同;
(5) 按仲裁机构的裁决,合同解除或终止。

2. 因不可抗力致使合同目的不能实现的。

3. 在合同期限届满之前,当事人一方明确表示或以自己的行为表明不履行合同主要义务的。

4. 当事人一方迟延履行合同主要义务,经催告后在合理期限内仍未履行的。

5. 当事人有其他违约或违法行为致使合同目的不能实现的。

第十二条　声明及保证

买方:

1. 买方为一家依法设立并合法存续的企业,有权签署并有能力履行本合同。

2. 买方签署和履行本合同所需的一切手续(_____)均已办妥并合法

有效。

3. 在签署本合同时,任何法院、仲裁机构、行政机关或监管机构均未作出任何足以对买方履行本合同产生重大不利影响的判决、裁定、裁决或具体行政行为。

4. 买方为签署本合同所需的内部授权程序均已完成,本合同的签署人是买方法定代表人或授权代表人。本合同生效后即对合同双方具有法律约束力。

卖方:

1. 卖方为一家依法设立并合法存续的企业,有权签署并有能力履行本合同。

2. 卖方签署和履行本合同所需的一切手续(＿＿＿＿＿＿)均已办妥并合法有效。

3. 在签署本合同时,任何法院、仲裁机构、行政机关或监管机构均未作出任何足以对卖方履行本合同产生重大不利影响的判决、裁定、裁决或具体行政行为。

4. 卖方为签署本合同所需的内部授权程序均已完成,本合同的签署人是卖方法定代表人或授权代表人。本合同生效后即对合同双方具有法律约束力。

第十三条 通知

1. 根据本合同需要一方向另一方发出的全部通知以及双方的文件往来及与本合同有关的通知和要求等,必须用书面形式,可采用＿＿＿＿(书信、传真、电报、当面送交等)方式传递。以上方式无法送达的,方可采取公告送达的方式。

2. 各方通讯地址如下:＿＿＿＿＿＿＿＿＿＿＿＿＿＿＿＿＿＿＿＿＿＿＿。

3. 一方变更通知或通讯地址,应自变更之日起＿＿＿＿＿＿日内,以书面形式通知对方;否则,由未通知方承担由此而引起的相关责任。

第十四条 合同的变更

本合同履行期间,发生特殊情况时,任何一方需变更本合同的,要求变更一方应及时书面通知对方,在征得对方同意后,双方在规定的时限内(书面通知发出＿＿＿＿＿＿日内)签订书面变更协议,该协议将成为合同不可分割的部分。未经双方签署书面文件,任何一方无权变更本合同,否则,由此造成对方的经济损失,由责任方承担。

第十五条 合同的转让

除合同中另有规定或经双方协商同意外,本合同所规定双方的任何权利和义务,任何一方在未征得另一方书面同意之前,不得转让给第三方。任何转让,未经另一方书面明确表示同意,均属无效。

第十六条　争议的处理

1. 本合同受中华人民共和国法律管辖并按其进行解释。

2. 本合同在履行过程中发生的争议,由双方当事人协商解决,也可由有关部门调解;协商或调解不成的,按下列第_____种方式解决:

（1）提交_____仲裁委员会仲裁。

仲裁裁决是终局的,对双方均有约束力。任何一方不得向法院或其他机构申请改变仲裁裁决。

仲裁费用由败诉方承担。

仲裁进行过程中,双方将继续执行合同,但仲裁部分除外。

（2）依法向人民法院起诉。在法院进行审理期间,除提交法院审理的事项外,合同其他部分仍应继续履行。

第十七条　合同的解释

本合同未尽事宜或条款内容不明确,合同双方当事人可以根据本合同的原则、合同的目的、交易习惯及关联条款的内容,按照通常理解对本合同作出合理解释。该解释具有约束力,除非解释与法律或本合同相抵触。

第十八条　补充与附件

本合同未尽事宜,依照有关法律、法规执行,法律、法规未作规定的,买卖双方可以达成书面补充合同。本合同的附件和补充合同均为本合同不可分割的组成部分,与本合同具有同等的法律效力。

第十九条　合同的效力

本合同自双方或双方法定代表人或其授权代表人签字并加盖单位公章或合同专用章之日起生效。

有效期为_____年,自_____年____月____日至_____年____月____日。

本合同正本一式_____份,双方各执_____份,具有同等法律效力。

买方(盖章):_____　　卖方(盖章):_____
授权代表(签字):_____　　授权代表(签字):_____
委托代理人(签字):_____　　委托代理人(签字):_____
_____年_____月_____日　　_____年_____月_____日
签约地点:_____　　签约地点:_____

5. 煤炭买卖合同范本

煤炭买卖合同

合同编号：

出卖人：_____
买受人：_____
签订地点：_____　　签订时间：_____

第一条 收货人名称、发到站、品种规格、质量、交(提)货时间、数量

收货人名称	发站	到站	品种规格	质量	交(提)货时间、数量(吨)				
					全年合计	一季度	二季度	三季度	四季度
						1　2　3	4　5　6	7　8　9	10　11　12

注：空格如不够用，可以另接

第二条 交(提)货方式：
第三条 质量和数量验收标准及方法：
第四条 煤炭单价及执行期：
第五条 货款、运杂费结算方式及结算期限：
第六条 违约责任：
第七条 解决合同争议的方式：
第八条 其他约定事项：

出卖人		买受人		鉴(公)证意见
出卖人名称(章)：	开户银行：	买受人名称(章)：	开户银行：	鉴(公)证机关(章)：
住所：	账号：	住所：	账号：	经办人：
法定代表人：	纳税人登记号：	法定代表人：	纳税人登记号：	___年__月__日
委托代理人：	邮政编码：	委托代理人：	邮政编码：	
电话：		电话：		
电报挂号：		电报挂号：		

注：除国家另有规定外，鉴(公)证实行自愿原则

6. 家具买卖合同范本

家具买卖合同

合同编号：

第一条 家具基本情况
（请逐项填写，勿写"同样品"；"验收说明"等内容请在验收后填写）

家具名称	商标	产地	规格型号	主材/面料	辅材/五金	边材状况	颜色	数量	单价	总价
送货费：___元，合计(大写)：___拾___万___仟___佰___拾___元 ¥：___元										
验收说明	□ 验收合格 □ 货款两清 □ 拒收及原因：		□ 问题及解决方案：			买方送货员			实际交货时间 __年__月__日	

第二条 质量标准

每件家具应随附符合 GB 5296.6 要求的《家具使用说明书》，达到《家具使用说明书》中明示的执行标准，且不低于样品同等质量。

第三条 付款方式

□买方应在签约时一次性支付全部价款。

□买方应在签约时支付全部价款____%（不得超过20%）____元的定金，余款____元应在____时付清。买方违约退货的，无权要求返还定金；卖方违约不能交货的，应双倍返还定金。

□买方应在签约时支付____元的预付款，余款____元应在____时付清。

第四条 交货及验收

□买方自提/□卖方送货；交货时间：_____；交货地点：_____。

卖方应在交货时督促买方对家具的商标、数量及款式等外观特征及有无《家具使用说明书》进行验收，买方发现问题应当场提出，并由双方协商达成解决方案。

第五条 三包

对于家具的质量问题,应按照《××市家具产品修理、更换、退货责任规定》执行,卖方或主办单位做出对买方更有利的责任承诺的,按照该承诺执行。

第六条 违约责任

(一)一方迟延送货或提货的,应每日向对方支付迟延部分家具价款____%的违约金,但因对方原因导致的迟延除外;迟延超过____日的,守约方有权解除合同,支付定金的,可选择适用定金罚则。

(二)经国家认可的家具检测机构检测,家具的有害物质限量不符合国家或北京市有关标准的强制性要求的,买方有权无条件退货,并要求卖方赔偿相应的检测费、交通费、误工费等损失。

(三)_____。

第七条 在展销会或市场内签订的合同,卖方应先交主办单位签章后再交买方保存。卖方撤离展销会或市场的,由主办单位先行承担赔偿责任;主办单位承担责任后,有权向卖方追偿。

第八条 争议解决方式

本合同项下发生的争议,由双方协商或向消费者协会等部门申请调解解决;协商或调解解决不成的,□依法向____人民法院起诉/ □提交____仲裁委员会仲裁。

第九条 其他约定事项: _____。

买方(签章):　　　　　　　　　卖方(签章):
住所:　　　　　　　　　　　　　住所:
委托代理人:　　　　　　　　　　经办人:
联系电话:　　　　　　　　　　　联系电话:
移动电话:　　　　　　　　　　　售后服务电话:

主办单位(签章):
住所:
经办人:
联系电话:
售后服务电话:

签订时间:____年____月____日
签订地点:_____

附：《家具买卖合同》示范文本填写指南

1.《××市家具买卖合同》一式四联，可无碳复写。为增强复写效果，请在四联合同下垫上硬板，填写时请用力。

2. 空格和横线位置是为当事人预留的填写空间。当事人可根据实际情况填入相应文字，未发生的项目可不填写。如家具种类较少，一种家具可占用表格中两行以上空间。"□"后的内容为选择性内容，当事人务必根据实际情况以打勾的方式选定相应内容。

3. "合同编号"由家具企业或家具市场自行编制。

4. "商标"是指家具使用的注册商标或未注册商标，不是家具生产、销售企业的名称、商号。

5. "产地"是指家具生产、加工并被制造成型的国家或城市，如美国、云南、北京等。

6. "主材/面料"用来标明家具主体部位所使用的材质或面料情况，如紫檀、牛皮、化纤、纯毛等。使用进口主材或面料但在国内最终制造完成的家具，应在此栏填写主材或面料的产地及种类，如巴西花梨木、澳大利亚牛皮等。请注意与"产地"的区别。

7. "辅材/五金"用来标明家具非主体部位所使用的材质或五金件情况，填写要求请参考"主材/面料"。如辅材或五金件种类较多，可挑选消费者较为关注、价值较高或容易出现问题的一至两种填写。

8. "边材状况"仅在销售红木家具时填写。应根据实际情况填写红木家具中边材所占的比例，也可同时注明使用边材的大致部位。

9. "送货费"仅在需向消费者另行收取送货费用的情况下填写。

10. 如对家具收取折扣价、优惠价的，可在"合计"小写金额后加以注明。

11. "验收说明"是对交货时家具状况及争议解决有关问题的书面记录，应在家具实际交货验收后填写。如验收后无争议的，选择"验收合格"；消费者支付完剩余货款的，请同时选择"货款两清"。如验收后有争议的，选择"问题及解决方案"；争议较大导致消费者拒收家具的，选择"拒收及原因"。"验收说明"填写时应将合同"送货联"与"买方联"上下重叠，在相应空白处进行二次填写，保证双方当事人均能保留一份书面记录。

12. "付款方式"列明的三种方式中，"先交定金"和"先交预付款"的方式可同时选择。

13. "签订时间"应以买卖双方当事人中最后签订合同一方的签字时间为准。

14. "争议解决方式"如选择仲裁的,务必写明仲裁机构的全称,如北京市仲裁委员会、中国国际经济贸易仲裁委员会等。

7. 商品房预售合同范本

商品房预售合同

合同编号：

说　明

1. 本合同文本为示范文本，由××市建设委员会和××市工商行政管理局共同制定。

2. 签订合同前，出卖人应当向买受人出示商品房预售许可证及其他有关证书和证明文件。

3. 当事人应当按照自愿、公平及诚实信用的原则订立合同，任何一方不得将自己的意志强加给另一方。双方当事人可以对文本条款的内容进行修改、增补或删减。合同生效后，未被修改的文本打印文字视为双方当事人同意内容。

4. 签订合同前，买受人应当仔细阅读合同条款，应当特别仔细审阅其中具有选择性、补充性、填充性、修改性的内容。

5. 为体现合同双方的自愿原则，本合同文本中相关条款后留有空白行，供双方自行约定或补充约定。出卖人与买受人可以针对合同中未约定或约定不详的内容，根据所售项目的具体情况签订公平合理的补充协议，也可以在相关条款后的空白行中进行补充约定。

6. 本合同文本[　]中选择内容、空格部位填写及其他需要删除或添加的内容，双方当事人应当协商确定。[　]中选择内容，以打"√"方式选定；对于实际情况未发生或双方当事人不作约定时，应当在空格部位打"×"，以示删除。

7. 双方当事人在履行合同中发生争议的，可以选择向不动产所在地的人民法院起诉，也可以选择向仲裁委员会申请仲裁。如选择申请仲裁的，可以向北京市仲裁委员会、中国国际经济贸易仲裁委员会或外地的仲裁委员会申请。

8. 双方当事人可以根据实际情况决定本合同原件的份数，并在签订合同时认真核对，以确保各份合同内容一致；在任何情况下，买受人都应当至少持有一份合同原件。

出卖人：_____

通讯地址：_____

邮政编码：_____

营业执照注册号：_____
企业资质证书号：_____
法定代表人：_____ 联系电话：_____
委托代理人：_____ 联系电话：_____
委托销售代理机构：_____
通讯地址：_____
邮政编码：_____
营业执照注册号：_____

买受人：_____
［法定代表人］［负责人］：_____ 国籍：_____
［身份证］［护照］［营业执照注册号］［　］：_____
出生日期：_____年_____月_____日,性别：_____
通讯地址：_____
邮政编码：_____ 联系电话：_____
［法定代理人］［委托代理人］：_____ 国籍：_____
［身份证］［护照］［　］：_____
出生日期：_____年_____月_____日,性别：_____
通讯地址：_____
邮政编码：_____ 联系电话：_____

根据《中华人民共和国合同法》、《中华人民共和国城市房地产管理法》、《××市城市房地产转让管理办法》及其他有关法律、法规的规定，出卖人和买受人在平等、自愿、公平、协商一致的基础上就商品房预售事宜达成如下协议：

第一条 项目建设依据

出卖人以［出让］［转让］［划拨］方式取得坐落于_____地块的国有土地使用权。该地块［国有土地使用证号］［城镇建设用地批准书号］为：_____，土地使用权面积为：_____，买受人购买的商品房（以下简称该商品房）所在土地用途为：_____，土地使用年限自_____年_____月_____日至_____年_____月_____日。

出卖人经批准，在上述地块上建设的商品房［地名核准名称］［暂定名］为：_____，建设工程规划许可证号为：_____，建筑工程施工许可证号为：_____，建设工程施工合同约定的开工日期为：_____，建设工程施工合同约定的竣工日期为：_____。

第二条　预售依据

该商品房已由_____批准预售，预售许可证号为：_____。

第三条　基本情况

该商品房所在楼栋的主体建筑结构为：_____，建筑层数为：_____层，其中地上_____层，地下_____层。

该商品房为第一条规定项目中的_____[幢][座]第_____层_____单元_____号。该房号为[审定编号][暂定编号]，最终以公安行政管理部门审核的房号为准，该商品房平面图及在整栋楼中的位置图见附件一。

该商品房的用途为[住宅][经济适用住房][公寓][别墅][办公][商业][　]：_____；[层高][净高]为：_____米，[坡屋顶净高]最低为：_____米，最高为：_____米。该商品房朝向为：_____。有_____个阳台，其中_____个阳台为封闭式，_____个阳台为非封闭式。

出卖人委托预测该商品房面积的房产测绘机构是_____，其预测建筑面积共_____平方米，其中，套内建筑面积_____平方米，共用部位与共用房屋分摊建筑面积_____平方米。有关共用部位与共用房屋分摊建筑面积构成说明见附件二。

签订本合同时该商品房所在楼栋的建设工程进度状况为_____。（如：正负零、地下一层……地上五层、……结构封顶）

本条所称层高是指上下两层楼面或楼面与地面之间的垂直距离，净高是指楼面或地面至上部楼板底面或吊顶底面之间的垂直距离。

第四条　抵押情况

与该商品房有关的抵押情况为：_____。

1. 该商品房所分摊的土地使用权及在建工程均未设定抵押。

2. 该商品房所分摊的土地使用权已经设定抵押，抵押权人为：_____，抵押登记部门为：_____，抵押登记日期为：_____。

3. 该商品房在建工程已经设定抵押，抵押权人为：_____，抵押登记部门为：_____，抵押登记日期为：_____。（2和3可以同时选择）。

抵押权人同意该商品房预售的证明及关于抵押的相关约定见附件三。

第五条　计价方式与价款

该商品房为住宅的，出卖人与买受人约定按照下列第一种方式计算该商品房价款。其中，该商品房为经济适用住房的，出卖人与买受人约定同时按照下列第一种方式和第二种方式分别计算该商品房价款。

该商品房为非住宅的,出卖人与买受人约定按照下列第_____种方式计算该商品房价款。

1. 按照套内建筑面积计算,该商品房单价每平方米_____(币)_____元,总价款_____(币)_____佰_____拾_____亿_____仟_____佰_____拾_____万_____仟_____佰_____拾_____元整(大写)。

2. 按照建筑面积计算,该商品房单价为每平方米_____(币)_____元,总价款_____(币)_____佰_____拾_____亿_____仟_____佰_____拾_____万_____仟_____佰_____拾_____元整(大写)。

3. 按照套(单元)计算,该商品房总价款为_____(币)_____佰_____拾_____亿_____仟_____佰_____拾_____万_____仟_____佰_____拾_____元整(大写)。

4. 按照_____计算,该商品房总价款为_____(币)_____佰_____拾_____亿_____仟_____佰_____拾_____万_____仟_____佰_____拾_____元整(大写)。

具体约定见附件四。

本条所称建筑面积,是指房屋外墙(柱)勒脚以上各层的外围水平投影面积,包括阳台、挑廊、地下室、室外楼梯等,且具备上盖,结构牢固,层高2.20米以上(含2.20米)的永久性建筑。

所称套内建筑面积,是指成套商品房(单元房)的套内使用面积、套内墙体面积和阳台建筑面积之和。

第六条　付款方式及期限

买受人采取下列第_____种方式付款。

1. 一次性付款。

2. 分期付款。

3. 贷款方式付款。买受人可以首期支付购房总价款的_____%,其余价款可以向_____银行或住房公积金管理机构借款支付。

4. 其他方式。

具体付款方式及期限的约定见附件五。

第七条　出卖人保证该商品房没有产权纠纷,因出卖人原因造成该商品房不能办理产权登记或发生债权债务纠纷的,由出卖人承担相应责任。

第八条　规划变更的约定

出卖人应当按照规划行政主管部门核发的建设工程规划许可证规定的

条件建设商品房,不得擅自变更。

出卖人确需变更建设工程规划许可证规定条件的,应当书面征得受影响的买受人同意,并取得规划行政主管部门的批准。因规划变更给买受人的权益造成损失的,出卖人应当给予相应的补偿。

第九条　设计变更的约定

(一)经规划行政主管部门委托的设计审查单位批准,建筑工程施工图设计文件的下列设计变更影响到买受人所购商品房质量或使用功能的,出卖人应当在设计审查单位批准变更之日起10日内,书面通知买受人。

1. 该商品房结构形式、户型、空间尺寸、朝向;
2. 供热、采暖方式;
3. _____;
4. _____;
5. _____。

出卖人未在规定时限内通知买受人的,买受人有权退房。

(二)买受人应当在通知送达之日起15日内作出是否退房的书面答复。买受人逾期未予以书面答复的,视同接受变更。

(三)买受人退房的,出卖人应当自退房通知送达之日起_____日内退还买受人已付房价款,并按照_____利率付给利息。买受人不退房的,应当与出卖人另行签订补充协议。

第十条　逾期付款责任

买受人未按照约定的时间付款的,按照下列第_____种方式处理:

1. 按照逾期时间,分别处理[(1)和(2)不作累加]。

(1)逾期在_____日之内,自约定的应付款期限届满之次日起至实际支付应付款之日止,买受人按日计算向出卖人支付逾期应付款万分之_____的违约金,并于实际支付应付款之日起_____日内向出卖人支付违约金,合同继续履行。

(2)逾期超过_____日[该日期应当与第(1)项中的日期相同]后,出卖人有权解除合同。出卖人解除合同的,买受人应当自解除合同通知送达之日起_____日内按照累计的逾期应付款的_____%向出卖人支付违约金,并由出卖人退还买受人全部已付款。买受人愿意继续履行合同的,经出卖人同意后,合同继续履行,自约定的应付款期限届满之次日起至实际支付应付款之日止,买受人按日计算向出卖人支付逾期应付款万分之_____[该比率应当不小于第(1)项中的比率]的违约金,并于实际支付应付款之日起_____日内向出卖人支付违约金。

本条所称逾期应付款是指依照第六条约定的到期应付款与该期实际已付款的差额;采取分期付款的,按照相应的分期应付款与该期的实际已付款的差额确定。

2. _____。

第十一条　交付条件

(一) 出卖人应当在_____年_____月_____日前向买受人交付该商品房。

(二) 该商品房交付时应当符合下列第1、2、_____、_____、_____、_____、_____项所列条件;该商品房为住宅的,出卖人还应当提供《住宅质量保证书》和《住宅使用说明书》。

1. 该商品房已取得规划验收批准文件和建筑工程竣工验收备案表;
2. 有资质的房产测绘机构出具的该商品房面积实测技术报告书;
3. 出卖人已取得了该商品房所在楼栋的房屋权属证明;
4. 满足第十二条中出卖人承诺的市政基础设施达到的条件;
5. 该商品房为住宅的,出卖人应提供《住宅工程质量分户验收表》(2006年1月1日起进行住宅工程竣工验收的房屋适用);
6. _____;
7. _____。

第十二条　市政基础设施和其他设施的承诺

出卖人承诺与该商品房正常使用直接相关的市政基础设施和其他设施按照约定的日期达到下列条件:

1. 市政基础设施:

(1) 上水、下水:_____年_____月_____日达到_____;

(2) 电:_____年_____月_____日达到_____;

(3) 供暖:_____年_____月_____日达到_____;

(4) 燃气:_____年_____月_____日达到_____;

(5) _____;

(6) _____。

如果在约定期限内未达到条件,双方同意按照下列方式处理:

(1) _____;

(2) _____。

2. 其他设施:

(1) 公共绿地:_____年_____月_____日达到_____;

(2) 公共道路:_____年_____月_____日达到_____;

（3）公共停车场：_____年_____月_____日达到_____；
（4）幼儿园：_____年_____月_____日达到_____；
（5）学校：_____年_____月_____日达到_____；
（6）会所：_____年_____月_____日达到_____；
（7）购物中心：_____年_____月_____日达到_____；
（8）体育设施：_____年_____月_____日达到_____；
（9）_____；
（10）_____。
如果在约定期限内未达到条件，双方同意按照下列方式处理：
（1）_____；
（2）_____。

第十三条　逾期交房责任

除不可抗力外，出卖人未按照第十一条约定的期限和条件将该商品房交付买受人的，按照下列第_____种方式处理：

1. 按照逾期时间，分别处理[（1）和（2）不作累加]。

（1）逾期在_____日之内[该时限应当不少于第十条第(1)项中的时限]，自第十一条约定的交付期限届满之次日起至实际交付之日止，出卖人按日计算向买受人支付已交付房价款万分之_____的违约金[该违约金比率应当不小于第十条第(1)项中的比率]，并于该商品房实际交付之日起_____日内向买受人支付违约金，合同继续履行。

（2）逾期超过_____日[该日期应当与第(1)项中的日期相同]后，买受人有权退房。买受人退房的，出卖人应当自退房通知送达之日起_____日内退还全部已付款，并按照买受人全部已付款的_____%向买受人支付违约金。买受人要求继续履行合同的，合同继续履行，自第十一条约定的交付期限届满之次日起至实际交付之日止，出卖人按日计算向买受人支付全部已付款万分之_____[该比率应当不小于第(1)项中的比率]的违约金，并于该商品房实际交付之日起_____日内向买受人支付违约金。

2. _____。

第十四条　面积差异处理

该商品房交付时，出卖人应当向买受人出示其委托的有资质的房产测绘机构出具的商品房面积实测技术报告书，并向买受人提供该商品房的面积实测数据（以下简称实测面积）。实测面积与第三条载明的预测面积发生误差的，双方同意按照第_____种方式处理：

1. 根据第五条按照套内建筑面积计价的约定，双方同意按照下列原则

处理:

(1) 套内建筑面积误差比绝对值在 3% 以内(含 3%)的,据实结算房价款;

(2) 套内建筑面积误差比绝对值超出 3% 时,买受人有权退房。

买受人退房的,出卖人应当自退房通知送达之日起 30 日内退还买受人已付房价款,并按照_____利率付给利息。

买受人不退房的,实测套内建筑面积大于预测套内建筑面积时,套内建筑面积误差比在 3% 以内(含 3%)部分的房价款由买受人补足;超出 3% 部分的房价款由出卖人承担,产权归买受人所有。实测套内建筑面积小于预测套内建筑面积时,套内建筑面积误差比绝对值在 3% 以内(含 3%)部分的房价款由出卖人返还买受人;绝对值超出 3% 部分的房价款由出卖人双倍返还买受人。

$$套内建筑面积误差比 = \frac{实测套内建筑面积 - 预测套内建筑面积}{预测套内建筑面积} \times 100\%$$

2. 根据第五条按照建筑面积计价的约定,双方同意按照下列原则处理:

(1) 建筑面积、套内建筑面积误差比绝对值均在 3% 以内(含 3%)的,根据实测建筑面积结算房价款;

(2) 建筑面积、套内建筑面积误差比绝对值其中有一项超出 3% 时,买受人有权退房。

买受人退房的,出卖人应当自退房通知送达之日起 30 日内退还买受人已付房价款,并按照_____利率付给利息。

买受人不退房的,实测建筑面积大于预测建筑面积时,建筑面积误差比在 3% 以内(含 3%)部分的房价款由买受人补足;超出 3% 部分的房价款由出卖人承担,产权归买受人所有。实测建筑面积小于合同约定建筑面积时,建筑面积误差比绝对值在 3% 以内(含 3%)部分的房价款由出卖人返还买受人;绝对值超出 3% 部分的房价款由出卖人双倍返还买受人。

$$建筑面积误差比 = \frac{实测建筑面积 - 预测建筑面积}{预测建筑面积} \times 100\%$$

3. 双方自行约定:_____。

第十五条 交接手续

(一) 该商品房达到第十一条约定的交付条件后,出卖人应当在交付日的 7 日前,书面通知买受人办理交接手续的时间、地点以及应当携带的证件。双方进行验收交接时,出卖人应当出示第十一条约定的证明文件,并满足第十一条约定的其他条件。出卖人不出示证明文件或者出示的证明文件不齐全,或未满足第十一条约定的其他条件的,买受人有权拒绝接收,由此产生的逾期交房责任由出卖人承担,并按照第十三条处理。

(二)验收交接后,双方应当签署商品房交接单。由于买受人原因未能按期办理交接手续的,双方同意按照下列约定方式处理:

_____;
_____。

(三)双方同意按照下列第_____种方式缴纳税费:

1. 出卖人不得将买受人交纳税费作为交接该商品房的条件。

_____。

2. 买受人同意委托出卖人代交下列第_____、_____、_____、_____、_____种税费,并在接收该商品房的同时将上述税费交给出卖人。

(1)专项维修资金;
(2)契税;
(3)第二十三条约定的物业服务费用;
(4)供暖费;
(5)_____;
(6)_____。

3. 买受人自行向相关单位缴纳下列第_____、_____、_____、_____、_____种税费,并在接收该商品房的同时向出卖人出示缴纳税费的凭据。

(1)专项维修资金;
(2)契税;
(3)第二十三条约定的物业服务费用;
(4)供暖费;
(5)_____;
(6)_____。

第十六条 商品房质量、装饰、设备标准的约定

(一)出卖人承诺该商品房使用合格的建筑材料、构配件,该商品房质量符合国家和本市颁布的工程质量规范、标准和施工图设计文件的要求。

(二)出卖人和买受人约定如下:

1. 该商品房地基基础和主体结构质量经检测不合格的,买受人有权退房。买受人退房的,出卖人应当自退房通知送达之日起_____日内退还全部已付款,并按照_____利率付给利息,给买受人造成损失的由出卖人承担赔偿责任。因此而发生的检测费用由出卖人承担。

买受人要求继续履行合同的,应当与出卖人另行签订补充协议。_____。

2. 该商品房室内空气质量经检测不符合国家标准的,自该商品房交付之日起_____日内(该时限应当不低于 60 日),买受人有权退房。买受人退房的,出卖人应当自退房通知送达之日起_____日内退还买受人全部已付款,并按照_____利率付给利息,给买受人造成损失的,由出卖人承担赔偿责任。因此而发生的检测费用由出卖人承担。

买受人不退房的或该商品房交付使用已超过_____日的,应当与出卖人另行签订补充协议。

_____。

3. 交付该商品房时,该商品房已经由建设、勘察、设计、施工、工程监理等单位验收合格,出卖人应当与买受人共同查验收房,发现有其他问题的,双方同意按照第_____种方式处理:

(1) 出卖人应当于_____日内将已修复的该商品房交付。由此产生的逾期交房责任由出卖人承担,并按照第十三条处理。

_____。

(2) 由出卖人按照国家和本市有关工程质量的规范和标准在商品房交付之日起_____日内负责修复,并承担修复费用,给买受人造成损失的,由出卖人承担赔偿责任。

(3) _____。

4. 出卖人交付的商品房的装饰、设备标准应当符合双方约定的标准。达不到约定标准的,买受人有权要求出卖人按照下列第_____种方式处理:

(1) 出卖人赔偿双倍的装饰、设备差价。

(2) _____。

(3) _____。

具体装饰和设备标准的约定见附件六。

(三) 出卖人和买受人对工程质量问题发生争议的,任何一方均可以委托有资质的建设工程质量检测机构检测,双方均有协助并配合对方检测的义务。

_____。

第十七条 住宅保修责任

(一) 该商品房为住宅的,出卖人自该商品房交付之日起,按照《住宅质量保证书》承诺的内容承担相应的保修责任。

该商品房为非住宅的,双方应当签订补充协议详细约定保修范围、保修期限和保修责任等内容。

(二)在该商品房保修范围和保修期限内发生质量问题,双方有退房约定的,按照约定处理;没有退房约定的,出卖人应当履行保修义务,买受人应当配合保修。非出卖人原因造成的损坏,出卖人不承担责任。

第十八条 住宅节能措施

该商品房为住宅的,应当符合国家有关建筑节能的规定和北京市规划委员会、北京市建设委员会发布的《居住建筑节能设计标准》(DBJ01-602-2004)的要求。未达到标准的,出卖人应当按照《居住建筑节能设计标准》的要求补做节能措施,并承担全部费用;因此给买受人造成损失的,出卖人应当承担赔偿责任。

第十九条 使用承诺

买受人使用该商品房期间,不得擅自改变该商品房的建筑主体结构、承重结构和用途。除本合同、补充协议及其附件另有约定者外,买受人在使用该商品房期间有权与其他权利人共同使用与该商品房有关的共用部位和设施,并按照共用部位与共用房屋分摊面积承担义务。

出卖人不得擅自改变与该商品房有关的共用部位和设施的使用性质。

第二十条 产权登记

(一)初始登记

出卖人应当在_____年_____月_____日前,取得该商品房所在楼栋的权属证明。如因出卖人的责任未能在本款约定期限内取得该商品房所在楼栋的权属证明的,双方同意按照下列第_____种方式处理:

1. 买受人有权退房。买受人退房的,出卖人应当自退房通知送达之日起_____日内退还全部已付款,并按照买受人全部已付款的_____%向买受人支付违约金。买受人不退房的,合同继续履行,自出卖人应当取得该商品房所在楼栋的权属证明期限届满之次日起至实际取得权属证明之日止,出卖人应当按日计算向买受人支付全部已付款万分之_____的违约金,并于出卖人实际取得权属证明之日起_____日内向买受人支付。

2. _____。

(二)转移登记

1. 商品房交付使用后,双方同意按照下列第_____种方式处理:

(1)双方共同向权属登记机关申请办理房屋权属转移登记。

(2)买受人同意委托_____向权属登记机关申请办理房屋

权属转移登记,委托费用_____元人民币(大写)。

2. 如因出卖人的责任,买受人未能在商品房交付之日起_____日内取得房屋所有权证书的,双方同意按照下列第_____种方式处理:

(1)买受人有权退房。买受人退房的,出卖人应当自退房通知送达之日起_____日内退还买受人全部已付款,并按照_____利率付给利息。买受人不退房的,自买受人应当取得房屋所有权证书的期限届满之次日起至实际取得房屋所有权证书之日止,出卖人按日计算向买受人支付全部已付款万分之_____的违约金,并于买受人实际取得房屋所有权证书之日起_____日内由出卖人支付。

(2)_____。

第二十一条 共有权益的约定

1. 该商品房所在楼栋的屋面使用权归全体产权人共有;
2. 该商品房所在楼栋的外墙面使用权归全体产权人共有;
3. _____;
4. _____。

第二十二条 附属建筑物、构筑物的约定

双方同意该商品房的地下停车库等附属建筑物、构筑物按照以下第_____种方式处理:

1. 出卖人出卖该商品房时,该商品房附属的_____、_____、_____随同该商品房一并转让。

2. 出卖人声明该商品房附属的_____、_____、_____不随同该商品房一并转让。

第二十三条 前期物业服务

(一)出卖人依法选聘的物业管理企业为:_____,资质证号为:_____。

(二)前期物业管理期间,物业服务收费价格为_____/月·平方米(建筑面积)。价格构成包括物业区域内保洁费、公共秩序维护费、共用部位共用设施设备日常维护费、绿化养护费、综合管理费、_____、_____、_____。

地上停车管理费_____,地下停车管理费_____。

(三)物业管理企业按照下列第_____种方式收取物业服务费:

1. 按照年收取,买受人应当在每年的____月____日前缴费。

2. 按照半年收取,买受人应当分别在每年的____月____日前和____月____日前缴费。

3. 按照季收取,买受人应当分别在每年的____月____日前、____月____日前、____月____日前和____月____日前缴费。

(四)物业服务的内容和业主临时公约的内容见附件七。买受人已详细阅读附件七有关物业服务的全部内容和业主临时公约,同意由出卖人依法选聘的物业管理企业提供前期物业服务,遵守业主临时公约。

第二十四条　专项维修资金

买受人委托出卖人代交专项维修资金的,出卖人应当自受托之日起_____日内,向买受人提交专项维修资金缴纳凭证。

买受人自行缴纳专项维修资金(公共维修基金)的,应当在商品房交付[时][之日起_____日内,向物业管理企业出示专项维修资金缴纳凭证。

第二十五条　不可抗力

因不可抗力不能按照约定履行本合同的,根据不可抗力的影响,部分或全部免除责任,但因不可抗力不能按照约定履行合同的一方当事人应当及时告知另一方当事人,并自不可抗力事件结束之日起____日内向另一方当事人提供证明。

第二十六条　争议解决方式

本合同在履行过程中发生的争议,由双方当事人协商解决;协商不成的,按照下列第_____种方式解决:

1. 提交_____仲裁委员会仲裁。
2. 依法向_____人民法院起诉。

第二十七条　本合同自双方签字(盖章)之日起生效。双方可以根据具体情况对本合同中未约定、约定不明或不适用的内容签订书面补充协议进行变更或补充,但补充协议中含有不合理地减轻或免除本合同中约定应当由出卖人承担的责任或不合理地加重买受人责任、排除买受人主要权利内容的,仍以本合同为准。对本合同的解除,应当采用书面形式。本合同附件及补充协议与本合同具有同等法律效力。

第二十八条　本合同及附件共_____页,一式_____份,具有同等法律效力,其中出卖人_____份,买受人_____份。

第二十九条　自本合同生效之日起30日内,由出卖人向_____申请办理该商品房预售合同登记备案手续。出卖人自本合同生效之日起30日内未申请预售登记的,买受人可以申请预售登记。预售的商品房已抵押的,预售登记应当由出卖人和买受人双方共同申请。

出卖人(签章):　　　　　　　　　买受人(签章):
〔法定代表人〕:　　　　　　　　〔法定代表人〕:
〔委托代理人〕(签章):　　　　　〔负责人〕:
〔委托销售代理机构〕(签章):　　〔委托代理人〕(签章):

签订时间:＿＿＿＿年＿＿月＿＿日　　签订时间:＿＿＿＿年＿＿月＿＿日

签订地点:＿＿＿＿＿＿＿＿＿＿　　签订地点:＿＿＿＿＿＿＿＿＿＿

附件一:房屋平面图及在整栋楼中的位置图(应标明方位)

附件二: 共用部位与共用房屋分摊建筑面积构成说明

    1. 被分摊的共用部位的名称、用途、所在位置、面积。
    2. 参与分摊共用建筑面积的商品房名称、用途、所在位置、面积、分摊系数。
    3. 不分摊的共用部位。

附件三: 该商品房取得抵押权人同意销售的证明及抵押当事人的相关约定

附件四:计价方式与房价款的其他约定

附件五: 付款方式及期限的约定

附件六:装饰和设备标准的约定

    1. 采暖系统:
（1）集中采暖:[散热器][地板采暖][   ]_____;
（2）分户采暖:[燃气炉][电采暖][   ]_____;
（3）采暖设备品牌:_____。
    2. 保温材料:
（1）外墙保温:[挤压聚苯板][发泡聚苯板][发泡聚安酯][   ]_____;
（2）内墙保温:[石膏聚苯板][   ]_____。
    3. 外墙:[瓷砖][涂料][玻璃幕墙][   ]_____。
    4. 内墙:[涂料][壁纸][   ]_____。
    5. 顶棚:[石膏板吊顶][涂料][   ]_____。
    6. 室内地面:[大理石][花岗岩][水泥抹面][实木地板][   ]_____。
    7. 门窗:
（1）外窗结构尺寸为:_____;
（2）开启方式为:_____;
（3）门窗型材:[双玻中空断桥铝合金窗][塑钢双玻璃][   ]_____。

8. 厨房：
(1) 地面：[水泥抹面][瓷砖][ ]＿＿＿＿＿＿＿＿＿＿＿＿；
(2) 墙面：[耐水腻子][瓷砖][ ]＿＿＿＿＿＿＿＿＿＿＿；
(3) 顶棚：[水泥抹面][石膏吊顶][ ]＿＿＿＿＿＿＿＿＿；
(4) 厨具：＿＿＿＿＿＿＿＿＿＿＿＿＿＿＿＿＿＿＿＿＿＿。

9. 卫生间：
(1) 地面：[水泥抹面][瓷砖][ ]＿＿＿＿＿＿＿＿＿＿＿＿；
(2) 墙面：[耐水腻子][涂料][瓷砖][ ]＿＿＿＿＿＿＿＿；
(3) 顶棚：[水泥抹面][石膏吊顶][ ]＿＿＿＿＿＿＿＿＿。

10. 阳台：[塑钢封闭][铝合金封闭][断桥铝合金封闭][不封闭][ ]
＿＿＿＿＿＿＿＿＿＿＿＿＿＿＿＿＿＿＿＿＿＿＿＿＿＿＿＿＿＿。

11. 电梯：
(1) 电梯品牌名称：＿＿＿＿＿＿＿＿＿＿＿＿＿＿＿＿＿＿；
(2) 电梯速度：＿＿＿＿＿米/秒；
(3) 电梯载重量：＿＿＿＿＿＿＿千克；
(4) ＿＿＿＿＿＿＿＿＿＿＿＿＿＿＿＿＿＿＿＿＿＿＿＿＿。

12. 其他：
＿＿＿＿＿＿＿＿＿＿＿＿＿＿＿＿＿＿＿＿＿＿＿＿＿＿＿＿＿＿
＿＿＿＿＿＿＿＿＿＿＿＿＿＿＿＿＿＿＿＿＿＿＿＿＿＿＿＿＿。

附件七：物业服务

（本附件内容与出卖人和物业管理企业签订的前期物业服务合同一致）

1. 物业服务内容
2. 物业服务质量
3. 物业收费项目及价格
4. 业主临时公约
5. 其他约定

8. 商品房现房买卖合同范本

商品房现房买卖合同

合同编号：

说　　明

1. 本合同文本为示范文本，由××市建设委员会和××市工商行政管理局共同制定，适用于商品房现房买卖。商品房现房是指由建设单位建设，已完成房屋所有权初始登记，取得国有土地使用证和房屋所有权证，尚未进行销售的商品房（含经济适用住房）。

2. 签订本合同前，出卖人应当向买受人出示国有土地使用证和房屋所有权证及其他有关证书和证明文件。

3. 当事人应当按照自愿、公平及诚实信用的原则订立合同，任何一方不得将自己的意志强加给另一方。为体现双方自愿的原则，本合同文本相关条款后留有空白行，供双方自行约定或补充约定。合同生效后，未被修改的文本打印文字视为双方当事人同意内容。

4. 签订本合同前，买受人应当仔细阅读合同条款，特别是其中具有选择性、补充性、填充性、修改性的内容。

5. 本合同文本[　]中选择内容、空格部位填写及其他需要删除或添加的内容，双方当事人应当协商确定。[　]中选择内容，以打"√"方式选定；对于实际情况未发生或双方当事人不作约定时，应当在空格部位打"×"，以示删除。

6. 双方当事人在履行合同中发生争议的，可以选择向不动产所在地的人民法院起诉，也可以选择向仲裁委员会申请仲裁。如选择申请仲裁的，可以向北京市仲裁委员会、中国国际经济贸易仲裁委员会、外地的仲裁委员会申请。

7. 双方当事人可以根据实际情况决定本合同原件的份数，并在签订合同时认真核对，以确保各份合同内容一致；在任何情况下，买受人都应当至少持有一份合同原件。

出卖人：_____
通讯地址：_____
邮政编码：_____
营业执照注册号：_____

企业资质证书号：_____
法定代表人：_____ 联系电话：_____
委托代理人：_____ 联系电话：_____
委托销售代理机构：_____
通讯地址：_____
邮政编码：_____
营业执照注册号：_____

买受人：_____
[法定代表人][负责人]：_____ 国籍：_____
[身份证][护照][营业执照注册号][ ]：_____
出生日期：_____年____月____日，性别：_____
通讯地址：_____
邮政编码：_____ 联系电话：_____
[法定代理人][委托代理人]：_____ 国籍：_____
[身份证][护照][ ]：_____
出生日期：_____年____月____日，性别：_____
通讯地址：_____
邮政编码：_____ 联系电话：_____

　　根据《中华人民共和国合同法》、《中华人民共和国城市房地产管理法》、《××市城市房地产转让管理办法》及其他有关法律、法规的规定，出卖人和买受人在平等、自愿、公平、协商一致的基础上就商品房现房买卖事宜达成如下协议：

　　第一条　项目建设依据

　　出卖人以[出让][转让][划拨]方式取得坐落（国有土地使用证的坐落）于_____地块的国有土地使用权。该地块[国有土地使用证号]为：_____，土地使用权面积为：_____，买受人购买的商品房（以下简称该商品房）所在土地用途为：_____，土地使用年限自_____年____月____日至_____年____月____日。

　　在上述地块上建设的商品房[地名核准名称][推广名]为：_____，该商品房建设工程规划许可证号为：_____，现已通过规划验收并完成了竣工验收。

第二条 销售依据

买受人购买的商品房现已取得房屋所有权证,证号为:_____,填发单位为:_____。

第三条 基本情况

经公安行政管理部门核准,该商品房地址为:_____。该商品房为第一条规定项目中的_____[幢][座]第_____层_____单元_____号。

该商品房所在楼栋的主体建筑结构为:_____,建筑层数为:_____层,其中地上_____层,地下_____层。

该商品房的用途为[住宅][经济适用住房][公寓][别墅][办公][商业][ ]:_____;[层高][净高]为:_____米,[坡屋顶净高]最低为:_____米,最高为:_____米。该商品房朝向为:_____;有_____个阳台,其中_____个阳台为封闭式,_____个阳台为非封闭式。

出卖人委托实测该商品房面积的房产测绘机构是_____,其实测建筑面积共_____平方米,其中,套内建筑面积_____平方米,共用部位与共用房屋分摊建筑面积_____平方米。

该商品房平面图及在整栋楼中的位置图见附件一,有关共用部位与共用房屋分摊建筑面积构成说明见附件二。

本条所称层高是指上下两层楼面或楼面与地面之间的垂直距离,净高是指楼面或地面至上部楼板底面或吊顶底面之间的垂直距离。

第四条 抵押情况

该商品房的抵押情况为:_____。

1. 该商品房未设定抵押。

2. 该商品房已设定抵押,抵押权人为:_____,抵押登记部门为:_____,抵押登记日期为:_____。

关于抵押的相关约定见附件三。

第五条 租赁情况

该商品房的租赁情况为:_____。

1. 出卖人未将该商品房出租。

2. 出卖人已将该商品房出租,[买受人为该商品房承租人][承租人已放弃优先购买权]。

3. _____。

第六条　计价方式与价款

出卖人与买受人约定按照下列第_____种方式计算该商品房价款。

1. 按照套内建筑面积计算,该商品房单价每平方米_____(币)_____元,总价款_____(币)_____佰_____拾_____亿_____仟_____佰_____拾_____万_____仟_____佰_____拾_____元整(大写)。

2. 按照建筑面积计算,该商品房单价为每平方米_____(币)_____元,总价款_____(币)_____佰_____拾_____亿_____仟_____佰_____拾_____万_____仟_____佰_____拾_____元整(大写)。

3. 按照套(单元)计算,该商品房总价款为_____(币)_____佰_____拾_____亿_____仟_____佰_____拾_____万_____仟_____佰_____拾_____元整(大写)。

4. 按照_____计算,该商品房总价款为_____(币)_____佰_____拾_____亿_____仟_____佰_____拾_____万_____仟_____佰_____拾_____元整(大写)。

具体约定见附件四。

本条所称建筑面积,是指房屋外墙(柱)勒脚以上各层的外围水平投影面积,包括阳台、挑廊、地下室、室外楼梯等,且具备上盖,结构牢固,层高2.20米以上(含2.20米)的永久性建筑。

所称套内建筑面积,是指成套商品房(单元房)的套内使用面积、套内墙体面积和阳台建筑面积之和。

第七条　付款方式及期限

买受人采取下列第_____种方式付款。

1. 一次性付款。

2. 分期付款。

3. 贷款方式付款。买受人可以首期支付购房总价款的_____%,其余价款可以向_____银行或住房公积金管理机构借款支付。

4. 其他方式。

具体付款方式及期限的约定见附件五。

第八条　逾期付款责任

买受人未按约定的时间付款的,按照下列第_____种方式处理。

1. 按照逾期时间,分别处理[(1)和(2)不作累加]。

（1）逾期在_____日之内,自约定的应付款期限届满之次日起至实际支付应付款之日止,买受人按日计算向出卖人支付逾期应付款万分之_____的违约金,并于实际支付应付款之日起_____日内向出卖人支付违约金,合同继续履行。

（2）逾期超过_____日[该日期应当与第(1)项中的日期相同]后,出卖人有权解除合同。出卖人解除合同的,买受人应当自解除合同通知送达之日起_____日内按照累计的逾期应付款的_____%向出卖人支付违约金,并由出卖人退还买受人全部已付款。买受人愿意继续履行合同的,经出卖人同意后,合同继续履行,自约定的应付款期限届满之次日起至实际支付应付款之日止,买受人按日计算向出卖人支付逾期应付款万分之_____[该比率应当不小于第(1)项中的比率]的违约金,并于实际支付应付款之日起_____日内向出卖人支付违约金。

本条所称逾期应付款是指依照第七条约定的到期应付款与该期实际已付款的差额;采取分期付款的,按照相应的分期应付款与该期的实际已付款的差额确定。

2. _____。

第九条　交付条件

（一）出卖人应当在_____年_____月_____日前向买受人交付该商品房。

（二）该商品房交付时应当符合下列第1、2、_____、_____、_____项所列条件。

1. 提供有资质的房产测绘机构完成的该商品房面积实测技术报告书。

2. 该商品房为住宅的,出卖人应提供《住宅质量保证书》和《住宅使用说明书》。

3. 满足第十二条中出卖人承诺的市政基础设施和其他设施达到的条件。

4. 该商品房为住宅的,出卖人应提供《住宅工程质量分户验收表》(2006年1月1日起进行住宅工程竣工验收的房屋适用)。

5. _____。

第十条　逾期交房责任

除不可抗力外,出卖人未按照第九条约定的期限和条件将该商品房交付买受人的,按照下列第_____种方式处理。

1. 按照逾期时间,分别处理[(1)和(2)不作累加]。

（1）逾期在_____日之内[该时限应当不少于第八条第1款第(1)项

中的时限],自第九条约定的交付期限届满之次日起至实际交付之日止,出卖人按日计算向买受人支付已交付房价款万分之_____的违约金[该违约金比率应当不小于第八条第1款第(1)项中的比率],并于该商品房实际交付之日起_____日内向买受人支付违约金,合同继续履行。

(2)逾期超过_____日[该日期应当与第(1)项中的日期相同]后,买受人有权退房。买受人退房的,出卖人应当自退房通知送达之日起_____日内退还全部已付款,并按照买受人全部已付款的_____%向买受人支付违约金。买受人要求继续履行合同的,合同继续履行,自第九条约定的交付期限届满之次日起至实际交付之日止,出卖人按日计算向买受人支付全部已付款万分之_____[该比率应当不小于第(1)项中的比率]的违约金,并于该商品房实际交付之日起_____日内向买受人支付违约金。

2. _____。

第十一条 交接手续

(一)该商品房达到第九条约定的交付条件后,出卖人应当在交付日的7日前,书面通知买受人办理交接手续的时间、地点以及应当携带的证件。双方进行验收交接时,出卖人应当出示第九条约定的证明文件,并满足第九条约定的其他条件。出卖人不出示证明文件或出示的证明文件不齐全,或未满足第九条约定的其他条件的,买受人有权拒绝接收,由此产生的逾期交房责任由出卖人承担,并按照第十条处理。

(二)验收交接后,双方应当签署商品房交接单。由于买受人原因未能按期办理交接手续的,双方同意按照下列约定方式处理:

_____。

(三)双方同意按照下列第_____种方式缴纳税费。

1. 出卖人不得将买受人交纳税费作为交接该商品房的条件。

_____。

2. 买受人同意委托出卖人代交下列第_____、_____、_____、_____、_____种税费,并在接收该商品房的同时将上述税费交给出卖人。

(1)专项维修资金;
(2)契税;
(3)第二十条约定的物业服务费用;
(4)供暖费;
(5)_____;
(6)_____。

3. 买受人自行向相关单位缴纳下列第_____、_____、_____、_____、_____种税费,并在接收该商品房的同时向出卖人出示缴纳税费的凭据。

（1）专项维修资金；

（2）契税；

（3）第二十条约定的物业服务费用；

（4）供暖费；

（5）_____；

（6）_____。

第十二条 市政基础设施和其他设施的承诺

出卖人承诺与该商品房正常使用直接相关的市政基础设施和其他设施按照约定的日期达到下列条件：

1. 市政基础设施：

（1）上水、下水：_____年_____月_____日达到_____；

（2）电：_____年_____月_____日达到_____；

（3）供暖：_____年_____月_____日达到_____；

（4）燃气：_____年_____月_____日达到_____；

（5）_____；

（6）_____。

如果在约定期限内未达到条件,双方同意按照下列方式处理：

（1）_____；

（2）_____。

2. 其他设施：

（1）公共绿地：_____年_____月_____日达到_____；

（2）公共道路：_____年_____月_____日达到_____；

（3）公共停车场：_____年_____月_____日达到_____；

（4）幼儿园：_____年_____月_____日达到_____；

（5）学校：_____年_____月_____日达到_____；

（6）会所：_____年_____月_____日达到_____；

（7）购物中心：_____年_____月_____日达到_____；

（8）体育设施：_____年_____月_____日达到_____；

（9）_____；

（10）_____。

如果在约定期限内未达到条件,双方同意按照下列方式处理:

(1) ＿＿＿＿＿＿＿＿＿＿＿＿＿＿＿＿＿＿＿＿＿＿＿＿＿＿＿＿＿＿＿＿;

(2) ＿＿＿＿＿＿＿＿＿＿＿＿＿＿＿＿＿＿＿＿＿＿＿＿＿＿＿＿＿＿＿＿。

第十三条　商品房质量、装饰、设备标准的约定

(一)出卖人承诺该商品房使用合格的建筑材料、构配件,该商品房质量符合国家和本市颁布的工程质量规范、标准和施工图设计文件的要求。

(二)出卖人和买受人约定如下:

1. 该商品房室内空气质量经检测不符合国家标准的,自该商品房交付之日起＿＿＿＿日内(该时限应当不低于60日),买受人有权退房。买受人退房的,出卖人应当自退房通知送达之日起＿＿＿＿日内退还买受人全部已付款,并按照＿＿＿＿＿＿利率付给利息,给买受人造成损失的,由出卖人承担赔偿责任。因此而发生的检测费用由出卖人承担。

买受人不退房的或该商品房交付使用已超过＿＿＿＿日的,买受人应当与出卖人另行签订补充协议。

＿＿＿＿＿＿＿＿＿＿＿＿＿＿＿＿＿＿＿＿＿＿＿＿＿＿＿＿＿＿＿＿＿＿。

2. 交付该商品房时,该商品房已经由建设、勘察、设计、施工、工程监理等单位验收合格,出卖人应当与买受人共同查验收房,发现有其他问题的,双方同意按照第＿＿＿＿种方式处理。

(1)出卖人应当于＿＿＿＿日内将已修复的该商品房交付。由此产生的逾期交房责任由出卖人承担,并按照第十条处理。

(2)由出卖人按照国家和本市有关工程质量的规范和标准在商品房交付之日起＿＿＿＿日内负责修复,并承担修复费用,给买受人造成损失的,由出卖人承担赔偿责任。

(3) ＿＿＿＿＿＿＿＿＿＿＿＿＿＿＿＿＿＿＿＿＿＿＿＿＿＿＿＿＿＿＿。

3. 出卖人交付的商品房的装饰、设备标准应当符合双方约定的标准。达不到约定标准的,买受人有权要求出卖人按照下列第＿＿＿＿种方式处理。

(1)出卖人赔偿双倍的装饰、设备差价。

(2) ＿＿＿＿＿＿＿＿＿＿＿＿＿＿＿＿＿＿＿＿＿＿＿＿＿＿＿＿＿＿＿＿。

(3) ＿＿＿＿＿＿＿＿＿＿＿＿＿＿＿＿＿＿＿＿＿＿＿＿＿＿＿＿＿＿＿＿。

具体装饰和设备标准的约定见附件六。

(三)出卖人和买受人对工程质量问题发生争议的,任何一方均可以委托有资质的建设工程质量检测机构检测,双方均有协助并配合对方检测的义务。

第十四条 住宅节能措施

该商品房为住宅的,应当符合国家有关建筑节能的规定和北京市规划委员会、北京市建设委员会发布的《居住建筑节能设计标准》(DBJ01-602-2004)的要求。未达到标准的,出卖人应当按照《居住建筑节能设计标准》的要求补做节能措施,并承担全部费用;因此给买受人造成损失的,出卖人应当承担赔偿责任。

第十五条 住宅保修责任

(一)该商品房为住宅的,出卖人自该商品房交付之日起,按照《住宅质量保证书》承诺的内容承担相应的保修责任。

该商品房为非住宅的,双方应当签订补充协议详细约定保修范围、保修期限和保修责任等内容。

(二)在该商品房保修范围和保修期限内发生质量问题,双方有退房约定的,按照约定处理;没有退房约定的,出卖人应当履行保修义务,买受人应当配合保修。非出卖人原因造成的损坏,出卖人不承担责任。

第十六条 使用承诺

买受人使用该商品房期间,不得擅自改变该商品房的建筑主体结构、承重结构和用途。除本合同、补充协议及其附件另有约定外,买受人在使用该商品房期间有权与其他权利人共同使用与该商品房有关的共用部位和设施,并按照共用部位与共用房屋分摊面积承担义务。

出卖人不得擅自改变与该商品房有关的共用部位和共用设施设备的用途。

第十七条 权属转移登记

(一)出卖人保证该商品房没有产权纠纷,因出卖人原因造成该商品房不能办理产权登记或发生债权债务纠纷的,由出卖人承担相应责任。

(二)商品房交付使用后,双方同意按照下列第_____种方式处理。

1. 双方共同向权属登记机关申请办理房屋权属转移登记。

2. 买受人自行委托他人向权属登记机关申请办理房屋权属转移登记。

3. 买受人同意委托_____向权属登记机关申请办理房屋权属转移登记,委托费用_____元人民币(大写)。

(三)买受人未能在商品房交付之日起_____日内取得房屋所有权证书的,双方同意按照下列方式处理。

1. 如因出卖人的责任,买受人有权退房。买受人退房的,出卖人应当自退房通知送达之日起_____日内退还买受人全部已付款,并按照

_____利率付给利息。买受人不退房的,自买受人应当取得房屋所有权证书的期限届满之次日起至实际取得房屋所有权证书之日止,出卖人按日计算向买受人支付全部已付款万分之_____的违约金,并于买受人实际取得房屋所有权证书之日起_____日内向买受人支付。

2. 如因买受人的责任,_____。
3. _____。

第十八条 共有权益的约定

1. 该商品房所在楼栋的屋面使用权归全体产权人共有。
2. 该商品房所在楼栋的外墙面使用权归全体产权人共有。
3. _____。
4. _____。

第十九条 附属建筑物、构筑物的约定

双方同意该商品房的地下停车库等附属建筑物、构筑物按照以下第_____种方式处理。

1. 出卖人出卖该商品房时,该商品房附属的_____、_____、_____、_____随同该商品房一并转让。
2. 出卖人声明该商品房附属的_____、_____、_____、_____不随同该商品房一并转让。

第二十条 前期物业服务(未成立业主委员会)

(一)出卖人依法选聘的物业管理企业为:_____,资质证号为:_____。

(二)前期物业管理期间,物业服务收费价格为_____/月·平方米(建筑面积)。价格构成包括物业区域内保洁费、公共秩序维护费、共用部位共用设施设备日常维护费、绿化养护费、综合管理费、_____、_____、_____。

地上停车管理费_____,地下停车管理费_____。

(三)物业管理企业按照第_____种方式收取物业服务费。

1. 按照年收取,买受人应当在每年的____月____日前缴费。
2. 按照半年收取,买受人应当分别在每年的____月____日前和____月____日前缴费。
3. 按照季收取,买受人应当分别在每年的____月____日前、____月____日前、____月____日前和____月____日前缴费。

(四)物业服务的内容和业主临时公约的内容见附件七。买受人已详细阅读附件七有关物业服务的全部内容和业主临时公约,同意由出卖人依法选聘的物业管理企业提供前期物业服务,遵守业主临时公约。

第二十一条　专项维修资金

买受人委托出卖人代交专项维修资金的,出卖人应当自买受人接收该商品房之日起_____日内,向买受人提交专项维修资金缴纳凭证。

买受人自行缴纳专项维修资金的,应当在商品房交付[时][之日起_____日内],向物业管理企业出示专项维修资金缴纳凭证。

第二十二条　不可抗力

因不可抗力不能按照约定履行本合同的,根据不可抗力的影响,部分或全部免除责任,但因不可抗力不能按照约定履行合同的一方当事人应当及时告知另一方当事人,并自不可抗力事件结束之日起____日内向另一方当事人提供证明。

第二十三条　争议解决方式

本合同在履行过程中发生的争议,由双方当事人协商解决;协商不成的,按照下列第_____种方式解决。

1. 提交_____仲裁委员会仲裁。
2. 依法向_____人民法院起诉。

第二十四条　本合同自双方签字(盖章)之日起生效。双方可以根据具体情况对本合同中未约定、约定不明或不适用的内容签订书面补充协议进行变更或补充,但补充协议中含有不合理地减轻或免除本合同中约定应当由出卖人承担的责任或不合理地加重买受人责任、排除买受人主要权利内容的,仍以本合同为准。对本合同的解除,应当采用书面形式。本合同附件及补充协议与本合同具有同等法律效力。

第二十五条　本合同及附件共_____页,一式_____份,具有同等法律效力,其中出卖人_____份,买受人_____份。

出卖人(签章):　　　　　　　买受人(签章):
[法定代表人]:　　　　　　　[法定代表人]:
[委托代理人](签章):　　　　[负责人]:
[委托销售代理机构](签章):　[委托代理人](签章):

签订时间:_____年___月___日　　签订时间:_____年___月___日
签订地点:_____　　签订地点:_____

附件一:房屋平面图及在整栋楼中的位置图(应标明方位)

附件二:共用部位与共用房屋分摊建筑面积构成说明

  1. 被分摊的共用部位的名称、用途、所在位置、面积。
  2. 参与分摊共用建筑面积的商品房名称、用途、所在位置、面积、分摊系数。
  3. 不分摊的共用部位。

附件三:关于抵押的相关约定

附件四:计价方式与价款的其他约定

附件五:付款方式及期限的约定

附件六:装饰和设备标准的约定

  1. 采暖系统:
  (1) 集中采暖:[散热器][地板采暖][ ]＿＿＿＿＿;
  (2) 分户采暖:[燃气炉][电采暖][ ]＿＿＿＿＿;
  (3) 采暖设备品牌:＿＿＿＿＿＿＿＿＿＿＿＿＿＿＿＿＿。
  2. 保温材料:
  (1) 外墙保温:[挤压聚苯板][发泡聚苯板][发泡聚安酯][ ]＿＿;
  (2) 内墙保温:[石膏聚苯板][ ]＿＿＿＿＿＿＿＿＿＿＿＿。
  3. 外墙:[瓷砖][涂料][玻璃幕墙][ ]＿＿＿＿＿＿＿＿＿。
  4. 内墙:[涂料][壁纸][ ]＿＿＿＿＿＿＿＿＿＿＿＿＿。
  5. 顶棚:[石膏板吊顶][涂料][ ]＿＿＿＿＿＿＿＿＿＿＿。
  6. 室内地面:[大理石][花岗岩][水泥抹面][实木地板][ ]＿＿。
  7. 门窗:
  (1) 外窗结构尺寸为:＿＿＿＿＿＿＿＿＿＿＿＿＿＿＿＿;
  (2) 开启方式为:＿＿＿＿＿＿＿＿＿＿＿＿＿＿＿＿＿＿;
  (3) 门窗型材:[双玻中空断桥铝合金窗][塑钢双玻璃][ ]＿＿＿。
  8. 厨房:
  (1) 地面:[水泥抹面][瓷砖][ ]＿＿＿＿＿＿＿＿＿＿＿;

（2）墙面：[耐水腻子][瓷砖][　]_____；
（3）顶棚：[水泥抹面][石膏吊顶][　]_____；
（4）厨具：_____。

9. 卫生间：
（1）地面：[水泥抹面][瓷砖][　]_____；
（2）墙面：[耐水腻子][涂料][瓷砖][　]_____；
（3）顶棚：[水泥抹面][石膏吊顶][　]_____。
10. 阳台：[塑钢封闭][铝合金封闭][断桥铝合金封闭][不封闭][　]
_____。

11. 电梯：
（1）电梯品牌名称：_____；
（2）电梯速度：_____米/秒；
（3）电梯载重量：_____千克；
（4）_____。
12. 其他：
_____
_____。

附件七：物业服务

（本附件内容与出卖人和物业管理企业签订的前期物业服务合同一致）
1. 物业服务内容
2. 物业服务质量
3. 物业收费项目及价格
4. 业主临时公约
5. 其他约定

9. 汽车买卖合同范本

汽车买卖合同

合同编号：

出卖人：_____（以下简称甲方）　　买受人：_____（以下简称乙方）
地址：_____　　　　　　地址：_____
邮编：_____　　　　　　邮编：_____
电话：_____　　　　　　电话：_____
传真：_____　　　　　　传真：_____
电子邮箱：_____　　　　　　电子邮箱：_____

依据《中华人民共和国合同法》及其他有关法律、法规的规定，甲、乙双方在平等、自愿、公平、诚实信用的基础上，就汽车买卖的有关事宜协商订立本合同。

第一条　汽车名称、数量及价款

汽车品牌		型号		
生产厂商		产地		
发动机号		合格证号		
车架号		海关单号		
商检单号		配置（标准配置/选用配置）		
数量		车身颜色	首选：	次选：
单价（人民币）		内饰颜色	首选：	次选：
总价（人民币）大写				
备注				

第二条　质量

1. 甲方出售的车辆，质量应符合国家关于汽车产品的强制性标准，没有强制性标准的，应符合保障人身财产安全的要求，并达到产品说明书载明的技术指标，符合车辆落籍地有关部门关于尾气排放的标准。

2. 甲方出售的车辆，应是经国家有关部门公布、备案的汽车产品目录上标明的产品或合法进口的产品,并能通过公安交通管理部门的检测,可以上牌行驶。

3. 双方对车辆是否存在质量问题有争议的,依据法律规定或者直观观察等日常生活经验能够直接确认的事实,可以直接作为判定问题的依据;需要进行鉴定的,以具有法定资质的汽车检验机构出具的书面鉴定意见为准。鉴定费由主张方垫付,由责任方承担;经鉴定无法明确责任的,由双方分担。

第三条　定金(可选填)

乙方在＿＿＿＿年＿＿＿＿月＿＿＿＿日前,向甲方交付全车款的＿＿＿＿%(此比例不得超过全车款的20%)作为定金;甲方交货后,定金抵作车款。因乙方违约导致合同解除的,乙方无权要求返还定金;因甲方违约导致合同解除的,甲方应双倍返还定金。

第四条　付款方式

乙方于本合同签订之前或签订时向甲方支付的订金,视为预付款。

乙方选择按第＿＿＿＿种方式,如期足额将车款支付给甲方。

1. 一次性付款方式:□签订本合同时/□＿＿＿＿年＿＿＿＿月＿＿＿＿日前,支付全部车价款。

2. 分期付款方式:

□签订本合同时/□＿＿＿＿年＿＿＿＿月＿＿＿＿日前,支付全部车价款的＿＿＿＿%,计人民币＿＿＿＿元,大写＿＿＿＿元。

＿＿＿＿前支付全部车价款的＿＿＿＿%,计人民币＿＿＿＿元,大写＿＿＿＿元。

＿＿＿＿前支付余款,计人民币＿＿＿＿元,大写＿＿＿＿元。

3. 贷款方式:见《贷款合同》。

第五条　交车时间与地点、交付及验收方式

1. 交车时间:＿＿＿＿年＿＿＿＿月＿＿＿＿日前。

2. 交车方式:□乙方自提;□甲方送车上门;□货交承运人。

3. 交车地点:＿＿＿＿＿＿＿＿＿＿＿＿＿＿＿＿。

4. 甲方交付车辆时应同时提供:

(1) 销售发票;

(2) (国产)车辆合格证或(进口)海关进口证明及商品检验单;

(3) 质量服务卡或保修手册;

(4) 车辆使用说明书或用户使用手册(中文);

(5) 随车工具及备件清单;

(6) ＿＿＿＿＿＿＿＿＿＿＿＿＿＿＿＿。

5. 甲方应在交车时当场演示、检查车辆的基本使用功能,如实回答乙方的提问,配合乙方对车辆进行验收。乙方对车辆外观和基本使用功能如有异议,应当场向甲方提出,由双方进行确认。对于确属质量问题的,乙方有权要求更换车辆;对于车辆的配置等与广告宣传有出入的,乙方有权解除合同。更换车辆与解除合同的费用由甲方承担。

6. 甲方将车辆交由乙方实际支配下并向乙方交付随车文件时,双方应签订车辆交接书(见附件),即视为该车辆正式交付。自车辆正式交付时起,车辆的风险责任由乙方承担。

第六条 售后服务

1. 车辆售后服务及保修参照生产厂商关于车辆的说明书和保养手册执行。

2. 甲方应提供由生产厂商认定的两家以上的维修保养网点供乙方选择。

在保修期内车辆出现质量问题或需要保养,乙方应在生产厂商公布或双方约定的维修站进行修理和保养。

3. 乙方使用车辆前应仔细阅读车辆说明书、用户使用手册或保修手册等相关资料。在保修期内车辆由于乙方或第三方的人为破坏、使用、保养不当、装潢、改装不当,或到生产厂商认定范围以外的修理点进行修理造成的质量问题,甲方不承担责任。

4. 生产厂商的车辆说明书和保养手册的内容与国家有关规定相抵触的,按国家有关规定执行。

5. 本合同签订后,国家出台有关汽车产品修理、更换、退货或车内空气质量等方面的规定的,双方按国家规定执行。

6. 生产厂商的正式承诺比本合同的约定更有利于乙方的,双方按生产厂商的承诺执行。

第七条 违约责任

1. 甲方未按时交付车辆的,自延期之日起至实际交付日止,按乙方已付款依银行迟延付款的规定向乙方支付违约金。延期交付车辆超过_____日的,乙方有权解除合同,并要求甲方按相当于已交车款的_____%支付违约金或适用定金条款。

2. 乙方在使用后发现车辆不符合说明书中表明的质量标准,有权要求甲方承担无偿修复、补偿损失或减少价款的责任。

3. 经具有法定资质的汽车检验机构鉴定,车辆确实存在设计、制造缺陷,由此缺陷造成的人身和财产损害,乙方有权选择要求甲方或生产厂商赔偿。乙方要求甲方赔偿的,如生产厂商有过错的,甲方在承担赔偿责任后有权向生产厂商追偿;乙方要求生产厂商赔偿的,甲方有协助乙方的义务。

4. 甲方明知车辆存在严重瑕疵而未告知乙方的,或以欺诈方式销售车辆的,乙方有权要求更换车辆或解除合同,并要求甲方承担由此造成的损失。

5. 乙方未按约定支付车价款的,应依照银行迟延付款的规定向甲方支付违约金,超过_____日的,甲方有权解除合同,并要求乙方按相当于未交车款的_____%支付违约金或适用定金条款。

6. 一方无正当理由单方解除合同的,应按_____的标准向对方支付违约金或适用定金条款。

第八条 不可抗力

因不可抗力不能履行合同的,根据不可抗力的影响,部分或者全部免除责任,但法律另有规定的除外。当事人迟延履行后发生不可抗力的,不能免除责任。

第九条 其他约定

未尽事宜,双方应通过订立补充条款或补充协议进行约定。专用车买卖可另附附件。补充条款、补充协议、附件及甲方的宣传材料、广告、公开承诺等均为本合同的组成部分。

其他约定:_____。

第十条 解决争议的方法

本合同项下发生的争议,双方应协商解决,或向消费者协会等部门申请调解解决;协商或调解不成,按下列第_____种方式解决:

(一) 向_____人民法院提起诉讼;

(二) 提交_____仲裁委员会仲裁。

甲方:(盖章)_____　　乙方:(签章)_____
地址:_____　　　　　　地址:_____
证照名称:_____　　　　证件名称:_____
证照号码:_____　　　　证件号码:_____
法定代表人:_____　　　法定代表人:_____
委托代理人:_____　　　委托代理人:_____
联系电话:_____　　　　联系电话:_____
传真:_____　　　　　　传真:_____
邮政编码:_____　　　　邮政编码:_____
签订时间:_____　　　　签订时间:_____
签订地点:_____　　　　签订地点:_____

附件一

车辆交接书

出卖人（甲方）：_____

买受人（乙方）：_____

_____年_____月_____日_____时，甲、乙双方在_____对_____牌汽车进行验收与交接，双方确认：

1. 甲方交付给乙方的车辆品牌及型号规格为：_____。

乙方经过验收，认为该车辆符合双方于_____年_____月_____日签订的汽车买卖合同（编号为：_____）的约定（发动机号：_____，车架号：_____），同意接受。

2. 随车文件清单如下（打"√"）：

（1）发票□

（2）合格证□

（3）说明书□

（4）保修卡□

（5）海关证□

（6）商检证□

（7）进口车关单□

（8）进口车商检单□

（9）其他：_____

3. 下列车辆项目完好无损、运转正常打"√"，不正常的打"×"，空格内可自行添加项目。（略）

4. 里程表显示数：_____公里。

5. 其他交接事项：_____。

本交接书自甲、乙双方签字或盖章之时起生效，视为车辆正式交付，车辆的风险责任由乙方承担。

甲方签章：_____

时间：_____年_____月_____日_____时_____分

乙方签章：_____

时间：_____年_____月_____日_____时_____分

附件二

委托服务协议书

委托人（乙方）：_____

受托人（甲方）：_____

双方经协商一致，就办理下列委托事项达成如下协议：

一、委托事项

乙方授权甲方代为办理下列事项（打√）：

(1) 代办选牌□

(2) 代办按揭□

(3) 代办保险□

(4) 代办上牌□

(5) 代办装潢□

(6) 代办其他项目：_____

二、委托报酬

为甲方顺利完成委托事宜，乙方应在签订本协议时支付_____元，大写_____。

甲方完成上述委托事宜后，乙方应一次性付清剩余代办劳务报酬（以下简称代办费），合计_____元，大写_____。

三、完成各委托事项所需费用概算及代办费约定

1. 代办选牌，代办费：_____元。

2. 代办按揭，代办费：_____元。

3. 代办保险：

(1) 保险公司所在地及名称：_____

(2) 保险期限：一年□   二年□   三年□

(3) 第三者责任险，费用：_____元。

(4) 交通事故责任强制险，费用：_____元。

(5) 车辆损失险，费用：_____元。

(6) 其他险种名称及费用：_____。

(7) 以上保险费用合计：_____元。

(8) 双方特别约定：乙方委托甲方代办车辆上牌服务的，乙方应自行或委托甲方事先办妥机动车辆保险，投保险种包括但不限于交通事故责任强制险和车辆损失险。保险合同应书面约定以下内容：发生保险事故时若保险车辆尚未取得公安交通管理部门核发的行驶证和号牌,保险公司不得免除赔偿责任。

4. 代办上牌,费用概算如下:
车船税_____元,购置税_____元,注册费_____元,其他_____元,合计约_____元。

5. 代办装潢,装潢项目_____,费用_____元。

6. 代办其他项目_____,费用_____元。

7. 所有办理有关法定手续所需费用及政府部门规定的各项收费和国家规定的强制保险等费用,均由乙方承担。甲方应凭发票、收据向乙方结账。

四、上述费用采取下列第_____种方式支付:

1. 乙方预付。
2. 甲方暂先垫付。

五、上牌服务完成期限:

_____年_____月_____日前。

六、完成委托上牌服务,应随车移交如下材料:

(1) 购置税凭证;
(2) 机动车保险单;
(3) 行驶证;
(4) 车船税凭证;
(5) 车辆牌照号码:_____。

七、违约责任

1. 甲方在办理委托事项过程中车辆发生毁损、灭失的,乙方应先向保险公司索赔;保险赔付不足的部分,属于甲方责任的,由甲方承担,属于第三方责任的,甲方应协助乙方索赔。非因甲方过错导致车辆未上相关保险或保险公司以车辆未取得牌证为由拒绝赔付的,甲方不承担赔偿责任。

2. 乙方中途撤回委托解除合同的,应承担此给甲方造成的实际损失。

3. 除不可抗力或政府有关部门的原因外,甲方未能在约定期限内完成委托事项的,乙方有权按全部车价款向甲方追索逾期利息。逾期利息自本协议约定的最后交付期限次日起算至实际交付日止,利息按人民银行同期贷款利率计算。若逾期超过30日,甲方应按全部车价款_____%向乙方支付违约金,协议继续履行。

4. 因乙方未能及时提供有关材料而影响委托事项完成的,本协议履行期限相应顺延,甲方不承担违约责任。

八、解决争议的方法
同《北京市汽车买卖合同》
九、其他约定
_____。

甲方签章：_____　　　　乙方签章：_____
日期：_____　　　　　　 日期：_____

10. 软件买卖合同范本

软件买卖合同

合同编号：

甲方(买方)：
乙方(卖方)：

甲乙双方本着平等互利、协商一致的原则，签订本合同，以资双方信守执行。

第一条 商品名称、种类、规格、单位、数量

乙方向甲方提供如下产品及服务：

(1) 提供软件_____套，版本：_____。

(2) 提供本合同中所购买的软件及软件_____年的模块免费升级、维护和技术支持。

软件模块名称及数量具体内容见合同附件一软件配置清单

第二条 合同文件组成

合同有效文件由合同正文、合同附件组成。采购实施过程中经签署生效的合同变更补充文档将作为合同有效的组成部分，同样具有法律效力。

合同附件一为软件配置清单，合同附件二为软件报价清单，合同附件三为乙方向甲方提供的培训及软件服务方案。

第三条 交货方式

1. 交货时间：甲方与乙方签订合同后_____个工作日内供货。

2. 交货地点：_____。

第四条 安装及验收方法

乙方负责在交货地点安装、调试软件。

软件到达用户现场，要求软件包装完好，资料和介质齐全。

验收前，货物所有权不转移，甲方不承担货物损毁、灭失的风险。

乙方在接到甲方硬件环境具备要求的条件确认通知后，在两天内派工程师到甲方现场完成软件安装工作，确保买方采购软件正常运行。

乙方按照合同附件约定的进度，完成相应阶段的培训服务并向甲方提供培训及相关技术文档后，甲方按照合同附件的约定对乙方培训进行验收，甲乙双方签署验收文件,如果甲方认为乙方的培训及相关技术支持不符合合同附件的约定而不予验收,应以书面形式向乙方说明不予验收的理由及依据,乙方将根据甲方的说明提供相应的改进。如果甲方不按照约定进行验收,且不提供书面说明,乙方应再次向甲方发出书面通知,要求甲方在_____个工作日内进行验收。如果甲方在上述期限内仍不作答复,则视为甲方的验收已经完成。

第五条 付款方式

本合同金额为人民币_____元整(¥_____元)。此款项包括合同附件中确定的所购软件费用、税款及安装使用所需技术服务的全部费用。甲方以支票或电汇的方式向乙方支付费用。

第一笔款:软件经装机、调试合格并正常使用后,甲乙双方共同签署软件安装单,甲方在软件安装完成后的_____个月内支付给乙方合同总金额_____%,乙方同时向甲方支付相应款项的收据。

第二笔款:软件培训完成,乙方提供相应的培训及技术文档给甲方,并向甲方提供所购买软件及模块的正式授权(序列号),甲乙双方共同签署软件验收单。甲方在软件验收单签署完成后并收到乙方提供的合同全额增值税发票的_____个月内支付给乙方合同总金额_____%。

第三笔款:从甲乙双方签署软件验收单之日起,_____个月后甲方向乙方支付剩余_____%尾款,乙方同时向甲方支付相应款项的收据。

第六条 服务条款

1. 采用用户现场软件培训方式。甲方指定培训人数。
2. 保证培训的时间及质量,培训时间及安排详见附件三。培训完毕要保证所培训人员能正常使用软件系统。
3. 甲方安装软件的主机硬件损坏导致软件无法使用或更换主机,乙方将免费为甲方提供移机。
4. 软件安装验收完毕之后,乙方提供_____年的本合同中所购买的软件、维护和技术支持。软件现场问题24小时内响应。
5. 甲方应准备适当的场地及设备以获得本合同所约定的各项服务,否则,乙方有权等待甲方准备完毕再提供本合同所约定的各项服务。
6. _____年后,软件升级及维护费用每年按软件列表价的_____%收取。

第七条 运输费用

运输、保险和装卸的费用由乙方全部负担。

第八条 违约责任

1. 乙方保证按合同规定的时间提供合同中要求的货物,由于乙方原因造成产品未及时供货或供货不全的,每延期一天,乙方应向甲方支付合同总额_____‰的违约金,总偿付金额不超过合同总额的_____%。

2. 乙方所提供货品有不合规格、质量等情况,甲方有权拒绝收货。

3. 乙方保证所提供的软件为合法的正版软件,甲方在付清本合同说明的前三笔款项后对其拥有永久的商业使用版权。乙方所提供的产品若被指控为非正版或非法软件,由此给甲方带来的损失由乙方赔偿。若甲方已向乙方支付货款,甲方有权要求乙方退还全部货款。

4. 在合同约定的有效售后服务期内,乙方每延迟_____个小时,影响甲方的业务正常进行造成损失的,乙方向甲方支付合同总额_____‰的违约金。

5. 乙方不能履行本合同附件三中培训相关承诺的,甲方有权拒付合同中约定的培训费用或收回已支付给乙方的培训费用,乙方同时需要向甲方支付本合同中约定培训费_____%的赔偿金。

6. 甲方未按规定时间履行付款义务的,每逾期一个工作日,按应付款额的_____‰计算,违约总金额不超过延迟付款金额的_____%。

第九条 合同的变更及终止

任意一方如提出增减设备数量、变动交货时间,应提前通知对方,征得同意,并经双方协商一致且以书面形式签字确认,作为合同的附件或补充合同。

甲乙双方经协商一致可签订书面协议终止本合同。在此情况下,乙方应将甲方已支付的款额退还甲方,甲方同时应将该软件产品及相关文件资料全部归还乙方,并配合乙方删除、卸载在甲方处已安装的软件产品,停止对软件产品的继续使用。由于单方面原因给对方造成的损失,双方应协商给予损失方一定的经济补偿。

本合同不存在其他未以书面形式并且未经过合同双方确认的任何其他备忘录、协商内容和计划。

第十条 不可抗力

甲乙双方的任何一方由于不可抗力的原因不能履行合同时,应在_____日内,向对方通报不能履行或不能完全履行的理由,在取得有关主管机关证明和征得对方同意后,允许延期履行、部分履行或者不履行合同,并根据情况可部分或全部免予承担违约责任。

第十一条 知识产权

乙方软件系统为载体的软件知识产权归乙方所有。

甲方应充分尊重乙方知识产权,未经乙方许可,甲方不得以任何形式将乙方软件及相关文件向任何第三方提供。

甲方不得协助第三方对本合同所涉及的软件产品及相关文件做出侵权行为(不包含未来甲方委托第三方进行产品二次开发的行为),否则,甲方与第三方应承担共同侵权的连带赔偿责任。

乙方应保证提供给甲方的产品拥有自主知识产权,如被第三方指控侵权,由此引起的任何纠纷将由乙方负全部责任,承担由此给甲方造成的一切经济损失。

第十二条 争议解决方式

1. 甲乙双方与本合同有关的一切争议应由甲乙双方协商解决。协商仍不能解决的,任何一方均可向人民法院提起诉讼,以诉讼方式解决。

2. 甲乙双方确认,本合同签订地人民法院为本合同争议诉讼的管辖法院。

第十三条 保密

双方约定:不论本合同是否变更、解除、终止,本条款均有效,即由此合同涉及的情报、资料和技术秘密未经对方书面同意,任何一方不得向第三方泄露、给予或转让该保密信息。

乙方若要在相关的宣传或出版物中使用甲方商标、标志、名称或项目简介,并作为案例进行市场推广行为,必须经甲方许可后方可使用。

第十四条 其他

1. 合同签订地:

2. 合同文本经甲乙双方代表签字并加盖合同专用章后生效。

3. 本合同一式_____份,甲方持_____份,乙方持_____份,每份合同具有同等的法律效力。

买方(盖章):_____　　卖方(盖章):_____
授权代表(签字):_____　　授权代表(签字):_____
委托代理人(签字):_____　　委托代理人(签字):_____
_____年_____月_____日　　_____年_____月_____日
签约地点:_____

附件一：软件配置清单（略）

附件二：软件报价清单（略）

附件三：培训及软件服务方案

培训及软件服务方案

甲方：_____
乙方：_____

  通过甲乙双方友好协商，达成如下协议：

  一、甲方已使用乙方"_____软件"超过一年，根据原销售合同所定款项，一年的免费服务期已满，甲方如再需要乙方的售后服务，甲方须交纳服务费。

  二、收费方式：

  软件维护按年收取服务费：单机版每年服务费为全部软件款的_____%，网络版每年服务费为全部软件款的_____%，维护人员上门服务所需差旅、交通及食宿费用由甲方负担。现甲方交纳_____年_____月至_____年_____月软件维护费_____元整。

  硬件及网络维护按天收取服务费：每天_____元，不足一天按一天计算，维护人员上门服务所需差旅、交通及食宿费用由甲方负担。

  三、乙方保证负责进行软件的不断完善和提高，针对软件重大版本升级，乙方应及时通知甲方，甲方自主决定是否使用升级版软件，乙方视情况收取成本费。

  四、甲方使用乙方软件后，如果在使用过程中发现问题可及时提出，并且甲方可根据本单位的业务发展和特殊需要，提出增加或改变功能的合理要求，小改动不收费，若改动较大，按实际工作量收费。

  五、甲方在使用过程中出现故障或问题，可通过电话向乙方咨询，若通过电话无法解决，乙方应及时安排技术人员上门解决，本地用户_____小时内、外地用户_____日内到达。

  六、若甲乙双方在合同期内发生争议，双方应协商解决。合同自甲乙双方签订之日起生效。

甲方负责人：_____ 乙方负责人：_____
签订日期：_____ 签订日期：_____

三、特殊买卖合同范本

11. 备忘录范本

备 忘 录

合同编号：

甲方：
乙方：

  本备忘录于_____年_____月_____日在_____签订。
  甲方_____,一家根据_____法律成立并存续的_____,法定地址位于_____；
  乙方_____,一家根据_____法律成立并存续的_____,法定地址位于_____。
  甲方和乙方以下单独称为"一方",合称为"双方"。
  前言(鉴于)
  1. 甲方情况简介(略)
  2. 乙方情况简介(略)
  3. 双方拟从事的交易情况简介(略)
  4. 双方同意,在本项目实施前,双方需各自取得公司内部所有必要批准以签订具有约束力的合同(以下统称"项目合同")。项目合同具体条款待双方协商达成一致。
  5. 双方希望通过本备忘录记录本项目目前的状况,本项目具体内容经过随后谈判由双方签署的项目合同最终确定。
  基于上述事实,双方特达成协议如下：
  第一条 双方已达成初步谅解的事项
  1.1
  1.2
  第二条 双方需要进一步磋商的事项
  2.1

2.2

第三条 双方签订备忘录以后应采取的行动

3.1

3.2

第四条 保密资料

4.1 本备忘录签署前以及在本备忘录有效期内,一方("披露方")曾经或可能不时向对方("受方")披露该方的商业、营销、技术、科学或其他资料,这些资料在披露当时被指定为保密资料(或类似标注),或者在保密的情况下披露,或者经双方的合理商业判断为保密资料("保密资料")。在本备忘录有效期内以及随后_____年(月)内,受方必须:

　　A. 对保密资料进行保密;

　　B. 不得用于除本备忘录明确规定的目的外的其他目的;

　　C. 除为履行其职责而确有必要知悉保密资料的该方雇员(或其关联机构、该方律师、会计师或其他顾问人员)外,不向其他任何人披露,且上述人员须签署书面保密协议,其中保密义务的严格程度不得低于本备忘录第_____条的规定。

4.2 上述第4.1条的条款对以下资料不适用:

　　A. 受方有在披露方向其披露前存在的书面记录证明其已经掌握;

　　B. 并非由于受方违反本备忘录而已经或者在将来进入公共领域;或

　　C. 受方从对该信息无保密义务的第三方获得。

4.3 本备忘录期满或终止后,受方应(1)向对方归还(或经对方要求销毁)包含对方保密资料的所有材料(含复印件),并且(2)在对方提出此项要求后10日内向对方书面保证已经归还或销毁上述材料。

第五条 独家谈判

在_____年_____月_____日前,任何一方不得直接或间接与第三方就本备忘录标的事项进行任何磋商、谈判,达成谅解或任何形式的协议或安排。

第六条 本备忘录内容保密

除非按照法律规定有合理必要,未经另一方事先书面同意,任何一方不得就本备忘录发表任何公开声明或进行任何披露。

第七条 知识产权

双方确认一方并未因本备忘录从另一方获得该方任何知识产权(包括但不限于著作权、商标、商业秘密、专业技术等)或针对该知识产权的权利。

第八条　本备忘录的修改

对本备忘录进行修改,需双方共同书面同意方可进行。

第九条　本备忘录具有/不具有约束力的条款

双方确认,除第_____条、第四条至第十三条(包括第四条、第十三条)对双方具有约束力外,本备忘录不是具有约束力或可强制履行的协议或项目合同,也不在双方之间设定实施任何行为的义务,无论该行为是否在本备忘录中明确规定应实施还是拟实施。

第十条　本备忘录的转让

未经对方事先书面同意,任何一方不得转让本备忘录。

第十一条　各方承担各自费用

除非本备忘录另有明确约定,任何一方应负担其从事本备忘录规定的活动所发生的费用。

第十二条　不承担间接损失

任何一方对与本备忘录有关的任何间接或附带损失或损害、商誉的损失或者损害或者收入或利润的损失不承担责任。

第十三条　本备忘录的生效和终止

本备忘录经双方签字生效,至下列日期终止(以最早者为准):

A. 双方用项目合同或本备忘录标的事项的进一步协议取代本备忘录;

B. 任何一方无须提供任何理由,提前一个月书面通知另一方终止本备忘录;或

C. 本备忘录签署60天后。

第四、五、九、十、十一、十二、十三条在本备忘录终止后继续有效。

第十四条　争议的解决办法

双方当事人由于本备忘录产生的任何争议,应当协商解决;协商不能解决的,由_____仲裁/_____人民法院判决。

双方正式授权代表已于文首所载日期签署本备忘录,以兹证明。

甲方:_____

乙方:_____

12. 采购意向书范本

采购意向书

合同编号：

购货单位（甲方）：
供货单位（乙方）：

根据《中华人民共和国合同法》及有关法规的规定，经供需双方友好协商，本着平等、自愿、诚实、信任、互惠互利的原则签订本合约，以兹同意遵守以下意向条款。

第一条 采购的基本内容

1. 价格明细

此项目所需如下：

商品名称	型号	数量	规格	设备单价	金额	安装单价	金额
合同总价合计：							
即（大写）人民币：							

2. 供货周期

供货周期为_____天。

3. 付款方式

供销合同签订生效后15日内支付20%；发货前支付60%；通过当地技术监督局验收合格后支付15%；两年质保期满后支付5%。

4. 质保期

质保期：自通过当地技术监督局验收合格之日起24个月。

第二条 采购意向条款

1. 供方签订本意向书后，需方将在设备安装主合同签订之后_____个月内，正式通知供方签订正式的供销合同（以下简称"供销合同"）。

2. 供方同意在接到需方正式通知的_____日内签订供销合同。

3. 双方签订供销合同时，共同遵守以下约定：

（1）供销合同应包括本意向书第一条所载明的内容以及符合本意向书的双方均同意的其他条款。

（2）供销合同的核心内容(标的、价格、供货周期、付款方式、质保期等条款)必须与本意向书一致，否则视为无效。

第三条 供方的声明和承诺

1. 本意向书所有的内容和条款，都经过了需方的明确解释和说明，供方已全部知悉和理解，并承诺予以遵守。

2. 本意向书系双方自愿签订。

3. 供方同意需方拥有本意向书的最终解释权并同意履行需方的解释。

第四条 其他

本意向书一式四份，供方和需方各执两份。双方在签字盖章后开始生效。供销合同签订后，本意向书自动作废。

需方：_____　　　供方：_____
授权代表：_____　　　授权代表：_____
联系电话：_____　　　联系电话：_____
联系地址：_____　　　联系地址：_____
签约日期：_____　　　签约日期：_____

13. 认购书(商品房)范本

认购书(商品房)

合同编号：_____

甲方(出售人)：_____
地址：_____ 电话：_____
乙方(认购人)：_____
身份证件号码/公司注册号：_____
地址：_____ 电话：_____
丙方(经纪机构)：_____
地址：_____ 电话：_____

  鉴于乙方经过了解,有意向购买甲方开发建设的_____物业(以下简称"该物业")。其建筑面积_____平方米,套内建筑面积_____平方米,认购价¥_____(大写：_____)。商品房预售许可证号：_____。

  经与甲方协商,达成以下协议：

  1. 甲乙双方在签订本认购书时,乙方愿意支付¥_____(大写：_____)给甲方作为认购该物业的订金。

  2. 乙方应于本认购书签订后_____日内(即____年____月____日起,至____年____月____日止)到_____签订《商品房买卖合同》。并带上如下证件和资料：

  (1) 本认购书；
  (2) 身份证明原件和复印件；
  (3) _____；
  (4) _____。

  3. 订金退还与不退还的约定。如甲乙双方在约定的时间内签订《商品房买卖合同》,订金抵作购房价款；如甲乙双方在约定签订《商品房买卖合同》的时间内,甲方已将物业另售他人,甲方应双倍返还乙方已付订金；如乙方在约定的时间内不前来协商签订《商品房买卖合同》,订金不予退还,甲方可将该物业另售他人；如甲乙双方在约定的时间内,对《商品房买卖合同》的条文未能协商一致的,甲方应将订金退还乙方,甲方可将该物业另售他人。

　　4. 甲乙双方如需变更本协议内容,应协商一致,并签订书面补充协议。

　　5. 乙方如对所购物业了解清楚,有购买意向,甲方或乙方均可要求与对方直接签订《商品房买卖合同》。

　　6. 甲方如委托房地产经纪机构销售的,经纪机构应作为丙方在本认购书上签章。

　　本认购书一式_____份,具有同等法律效力。其中甲方持_____份,乙方持_____份,丙方持_____份。

甲方(签章):_____　　　　乙方(签章):_____
丙方(签章):_____
销售代表(签名):_____
签订日期:_____年_____月_____日

14. 凭样品买卖合同范本

凭样品买卖合同

合同编号：

出卖人：(以下简称甲方)　　　　　　　买受人：(以下简称乙方)
住所地：　　　　　　　　　　　　　　住所地：
法定代表人：　　　　　　　　　　　　法定代表人：

甲乙双方根据《中华人民共和国合同法》等有关法律规定，在平等、自愿的基础上，经充分协商，就乙方购买甲方产品达成以下买卖合同条款。

第一条　产品名称、型号、数量

_____

_____。

第二条　产品质量

1. 产品质量的要求：_____。

为准确表明产品品质，乙方在确认订购前，应由甲乙双方共同确认产品样品，并将样品封存，以作为交易标的物的品质标准。样品质量说明如下：

_____。

2. 产品包装的特殊要求：_____。

3. 乙方对产品质量有异议的，应当在收到产品后_____日内提出确有证据的书面异议并通知甲方；逾期不提出异议的，视为甲方产品质量符合本合同约定的要求。但乙方使用甲方产品的，不受上述期限限制，视为甲方产品符合合同约定的要求。

第三条　产品价款

1. 产品的单价与总价：单价_____:元/件；总价：_____元。

上述货物的含税价为：_____,总价款为：_____。

2. 甲方产品的包装费用、运输费用、保险费用等按下列约定承担：

甲方产品的包装物由_____提供，包装费用由_____承担。

甲方产品的运输由_____办理，运输费用由_____承担。

甲方产品的保险由_____办理，保险费用由_____承担。

第四条 产品交付

甲方产品交付方式为：乙方提货/甲方送货/甲方代办托运（注：三选一）。

产品交付地点为_____，交货时间为合同生效后_____日，若乙方对甲方产品有特殊要求的，甲方应当在乙方提供相关确认文件后_____日内交货。但乙方未能按约定付款甲方有权拒绝交货，乙方未能及时提供相应文件的，甲方有权延期交货。

在合同约定期限内甲方违约未能及时交货的，产品毁损、灭失的风险由甲方承担；产品交付后或乙方违约致使甲方拒绝交货、延期交货的，产品毁损、灭失的风险由乙方承担。

第五条 价款结算

乙方应在本合同签订_____日内向甲方预付货款_____元，甲方交付前给付价款_____元，余款由乙方在收到甲方产品之日起_____日内付清。

乙方应当以现金、支票或即期银行承兑汇票方式支付甲方价款。

双方同意乙方未能付清所有价款之前，甲方产品的所有权仍属于甲方所有。

第六条 合同的解除与终止

双方协商一致的，可以终止合同的履行。一方根本性违约的，另一方有权解除合同，但应当及时书面通知对方。

第七条 商业秘密

乙方在签订和履行本合同中知悉的甲方的全部信息（包括技术信息和经营信息等）均为甲方的商业秘密。

无论何种原因终止、解除本合同的，乙方同意对在签订和履行本合同中知悉的甲方的商业秘密承担保密义务。非经甲方书面同意或为履行本合同义务之需要，乙方不得使用、披露甲方的商业秘密。

乙方违反上述约定的，应当赔偿由此给甲方造成的全部损失。

第八条 违约责任

本合同签订后，任何一方违约，都应当承担违约金_____元。若违约金不足以弥补守约方损失的，违约方应当赔偿给守约方造成的一切损失（包括直接损失、可得利益损失及主张权利的费用等）。

第九条 不可抗力

因火灾、战争、罢工、自然灾害等不可抗力因素而致本合同不能履行的，双方终止合同的履行，各自的损失各自承担。不可抗力因素消失后，双方需要继续履行合同的,由双方另行协商。

因不可抗力终止合同履行的一方,应当于事件发生后_____日内向对方提供有权部门出具的发生不可抗力事件的证明文件并及时通知对方。未履行通知义务而致损失扩大的,过错方应当承担赔偿责任。

第十条 其他约定事项

1. 乙方联系人或授权代表在履行合同过程中对甲方所作的任何承诺、通知等,都对乙方具有约束力,具有不可撤销性。

2. 签订或履行合同过程中,非经甲方书面同意或确认,乙方对甲方任何人员的个人借款,均不构成乙方对甲方的预付款或已付款款项。

3. 乙方联系地址、电话等发生变化的,应当及时通知甲方,在乙方通知到甲方前,甲方按本合同列明的联系方式无法与乙方联系的,由乙方承担相应的责任。

4. 本合同未约定的事项,由双方另行签订补充协议,补充协议与本合同书具有同等法律效力。

5. 乙方应当在签订合同时向甲方提供其合法经营的证明文件,并作为本合同的附件。

6. 签订本合同时,双方确认的合同附件为本合同不可分割的组成部分,与本合同具有同等法律效力。

第十一条 争议解决

本合同履行过程中产生争议的,双方可协商解决。协商不成的,应向_____人民法院提起诉讼解决。

第十二条 本合同经双方盖章或授权代表签字后生效。

第十三条 本合同一式四份,双方各执两份。

甲方: 乙方:
委托代理人: 委托代理人:
电话: 电话:
传真: 传真:
____年____月____日 ____年____月____日

15. 试用买卖合同范本

试用买卖合同

合同编号：_____

出卖人：_____（下称甲方）　　买受人：_____（下称乙方）
地址：_____　　　　　地址：_____
邮编：_____　　　　　邮编：_____
电话：_____　　　　　电话：_____
传真：_____　　　　　传真：_____
电子邮箱：_____　　　　　电子邮箱：_____

甲乙双方根据《中华人民共和国合同法》等有关法律的规定，经充分协商，本着自愿及平等互利的原则，订立合同如下：

第一条　乙方向甲方购买_____并约定先行试用后如合意时，即行成交；甲方于合同成立之日起_____日内，将买卖标的物运到乙方_____（工厂）。

第二条　试用期间以_____日为限，自接到_____（具体产品）次日起算。

第三条　双方约定，若试用后乙方认为合意，即行成交；前项试用，如不合意，应立即将_____（具体产品）退回，以示买卖不成立。退回所需运费由乙方负担。

第四条　在试用期间，乙方对_____（具体产品）有自由使用之权，因此而有所损害的，乙方应负赔偿之责。
若其损害系制造欠妥所致或属运输中之损坏的，不在赔偿之列。

第五条　试用期届满，乙方不立刻表示不合意，并将_____（具体产品）退还甲方，视为试用合格，买卖合同即应生效。

第六条　买卖价款议定为人民币_____元整，于合同成立时由乙方缴付保证金人民币_____元整。
如买卖成立，保证金应充作价金的一部分；如买卖不成立，保证金由甲方全数返还乙方。

第七条　试用后乙方认为不合格，或需要继续试用时，可以要求甲方调换或延长试用期,甲方若不同意可拒绝。

  第八条 试用后如乙方认为合格的,应于试用期终止日起算_____日内将货款全部付清,不得拖延。

  第九条 合同一式两份,甲、乙双方各执一份为凭。

出卖人(甲方):   **买受人(乙方):**

法定代表人或授权代表: 法定代表人或授权代表:

签约时间:_____年_____月_____日   签约地点:_____

16. 分期付款买卖合同范本

分期付款买卖合同

销字第_____号
合同签订地：_____

出卖方(甲方)：_____　　地址：_____
买受方(乙方)：_____　　地址：_____
担保方(丙方)：_____　　地址：_____
反担保方(丁方)：_____　　地址：_____

甲、乙、丙、丁四方根据《中华人民共和国合同法》及相关法律、法规之规定，经充分协商，就乙方以分期付款方式购买甲方汽车有关事宜达成如下协议：

第一条 乙方以分期付款方式向甲方购车共_____辆,车辆明细见本合同附件一。

车价款合计_____元,车辆购置附加税、上牌照费用、车船使用税、印花税等由乙方另行交纳,相关费用见本合同附件二。

第二条 乙方在签订合同时,向甲方首付车价款_____元,其余车款_____元,丙方为乙方担保,乙方分_____个月付清,月还款以本合同附件三为准。付款期限自_____年_____月_____日起至_____年_____月_____日止,每月_____日前结算。

第三条 甲方所售汽车符合有关部门批准的厂家标准。

第四条 本合同签订并交纳首付款后,乙方不得单方解除合同,否则办理车辆手续的一切费用及损失由乙方负担,并承担本合同第九条所规定的违约责任。乙方提车时,应认真验收车辆,对车型、规格、外表、技术参数等无异议后,填写验车单。提车后要认真阅读服务手册、产品说明书和用户须知,做到正常使用和保养。乙方应按服务手册规定进行定保登记和保养,如出现故障,乙方应及时到厂家指定的服务站维修、鉴定和处理。由于乙方不按规定保养维修或超限运输等违法经营等事项导致车辆出现质量问题,甲方不承担任何责任。

第五条 乙方提车后,自主经营,且承担汽车毁损或灭失及经营中所出现的一切风险。为防止车辆因意外事故造成乙方不能还款,乙方同意在还款期限内按甲方指定的保险公司和指定的险种、保额进行投保。负担车辆运营中应缴纳的运管费、保险费等各项费用。乙方在按期还款的前提下有权独立运输,独立享受盈利和亏损。乙方在运营中未经书面授权不得以甲方或行驶证登记单位的名义签订任何合同或雇用工作人员和开展任何经济活动。乙方在运营中的一切民事责任由乙方自负。否则,因乙方经营中的风险给甲方造成经济损失的,甲方有权向乙方追偿。

第六条　在车款付清前,经各方同意车辆登记户名为_____。乙方在如期还款的前提下,有对车辆的使用权、收益权。乙方不得将车辆出租、抵押、转让或对外投资等,否则其行为无效且承担一切责任和损失。

第七条　合同期满,乙方交清全部款项,甲方协助乙方办理车辆过户手续。费用由乙方负担。

第八条　乙方必须按合同约定按时付款。乙方出现下列情形之一的甲方或履行担保义务的丙方有权采取相应措施以维护自身合法权益:

1. 非经甲方书面同意出现迟延还款;
2. 隐匿、转移、出售、出租车辆或不能提供车辆真实情况或位置;
3. 私自毁损、拆除或其他因乙方原因导致 GPS 无法正常工作或工作失效的;
4. 出现交通事故等纠纷或违法经营造成车辆被扣押或被留置;
5. 乙方更改联系方式或通讯地址未在三日内告知甲方;
6. 乙方经济条件恶化出现履约风险,不能在甲方指定的期限内提供新担保;
7. 拖欠运管费等行政事业收费给甲方或丙方造成损失的;
8. 乙方隐瞒与他人共同购买车辆或冒名顶替购车;
9. 未经甲方同意乙方以该车辆对外投资;
10. 其他影响乙方还款或给甲方或丙方造成经济损失的情形。

如乙方出现上述情形之一的,视为乙方丧失履约诚信和履约能力,甲方有权要求乙方提前将车款全部付清或要求丙、丁方提前履行担保义务。届时,甲方或履行担保义务的丙方有权收回乙方车辆,车辆收回后_____日内乙方应将所欠甲方车款或丙方为乙方代偿的款项全部付清,否则甲方或履行担保义务的丙方有权委托有资质的评估机构以车辆按变现价评估,并按评估价销售,车辆销售款用于偿还乙方所欠全部车款或丙方代偿的全部款项及甲、丙方向乙方催款、寻找车辆、收车所发生的一切经济损失,包括但不限于车辆使用费、交通费、差旅费、律师代理费、误工费、财产保全费、执行费等;乙方所付款项,按下列顺序清偿债务:(1)守约方为实现权利而支付的费用;

(2)已拖欠的违约利息;(3)利息;(4)损失赔偿金;(5)欠款本金,并终止合同。

第九条 如乙方违约,乙方向甲方支付欠款总额(已到期和未到期欠款额之和)30%的违约金或向履行担保义务的丙方支付实际履行担保额30%的违约金。

第十条 如因该车质量问题和违反本合同条款发生纠纷,应友好协商,所达成的补充协议与本合同具有同等效力。协商不成时,各方均同意在_____提起诉讼:A. 甲方所在地人民法院;B. 乙方所在地人民法院;C. 丙方所在地人民法院;D. 丁方所在地人民法院。

第十一条 乙方已详细阅读了上述条款,阅后对上述条款内容及填写数额没有异议。

第十二条 丙、丁方已详细阅读上述条款,愿为乙方提供连带责任担保。丁方同意为乙方履行合同义务向丙方提供反担保,丙方履行担保义务后,有权向乙、丁方追偿。

第十三条 本合同履行地:甲方所在地。本合同正本一式五份,甲方二份,乙方、丙方、丁方各一份。本合同自各方签字盖章并经丙方合同审核人签字后生效。

第十四条 本合同附件:

附件一 分期付款购车车辆明细表(略)

附件二 分期付款购车费用明细表(略)

附件三 分期还款明细表(略)

甲方:
法定代表人或授权代理人:
_____年___月___日

乙方:
_____年___月___日

丙方:
授权代理人:
_____年___月___日

丁方:
_____年___月___日

17. 货物赊欠买卖合同范本

货物赊欠买卖合同

合同编号：

甲方（卖方）：_____
乙方（买方）：_____

  经甲乙双方协商同意，达成如下协议，共同遵守。
  第一条 甲方愿将货物赊销给乙方，约定_____年_____月_____日交付。
  第二条 货物单价为_____元/每件，总价为人民币_____元整（或以交货日交货地的市价为标准）。
  第三条 乙方应自甲方交货之日起_____日内支付货价予甲方，不得有拖延短欠等情形。
  第四条 甲方如届交货期不能交货，或仅能交付一部分时，应于_____日前通知乙方延缓日期，乙方不允者可解除买卖协议，但须自接到通知之日起_____日内答复，逾期即视为承认延期。
  第五条 甲方如届交货期不能交货又未经依前条约定通知乙方时，乙方可要求甲方限期交付，倘逾期仍不交时，乙方可解除协议。
  第六条 如因不可抗力事由，致甲方不能按期交货或一部分货品未能交清的，得延缓至不能交货原因消除后_____日内交付。
  第七条 乙方交款之期以甲方交货之期为标准。乙方逾交款日期不交款的，甲方可要求乙方限期支付货款，并请求自原约定交款日期起算至交款日止，按拖欠货款金额的每日_____比例计算违约金。
  第八条 甲方所交付的货品，如有不合格或品质恶劣或数量短少时，甲方应负补充或调换或减少价金的义务。
  第九条 乙方发现货品有瑕疵时，应立即通知甲方并限期请求履行前条的义务，倘甲方不履行义务时，乙方除可解除协议外并可请求损害赔偿。
  第十条 争议的解决方法
  双方当事人在履行本合同过程中发生争议时，应当协商解决；协商不能解决的由_____仲裁/_____人民法院判决。

本协议一式两份,甲、乙双方各执一份。从双方签字之日起即时生效,均具有同等法律效力。

出卖人(甲方):＿＿＿＿＿＿＿＿　　买受人(乙方):＿＿＿＿＿＿＿＿
代表:＿＿＿＿＿＿＿＿＿＿＿＿　　代表:＿＿＿＿＿＿＿＿＿＿＿＿
电话:＿＿＿＿＿＿＿＿＿＿＿＿　　电话:＿＿＿＿＿＿＿＿＿＿＿＿
签约时间:＿＿＿年＿＿月＿＿日　　签约地点:＿＿＿＿＿＿＿＿＿＿

18. 招投标买卖合同范本

招投标买卖合同

合同编号：

招标方：_____（以下简称甲方）　　投标方：_____（以下简称乙方）
地址：_____　　　　　　地址：_____
邮编：_____　　　　　　邮编：_____
电话：_____　　　　　　电话：_____
传真：_____　　　　　　传真：_____
电子邮箱：_____　　　　　　电子邮箱：_____

第一条　_____公司（以下简称×公司）邀请具有资格的投标者提供密封的标书，提供完成合同项目所需的劳力、材料、设备或服务。

第二条　每一位具有资格的投标者在交纳_____元人民币（或美元），并提交书面申请后，均可获得招标文件。

第三条　每一份标书都要附一份投标保证书，且应不迟于_____（时间）提交给×公司。

第四条　所有标书将在_____（时间）对投标者代表公开开标。

第五条　如果具有资格的投标者希望与×公司组建合资公司，需在投标截止日期前30天提出要求。

第六条　标前会议将在_____（时间）_____（地址）召开。

第七条　提交标书最后期限

1. 标书应按上述地址在_____年_____月_____日_____时之前寄至×公司。

2. 招标人可延长提交标书的最后期限，但至少应在原期限前____日通过电传或电报通知所有已索取投标文件的具有资格的投标者。在此情况下，所有原期限下招标人和投标者的权利义务顺延至新期限结束。

第八条　项目概述（根据具体情况填写）_____。

第九条　资金来源（根据具体情况填写）_____。

第十条　资格要求

1. 本合同项下的一切货物、服务均应来自有资格的投标者。本合同项下的一切开支仅限于支付这样的货物和服务。

2. 货物、服务来源地与投标者国籍含义不同。

3. 为说明自己有资格中标,投标者应向招标人提供上述第1项所规定的证明,保证有效地执行合同。为此,招标者在公布中标者前,可要求投标者更新其先前提供的资格证明材料。投标者提供的材料应包括:

（1）法律地位证明文件副本,注册地及主要经营场所。如果是合资公司,应提供合资者的材料。

（2）提供主要合同执行人的资格、经历证明材料。

（3）填写执行合同计划所需设备。

（4）填写可能的分包人。

（5）目前进行中涉及投标者的诉讼的情况。

（6）项目构想细节。

4. 投标者可更新资格证明申请,在投标日亲手交出。

5. 由两家或两家以上公司组成的合资企业应满足以下条件:

（1）标书和投标成功后的协议书对所有合资人都有法律约束力。

（2）由所有合资人的授权签字人签署并提交一份委托书,提名合资人中的一个为主办人。

（3）合资主办人被授权承担义务,代表任何一位或全体合资人接受指导。整个合同的执行,包括款项支付仅由合资主办人办理。

（4）所有合资人根据合同条款对合同的执行共同负责[这点声明不仅要在上述委托书中,也要在标书和协议（投标成功时）中写明]。

（5）随同标书应有一份合资伙伴间协议的副本。

第十一条　投标费用

投标者承担准备和提交其标书所需的全部费用。无论投标情况怎样,招标者都不负担这些费用。

第十二条　投标文件内容

1. 向投标者发售的一套投标文件可花费＿＿＿＿＿＿元（或美元）获得,包括以下几部分:

（1）卷一　投标者须知合同条款:一般条款;特定条款

（2）卷二　技术规范（包括图纸清单）

（3）卷三　投标表格和附件;投标保证书;工程量表;附录

（4）卷四　图纸

2. 投标文件还包括在开标前发布的附件和召开的标前会议的会议纪要。

3. 具有资格的投标者还可购买更多的文件副本,付费不退还。[价格如下(略)]

4. 项目承包人、生产者、供货人和其他人如欲得到投标文件,不得直接与×公司联系,应从具有资格的投标者处获得。

5. 如果在规定的期限内,文件无损坏地被归还,无论是作为标书的一部分或其他情况下,投标者的资格证明费可被返还:

(1) 若提交标书,费用的_____%返还;

(2) 若未提交标书,在投标截止日前归还文件,费用的_____%返还。

6. 希望投标者认真阅读投标文件包含的各项内容。投标者要承担因不遵守文件规定导致的风险。不符合文件规定要求的标书将被拒绝。

7. 投标文件四卷装订在一起,投标者应仔细检查是否缺页,及附件是否完整。

第十三条 投标文件解释

潜在的投标者可按以下地址书面或电传通知×公司要求解释文件:

(1) 地址:(略)

(2) 招标人在提交标书最后期限前28天书面答复解释文件的要求。书面答复将向所有具有资格并已取得投标文件的投标者散发。

第十四条 投标文件修正

1. 在提交标书最后期限前,招标人可根据自己的意愿,或应回复潜在投标者的解释文件的要求,发布附录修改投标文件。

2. 附录将用邮件、电传或电报送达每个持有投标文件的具有资格的投标者,这些文件对他们是有约束力的,潜在的投标者应即时用电传或电报告知招标人附录已收到。

3. 为了使投标者在准备投标时有时间考虑附录文件,招标人可按合同规定延长投标期限。

第十五条 组成标书的文件

标书和投标者与招标者之间的一切联络均使用中文。

1. 投标者准备的标书应包括以下文件:

(1) 投标表格和附件;

(2) 投标保证书;

(3) 补充信息目录库;

(4) 资格证明材料;

(5) (如果有)可供选择的报价;

(6) 要求提供的其他材料。

2. 按合同规定可要求中标者讨论修改其计划。

第十六条 投标价格以及支付

1. 除非合同中另有明确规定,合同包括第一条所述全部项目,以投标者提供的项目单价和总价为基础。

2. 在提交标书前28天承包人应付的税收和其他税负应包括在单价和总价及投标总价中。招标人在对标书进行评估、比较时,也应如此考虑。

3. 根据合同条款,投标者提出的单价和总价可在执行合同过程中进行调整。

4. 投标者应以人民币对单价和总价报价。

第十七条 标书效力

1. 从特定的投标结束期起6个月内投标书保持有效且可供接受。

2. 在特殊条件下,在原标书有效期结束前,招标人或其代理人可要求投标者延长其标书有效期。招标人的要求和投标者的答复均应是书面的,或采用电传、电报形式。投标者可以拒绝这样的要求,且不会因此失去其投标保函。答应这样要求的投标者不得改动其标书,但被要求顺延其投标保函有效期。第十八条中有关投标保函的返还和失去的规定同样适用于延长期。

第十八条 保函

1. 投标者应随其标书提交一份人民币投标保函,金额不少于投标价格的2%。

2. 投标保函采用_____形式,保函还可以是保险公司或同地的债券公司的付款保证书。银行保函和付款保证书必须采用本文件包括的样本形式;其他形式须事先得到招标人或其代理人×公司的同意。信用证、银行保函和投标保函的有效期应比标书有效期长1个月。

3. 如果投标者同意按第十七条的规定延长标书有效期,则应相应地把投标保函的有效期延长到标书有效期结束后1个月。

4. 任何未附可接受的投标保函的标书都将被×公司拒绝。

5. 不成功的标书的投标保函将尽快返还,不得迟于标书有效期结束后30日。

6. 成功的投标者的投标保函将在其开始进行工程和按要求提供履约保函后返还。

7. 投标保函在下列情况下将失去:

(1)投标者在标书有效期内撤标;

(2)成功的投标者未签约或未提供必要的履约保函。

第十九条 供选择的方案

投标者可提供一份完全符合投标文件要求的基本标书。根据自己的意愿,投标者还可在以下几项在基本标书之外提出供选择的方案:

(1) 启动贷款,在开始建设工程前,提供无息贷款,可相当于投标价格的10%。招标人由此产生的费用或存款按第三十条计算。

(2) 在基本标书之外还可提出供选择的方案。为了在评标中把供选择的方案考虑在内,每一方案应伴有价格细目表,说明与提交给招标人的基本投标价格相比投标者估计会增加或减少的费用。将对基本报价给予比较、评估。评价最低的投标者的供选择方案将得到考虑。如果供选择方案是招标人可接受的,将写入合同。未标价或未提供足够细节的供选择方案不予接受。

(3) 供选择的技术方案应伴有供全面评价的必要信息,包括设计计算、图纸、方法及原技术规范中未涉及的材料、工艺的规格,以及供选择方案的标价细目表和供选择方案的合同价格。

(4) 只有对那些在基本报价基础上提供另外的财务、经济和技术好处的供选择方案,招标人才在评标中给予考虑。

第二十条 标前会议

1. 建议投标者或其正式代表参加于_____年____月_____日_____时在_____举行的标前会议。

2. 会议旨在回答可能提出的问题,并使投标者有机会检查现场的情况。

3. 投标者书面或通过电传、电报提出的问题要求在会议前一周到达×公司。

4. 会议记录,包括提出的问题及答复的文本将迅速提供给与会者的全体索取了投标文件的具有资格的投标者。

5. 如果根据标前会议,要对第十二条第一项所列投标文件进行修改,应由招标人或其代理人×公司通过第十二条第二项规定的开标前发布的附件进行,而不能通过标前会议记录进行。

第二十一条 标书格式和签字

1. 投标者应准备第十五条规定的标书的一个原本和两个副本,并分别注明"原本"和"副本"。如果两者之间有不同,以原本为准。

2. 标书原本和两个副本应打字或用不能抹掉的墨水书就,并由一名或多名有权责成投标者遵守合同的人士签字。与标书一起应有一份书面委托书用以证明授权。写有条目和修订内容的每一页标书都要有在标书上签字人士的缩写签名。

3. 全套标书不应有改动、行间书写或涂抹的地方,除非按议程的指示或为改正投标者的错误,但这种情况下改正的地方应有标书签字人士的缩写签名。

4. 每位投标者只能提交一份标书,不包括按第十九条提交的供选择方案。投标者对一个合同只能投一次标。

第二十二条　标书封缄和标记

1. 投标者应把标书原本和两个副本分别装入一个内信封和一个外信封,且在信封上注明"原本"、"副本"。

2. 标记:

（1）内外信封均应注明×公司地址;

（2）注明以下事项:为建设合同工程投标_____项目,请勿在_____年_____月_____日_____时前打开。

3. 内信封上应写明投标者姓名和地址,以便在标书误期的情况下不用打开即可退回投标者。而外信封上不能有任何涉及投标者的信息。

4. 如果外信封未按规定注明有关事项,一旦标书被错误处置或提前打开,×公司对此不负任何责任。提前打开的标书将被招标人或其代理人×公司拒绝,予以退回。

第二十三条　逾期标书

×公司在提交标书最后期限之后收到的标书都将不被打开,退回投标者。

第二十四条　标书修改和撤销

1. 投标者在提交标书后可对其进行修改或予以撤销,只要修改文件和撤标通知在提交标书最后期限前送达×公司。

2. 投标者的修改文件或撤标通知应按有关提交标书条款的规定准备、封缄、标记和发出。撤标通知可以通过电传、电报送达,但随后应提交一份有签名的确认件,且其邮戳上日期不能晚于提交标书最后期限。

3. 按本条第一项的规定,任何标书在最后期限后不能再进行修改。

4. 在提交标书最后期限和标书有效期满之间的时间撤标将按第十八条的规定失去投标保函。

第二十五条　开标

1. 招标人将于_____年_____月_____日_____时在办公地点_____对出席会议的投标者代表开标,参加开标的投标者代表应签到。

2. 按第二十四条提交了撤标通知的标书将不再打开。招标人或其代理人将检查标书是否完整,是否提供了要求的投标保证书,文件是否签字以及是否有条理。

3. 在开标时将宣布投标者姓名、投标价格及修订、投标保证书、撤标通知(如果有)以及其他招标人或其代理人认为适宜宣布的事项。

4. 招标人或其代理人将根据自己的记录准备开标会议记录,并存档备查。

第二十六条　过程保密

1. 在公开开标后,在向成功投标者授标前,有关对标书的检查、解释、评估及比较以及对授标的建议等信息不应让投标者或其他与评标过程无关的人士知晓。

2. 如果投标者试图在此过程中对招标人施加影响,其投标将被拒绝。

第二十七条　对标书的解释

为了帮助检查、评价和比较标书,招标人可要求投标者就其标书作出解释,包括单位价格细目表。提出解释要求和相应回答均应是书面的,或通过电传或电报进行。除非按第二十六条的规定,应要求对招标人在评标过程中发现的教学计算错误进行更正,不得对价格或其他标书要素进行修改。

第二十八条　判定是否符合要求

1. 在详细评标前,招标人将判定每份标书是否符合投标文件的要求。

2. 符合要求的标书是符合投标文件的所有条件和规格,而没有实质上的偏差或保留。实质偏差是指对工程的范围、质量、管理有实质影响,或与投标文件不符,对合同中招标人的权利和投标者的义务有实质性限制。纠正这样的偏差或保留,将对其他提交符合要求的标书的投资者的竞争力有不公正的影响。

3. 不符合投标文件要求的标书招标人将拒绝。

第二十九条　改正错误

1. 被判定实际符合要求的标书,将由招标人检查是否有数学计算方面的错误。以下错误将由招标人改正:

(1) 当数字与文字表示的数额不同时,以文字表示为准,除非文中明确以数字表示为准;

(2) 当单价和以单价乘以数量得到的总价不同时,以单价报价为准,除非招标人认为单价存在严重错误,在这样的情况下,以总价报价为准,改正单价错误。

2. 招标人可按上述步骤对标书所列数额错误进行更正,如此更正得到投标者的首肯,则对投标者有约束力。如果投标者认为更正的数额会给其造成困难,可撤标。不过撤标使投标者面临失去投标保证书的危险。

第三十条　评价和比较标书

1. 招标人只评价和比较那些被判定符合投标文件要求的标书。只对基本报价进行评比,对报价最低的标书授予合同。

2. 在评标中,招标人通过下列对报价的调整,确定每份标书的投标价格:

（1）除去临时费用和相关条款。如果发生临时费用,计入工程量表中的偶发事件,应包括有竞争力的加班费用。

（2）对在标书价格和上述调整中未得到反映的,其他数量变更、偏差或替代报价进行适当的调整。

（3）其他招标人认为对执行合同、价格和支付有潜在巨大影响的因素,包括标书中不平衡、不现实的单价的作用。

3. 招标人保留接受或拒绝任何变更、偏差和替代报价的权利。超出投标文件要求的变更、偏差、替代报价和其他因素,或将给招标人带来非主动提出的利益的因素在评标中不予以考虑。

4. 在合同执行期内适用的价格调整条款在评标中不予以考虑。

5. 如果成功投标者的报价与工程师对合同工程所需实际费用的估计相差很远,招标人将要求成功投标者自己承担费用,把提交的履约保函增加,使招标人能避免成功投标者今后在执行合同中因错误引起的损失。

第三十一条　招标人的权利

招标人保留以下权利:接受或拒绝任何标书;在授标前任何时候取消招标,拒绝所有标书,且对因此受影响的投标者不负任何责任,也无义务告知投标者他的行为动机。

第三十二条　授标通知

1. 在招标人规定的标书有效期结束前,招标人将用电传或电报(事后用挂号信书面确认)通知成功的投标者其标书已被接受,挂号信(合同条款中称作"接受证书")中应明确招标人在考虑工程建设、完成及维修等因素后将支付给承包人的款额(合同条款中称作"投标额")。

2. 授标通知构成合同的一部分。

3. 在成功投标者提交履约保函后,招标人立即通知其他投标者他们的投标不成功。

第三十三条　签订合同

1. 在通知成功投标者后 28 天内,招标人将寄去两份投标文件提供的协议,双方同意的规定已写入。

2. 收到协议后 28 天内,成功投标者签字、封缄使协议生效,把两份都还给招标人。招标人签字协议生效后,还给中标人一份。

甲方:＿＿＿＿＿＿＿＿　　　乙方:＿＿＿＿＿＿＿＿
法定代表人或授权代表:　　　法定代表人或授权代表:
＿＿＿＿＿＿＿＿(签字)　　　＿＿＿＿＿＿＿＿(签字)
本合同于＿＿＿＿年＿＿＿＿月＿＿＿＿日订立于＿＿＿＿(地点)。

19. 委托拍卖合同范本

委托拍卖合同

合同编号：

委托人：_____　　拍卖人：_____
法定住址：_____　　法定住址：_____
法定代表人：_____　　法定代表人：_____
委托代理人：_____　　委托代理人：_____
身份证号码：_____　　身份证号码：_____
通讯地址：_____　　通讯地址：_____
邮政编码：_____　　邮政编码：_____
联系人：_____　　联系人：_____
电话：_____　　电话：_____
传真：_____　　传真：_____
账号：_____　　账号：_____

　　双方当事人经充分协商，根据《中华人民共和国拍卖法》、《中华人民共和国合同法》及其他有关规定，签订如下条款，以便遵守：

　　第一条　委托人愿就下述拍卖物委托拍卖人依法公开拍卖（如拍卖对象为股权及某些无形资产，以下项目应作相应调整）：

1. 拍卖标的：
拍卖物名称：_____。
品种规格：_____。
数量：_____。
质量：_____。
包装：_____。
存放地：_____。

2. 委托人保证对拍卖标的拥有无争议的所有权（处分权），并根据拍卖人的要求提供拍卖标的有关证明和资料，说明知道或应当知道的拍卖标的瑕疵。

3. 下列物品或者财产权利禁止拍卖：

(1) 法律、法规禁止买卖的；
(2) 所有权或者处分权有争议，未经司法、行政机关确权的；
(3) 尚未办结海关手续的海关监管货物。

第二条　拍卖标的交付（转移）及其时间、方式

1. 动产类：拍卖标的经拍卖成交的，本标的由_____在_____按拍卖标的清单向买受人移交。_____与买受人在移交清单上签字或盖章交付始为成立。若拍卖标的由拍卖人交付（转移）买受人，委托人应于_____年_____月_____日前将本合同所载拍卖标的交付拍卖人，交付地点为_____，交付方式为_____，交付后至拍卖成交时的保管费用由_____承担。

2. 不动产类：拍卖标的经拍卖成交的，在买受人成交款付清之日起_____日内，本标的由_____在拍卖标的所在地向买受人移交。拍卖标的权属转移手续由_____办理，费、税由_____承担。

3. 债权类：拍卖标的经拍卖成交后，在买受人成交款付清之日起_____日内，由债权人通知债务人，买受人开始行使债权人权利。

4. 其他类_____。

第三条　拍卖标的保留价

拍卖标的保留价_____。

第四条　拍卖期限及地点

拍卖人应于_____年_____月_____日之前在举办的拍卖会上对本合同所载拍卖标的进行拍卖。

第五条　佣金、费用及其支付的方式、期限

1. 拍卖标的经拍卖成交的，委托人应在交割之日起_____日内向拍卖人支付成交价_____%的佣金，支付方式为_____。拍卖未成交的，委托人应向拍卖人支付如下费用：_____。

2. 拍卖标的经拍卖成交的，拍卖人应在拍卖交割之日起_____日内，将拍卖成交款支付给委托人，支付方式为_____。委托人应向拍卖人支付由拍卖人代委托人支付的费用_____以及拍卖人代委托人缴纳的应纳税款。拍卖标的未成交的，委托人应在_____日内取回拍卖标的，逾期不取回的，按_____元/天支付保管费。

第六条　拍卖成交价款的支付方式及期限

拍卖标的经拍卖成交的，拍卖人应在交割之日起_____日内，将拍卖成交款支付给委托人，支付方式为_____。

第七条　拍卖标的的评估和鉴定

1. 拍卖人认为需要对拍卖标的进行评估的，可以委托评估，评估费用由_____承担。拍卖人认为需要对拍卖标的进行鉴定的，可以：

（1）自行鉴定；

（2）委托鉴定。

2. 鉴定费用由_____承担。广告、运输、保管、保险等费用由_____支付。

3. 鉴定结论与委托人声明的拍卖标的的状况不符的，拍卖人有权要求变更或解除合同。

第八条　拍卖标的的撤回

1. 委托人在拍卖公告前撤回拍卖标的的，应当向拍卖人支付如下费用_____。

2. 委托人在拍卖公告后但在拍卖前撤回拍卖标的的，除应当支付上述费用外，还应当承担拍卖人已经发生的费用及因委托人撤拍而造成竞买人所发生的损失。委托人在约定期限不履行付款义务的，拍卖人有权从拍卖价款中予以扣除。

3. 拍卖人有足够理由证明拍卖标的存在下列情况之一的，拍卖人可以中止拍卖活动，并有权追究委托人的法律责任：

（1）拍卖标的的权属状况与委托人声明的不一致；

（2）拍卖标的存在委托人未声明的重大瑕疵；

（3）_____。

第九条　拍卖标的未实现交付的约定

因买受人未交割的原因致使拍卖标的未能实现交付的，拍卖人应承担违约责任，委托人有权解除合同。

第十条　保密约定

拍卖人应当对委托人的身份、保留价及_____进行保密。

第十一条　双方权利义务

（一）委托人权利义务

1. 委托人委托拍卖物品或者财产权利，应当提供身份证明和拍卖人要求提供的拍卖标的的所有权证明或者依法可以处分拍卖标的的证明及其他资料。

2. 在法律允许的情况下确定对于拍卖物的底价拍卖人不得以低于该底价的价格进行拍卖，由此而造成不能成交的，委托人应承担责任。

3. 委托人在交付拍卖物时，应向拍卖人指出其知道或应当知道的拍卖物瑕疵。否则,由此造成的后果由委托人负责。

4. 委托人应向拍卖人预付受理费人民币_____元,用于对拍卖物进行估价、仓储保管、运输、保险和公告、广告等项费用开支,由拍卖人按实际开支多退少补。如拍卖人先行垫付该项费用的,在拍卖成交后,从所得价款中扣除。

5. 委托人应按成交总额的_____%向拍卖人支付佣金;该款项也可由拍卖人从拍卖所得价款中扣除。

6. 委托人可以自行办理委托拍卖手续,也可以由其代理人代为办理委托拍卖手续。

7. 委托人应当向拍卖人说明拍卖标的的来源和瑕疵。

8. 委托人有权确定拍卖标的的保留价并要求拍卖人保密。

9. 委托人不得参与竞买,也不得委托他人代为竞买。

10. 按照约定由委托人移交拍卖标的的,拍卖成交后,委托人应当将拍卖标的移交给买受人。

(二) 拍卖人权利义务

1. 拍卖人及拍卖师必须具备拍卖的资质。

2. 拍卖人接受委托后,未经委托人同意,不得委托其他拍卖人拍卖。

3. 对委托人送交的拍卖物品,拍卖人应当由专人负责,妥善保管,建立拍卖品保管、值班和交接班制度,并采取必要的安全防范措施。

4. 拍卖结束后,拍卖人在收齐全部应收款项后,应将拍卖所得价金一次全部付给委托人,不得延误。

5. 对需要征税的拍卖物,由委托人交付税金;经税务机关同意,税金可从拍卖所得价款中取得。

6. 拍卖成交后,由拍卖人按成交价金开给竞买人发票或符合税务机关规定的收据。

7. 拍卖人有权要求委托人说明拍卖标的的来源和瑕疵,拍卖人应当向竞买人说明拍卖标的的瑕疵。

8. 拍卖人及其工作人员不得以竞买人的身份参与自己组织的拍卖活动,并不得委托他人代为竞买。

9. 拍卖人不得在自己组织的拍卖活动中拍卖自己的物品或者财产权利。

10. 拍卖成交后,拍卖人应当按照约定向委托人交付拍卖标的的价款,并按照约定将拍卖标的移交给买受人。

11. 拍卖人应当对委托人提供的有关文件、资料进行核实。

12. 拍卖人应当在拍卖前展示拍卖标的,并提供查看拍卖标的的条件及有关资料。

13. 拍卖人进行拍卖时,应当制作拍卖笔录。

14. 拍卖人不得有下列行为:

(1) 出租、擅自转让拍卖经营权;

(2) 对拍卖标的进行虚假宣传,给买受人造成经济损失;

(3) 雇佣未依法注册的拍卖师或其他人员充任拍卖师主持拍卖活动的;

(4) 采用恶意降低佣金比例或低于拍卖活动成本收取佣金,甚至不收取佣金(义拍除外)或给予委托人回扣等手段进行不正当竞争的;

(5) 其他违反法律法规的行为。

15. 拍卖人不得擅自变更拍卖标的保留价,不得低于保留价进行拍卖。

第十二条 违约责任

(一) 拍卖人违约责任

1. 超越权限处理委托事务的责任。拍卖人超越权限给委托人造成损失的,应当赔偿损失。

2. 擅自转委托的责任。拍卖人违反亲自处理委托事务的义务,未经委托人同意而擅自转委托,因此给委托人造成损失的,拍卖人应对委托人承担赔偿责任。但是,在紧急情况下,拍卖人为维护委托人的利益而需要转委托的,拍卖人不承担违约责任。

3. 擅自变更委托人的指示处理委托事务的责任。拍卖人违反按照委托人的指示处理委托事务的义务,擅自变更委托人的指示行事,因此给委托人造成损失的,应对委托人承担赔偿责任。但因情况紧急难以和委托人取得联系的,拍卖人不承担违约责任。

4. 对次拍卖人选任不当或者指示不当的责任。拍卖人经委托人同意而转委托的,如果对次拍卖人选任不当或者指示不当,因此给委托人造成损失的,拍卖人应对委托人承担赔偿责任。

5. 违反交付财物及转移权利义务的责任。拍卖人未将处理事务取得的财产或者权利及时转交给委托人,因此给委托人造成损失的,拍卖人应当承担赔偿责任。

(二) 委托人违约责任

1. 违反费用支付义务的违约责任。委托人应当预付处理委托事务的费用,如果委托人违反了这一义务,则应当向拍卖人承担违约责任。

2. 违反报酬支付义务的违约责任。拍卖人完成委托事务的,委托人应当向其支付报酬。因不可归责于拍卖人的事由,委托合同终止或者委托事务不能完成的,委托人应当向拍卖人支付相应的报酬。如果委托人违反此义务的,应向拍卖人承担违约责任。

第十三条 合同中止、终止事由

(一)有下列情形之一的,应当中止拍卖:

1. 没有竞买人参加拍卖的;
2. 第三人对拍卖标的所有权或处分权有争议并当场提供有效证明的;
3. 委托人在拍卖会前以正当理由书面通知拍卖人中止拍卖的;
4. 发生意外事件致使拍卖活动暂时不能进行的;
5. 出现其他依法应当中止的情形的。

中止拍卖由拍卖人宣布。中止拍卖的事由消失后,应恢复拍卖。

(二)有下列情形之一的,应当终止拍卖:

1. 人民法院、仲裁机构或者有关行政机关认定委托人对拍卖标的无处分权并书面通知拍卖人的;
2. 拍卖标的被认定为赃物的;
3. 发生不可抗力或意外事件致使拍卖活动无法进行的;
4. 拍卖标的在拍卖前毁损、灭失的;
5. 委托人在拍卖会前书面通知拍卖人终止拍卖的;
6. 出现其他依法应当终止的情形的。

终止拍卖由拍卖人宣布。拍卖终止后,委托人要求继续进行拍卖的,应当重新办理拍卖手续。

第十四条 声明及保证

(一)委托人

1. 委托人有权签署并有能力履行本合同。
2. 委托人签署和履行本合同所需的一切手续(_____)均已办妥并合法有效。
3. 在签署本合同时,任何法院、仲裁机构、行政机关或监管机构均未作出任何足以对委托人履行本合同产生重大不利影响的判决、裁定、裁决或具体行政行为。
4. 委托人为签署本合同所需的内部授权程序均已完成,本合同的签署人是委托人法定代表人或授权代表人。本合同生效后即对合同双方具有法律约束力。

(二)拍卖人

1. 拍卖人有权签署并有能力履行本合同。
2. 拍卖人签署和履行本合同所需的一切手续(_____)均已办妥并合

法有效。

3. 在签署本合同时,任何法院、仲裁机构、行政机关或监管机构均未作出任何足以对拍卖人履行本合同产生重大不利影响的判决、裁定、裁决或具体行政行为。

4. 拍卖人为签署本合同所需的内部授权程序均已完成,本合同的签署人是拍卖人法定代表人或授权代表人。本合同生效后即对合同双方具有法律约束力。

第十五条 保密

甲乙双方保证对在讨论、签订、执行本协议过程中所获悉的属于对方的且无法自公开渠道获得的文件及资料(包括商业秘密、公司计划、运营活动、财务信息、技术信息、经营信息及其他商业秘密)予以保密。未经该资料和文件的原提供方同意,另一方不得向任何第三方泄露该商业秘密的全部或部分内容。但法律、法规另有规定或双方另有约定的除外。保密期限为_____年。

第十六条 通知

1. 根据本合同需要一方向另一方发出的全部通知以及双方的文件往来及与本合同有关的通知和要求等,必须用书面形式,可采用_____(书信、传真、电报、当面送交等)方式传递。以上方式无法送达的,方可采取公告送达的方式。

2. 各方通讯地址如下:_____。

3. 一方变更通知或通讯地址,应自变更之日起_____日内,以书面形式通知对方;否则,由未通知方承担由此而引起的相关责任。

第十七条 合同的变更

本合同履行期间,发生特殊情况时,任何一方需变更本合同的,要求变更一方应及时书面通知对方,征得对方同意后,双方在规定的时限内(书面通知发出_____日内)签订书面变更协议,该协议将成为合同不可分割的部分。未经双方签署书面文件,任何一方无权变更本合同,否则,由此给对方造成的经济损失,由责任方承担。

第十八条 合同的转让

除合同中另有规定外或经双方协商同意外,本合同所规定双方的任何权利和义务,任何一方在未经征得另一方书面同意之前,不得转让给第三方。任何转让,未经另一方书面明确同意,均属无效。

第十九条 争议的处理

1. 本合同受中华人民共和国法律管辖并按其进行解释。

2. 本合同在履行过程中发生的争议,由双方当事人协商解决,也可由有关部门调解;协商或调解不成的,按下列第_____种方式解决:

(1) 提交_____仲裁委员会仲裁;

(2) 依法向_____人民法院起诉。

第二十条　不可抗力

1. 如果本合同任何一方因受不可抗力事件影响而未能履行其在本合同下的全部或部分义务,该义务的履行在不可抗力事件妨碍其履行期间应予中止。

2. 声称受到不可抗力事件影响的一方应尽可能在最短的时间内通过书面形式将不可抗力事件的发生通知另一方,并在该不可抗力事件发生后_____日内向另一方提供关于此种不可抗力事件及其持续时间的适当证据及合同不能履行或者需要延期履行的书面资料。声称不可抗力事件导致其对本合同的履行在客观上成为不可能或不实际的一方,有责任尽一切合理的努力消除或减轻此等不可抗力事件的影响。

3. 不可抗力事件发生时,双方应立即通过友好协商决定如何执行本合同。不可抗力事件或其影响终止或消除后,双方须立即恢复履行各自在本合同项下的各项义务。如不可抗力及其影响无法终止或消除而致使合同任何一方丧失继续履行合同的能力,则双方可协商解除合同或暂时延迟合同的履行,且遭遇不可抗力一方无须为此承担责任。当事人迟延履行后发生不可抗力的,不能免除责任。

4. 本合同所称"不可抗力"是指受影响一方不能合理控制的,无法预料或即使可预料到也不可避免且无法克服的,并于本合同签订日之后出现的,使该方对本合同全部或部分的履行在客观上成为不可能或不实际的任何事件。此等事件包括但不限于自然灾害如水灾、火灾、旱灾、台风、地震,以及社会事件如战争(不论曾否宣战)、动乱、罢工,政府行为或法律规定等。

第二十一条　合同的解释

本合同未尽事宜或条款内容不明确,合同双方当事人可以根据本合同的原则、合同的目的、交易习惯及关联条款的内容,按照通常理解对本合同作出合理解释。该解释具有约束力,除非解释与法律或本合同相抵触。

第二十二条　合同的效力

本合同自双方或双方法定代表人或其授权代表人签字并加盖单位公章或合同专用章之日起生效。

有效期为_____年,自_____年_____月_____日至_____年_____月_____日。

本合同正本一式_____份,双方各执_____份,具有同等法律效力。

委托人(盖章):_____　　　　　　拍卖行(盖章):_____
授权代表(签字):_____　　　　　　　授权代表(签字):_____
签订地点:_____　　　　　　　签订地点:_____
_____年____月____日　　　　　　　　_____年____月____日

20. 互易合同范本

互易合同

合同编号：

互易方：_____（以下简称甲方）
互易方：_____（以下简称乙方）

兹为汽车互易,甲乙双方经协商,同意缔结合同条款如下：

第一条 甲方将其所有的车辆(详情见第八条),与乙方所有的车辆(详情见第八条),彼此互易。

第二条 双方应将票据及相关凭证,于合同订立同时互相交接核对清楚,并限于一个月内会同向车辆登记管理机构办理过户手续。

第三条 本互易交易中,甲方愿补贴乙方人民币_____元整,作为对车辆差价的补偿。

第四条 本互易交易中,各方确认标的物为自己所有,系合法取得,且任何第三人无权主张权利；否则,出易人应赔偿给对方造成的损失。

第五条 各方应保证其出易标的物,无与他人预约买卖及为任何债权提供担保等瑕疵。

第六条 如违背本合同第四条、第五条内容时,违反约定的一方应向对方支付违约金；如有其他损失,还应支付相关赔偿金。

第七条 互易交易中应缴纳的税费,出易人按照法律规定各自承担。

第八条 互易标的物基本情况列示于下：

甲方所有车辆：
(1) 年式：_____
(2) 出品厂牌：_____
(3) 制造号码：_____
(4) 牌照号码：_____

乙方所有车辆：
(1) 年式：_____
(2) 出品厂牌：_____
(3) 制造号码：_____

（4）牌照号码：_____
本合同一式两份，甲、乙双方各执一份为凭。

甲方： 乙方：
_____年_____月_____日　　　　　　_____年_____月_____日
签约地点：_____

四、销售组织形式协议范本

21. 商品代销合同范本

商品代销合同

合同编号：_____

甲方(委托人)：_____   乙方(代销人)：_____
法定住址：_____   法定住址：_____
法定代表人：_____   法定代表人：_____
职务：_____   职务：_____
身份证号码：_____   身份证号码：_____
通讯地址：_____   通讯地址：_____
邮政编码：_____   邮政编码：_____
电话：_____   电话：_____

　　甲乙双方本着自愿、平等、互惠互利、诚实信用的原则，经充分友好协商，就乙方代售甲方_____产品的相关事宜，订立如下合同条款，以兹共同恪守履行。

第一条　代售产品

1. 乙方代售甲方产品的详细信息（代销商品、数量、价格）：

商品名称	商标品牌	规格型号	生产厂家	计量单位	数量	单价
合计						
合计金额人民币大写：						

2. 代售商品种类增减的条件及方法：_____

3. 约定新产品(是/否)包括在内：_____
4. 代销商品的交付时间、地点、方式及费用负担：_____

第二条　代售期限

1. 本合同的代售期限为_____年，从本合同签订之日起至_____年_____月_____日止。双方可根据本合同的约定提前终止或续期。

2. 乙方要求对本合同续期的，应至少在本合同期限届满前提前_____个月向甲方书面提出。甲方同意的，与乙方签订续期合同。

3. 甲乙双方约定，在本合同期限届满时，乙方满足以下条件可以续约：
（1）较好地履行了本合同的义务，没有发生过重大违约行为；
（2）已经向甲方支付了到期的全部款项；
（3）同意向甲方支付_____元的续约费。

第三条　代售商品价格

1. 配送价格：甲方向乙方统一配送产品的价格，按照成本价格加管理费的办法确定，但管理费最多不得超过成本价格的_____%。成本价格由进项价格、进项税、包装费、运费及_____构成。甲方除向乙方收取资格审查费和销售返利以外，不得向乙方收取其他费用或牟取任何利益。

2. 销售价格：乙方应当按照甲方建议(规定)的零售价格销售产品(服务)。乙方不得擅自调整规定的产品销售价格或以收取_____费用等方式变相加价。如果甲方建议(规定)的零售价格不符合本地区市场情况，乙方需调整销售价格时，应当向甲方报告。甲方应当根据系统的统一性要求和乙方所处地区的市场情况综合考虑，作出调整价格的决定。

第四条　佣金

1. 乙方的佣金以每次售出并签字的协议产品为基础，其收佣百分比如下：_____元按_____%收佣；_____元按_____%收佣。

2. 佣金以发票金额计算，任何附加费用如包装费、运输费、保险费、海关税或由进口国家征收的关税等应另开发票。

3. 佣金按成交的货币来计算和支付。

4. 甲方每季度应向乙方说明佣金数额和支付佣金的有关商务，甲方在收到货款后，应在30天内支付佣金。

5. 乙方所介绍的询价或订单，如甲方不予接受则无佣金。若乙方所介绍的订单合约已中止，乙方无权索取佣金，若该合约的中止是由于甲方的责任，则不在此限。

第五条　商情报告

1. 乙方有权接受客户对产品的意见和申诉，并及时通知甲方，以关注甲方的切身利益为宜。

2. 乙方应尽力向甲方提供商品的市场和竞争等方面的信息,每_____个月需向甲方寄送工作报告。

3. 甲方应向乙方提供包括销售情况、价目表、技术文件和广告资料等一切必要的信息。甲方还应将产品价格、销售情况或付款方式的任何变化及时通知乙方。

第六条 推销、宣传与广告

1. 乙方是_____市场的代售商,应收集信息,争取客户,尽力促进产品的销售。

2. 乙方有义务通过广告活动,宣传代理产品(服务),并按照本合同的规定负担广告与宣传费用。

3. 甲方通过制订总体广告计划及其他规定,实施产品的广告计划和发布广告;乙方应按照甲方的要求在代理区域内发布促销广告,开展促销活动。

4. 乙方应当执行甲方对广告活动的要求,不得违反规定发布广告。

5. 乙方可自行策划并实施针对代售区域市场特点的广告宣传或促销推广活动,但必须获得甲方事先书面同意,并在甲方指导下进行。

第七条 购货与销售

1. 乙方需货时,应向甲方发出书面订单,一般应在每月_____日以前向甲方下达下一月度订单,并在提货前支付_____%货款,余款_____个月内付清且不得迟于下次提货前。

(1) 甲方收到乙方全额货款后交付货物,交货地点为乙方所在地。

(2) 甲方可代乙方发货,乙方承担铁路货运或汽运费等,发货方式由乙方确定。

(3) 甲方在发货后将货运单据传真或寄至乙方。货运时间以货运单据上标明的时间为准。

2. 乙方须在收到货物后_____日内对产品的质量进行检验,因产品质量及包装不符合质量标准的,或者产品的保质期已经超过规定标准的,由甲方予以换货或退货。

第八条 监督、培训及售后服务

1. 甲方应当在不影响乙方正常营业的前提下,定期或不定期对乙方的经营活动进行辅导、检查、监督和考核。乙方应当遵循甲方或其委派的督导员在经营过程中的建议和指导。

2. 乙方应当保持完整、准确的交易记录,在每月_____日前向甲方递交上月的总营业收入的财务报表。

3. 在本合同有效期内,甲方每年应对乙方或其指定承担管理职责的人员提供不少于_____次的业务培训。培训费用由甲方负担,但参加培训人员的差旅费自负。

4. 在本合同有效期内,甲方应持续地对乙方提供开展经营所必需的营销、服务或技术上的指导,并向乙方提供必要的协助。

5. 甲方为乙方提供的产品应严格按照甲方提供的质保书和国家的相关规定进行质保服务。

6. 乙方在销售完成后,应按甲方要求填写客户登记表,并应于每月定期以传真或其他形式向甲方返回客户登记表,以便于日后的售后服务和例行巡检工作。

7. 当乙方发生售后服务要求时,乙方应书面通知甲方服务要求和内容,甲方应在收到乙方通知的_____小时内给予答复,确认服务内容和时间,同时,甲方向乙方提供_____小时售后服务热线联络服务。

第九条 合同转让

1. 在本合同有效期内,乙方应当独立自主地经营代售业务,禁止以承包、租赁、合作、委托或其他任何方式将代售业务全部或部分转移给第三人经营管理。

2. 未经甲方书面同意,乙方不得转让本合同。

(1) 乙方要求转让本合同时,应当将转让的理由及转让条件、受让人按照本合同规定制作的信息披露文件等情况报告给甲方,由甲方作出是否同意转让的决定。

(2) 乙方转让本合同时,在同等条件下,甲方指定的第三人有优先受让的权利。在甲方向乙方发出优先受让的通知后,乙方不得撤销转让或变更转让价格与转让条件,否则,乙方在_____年内不得进行转让。

(3) 乙方转让本合同,受让人应当与甲方重新签订代售合同。

第十条 合同变更

1. 为适应市场竞争的需要,甲方有权对本合同进行适当变更,但变更必须是善意与合理的,且不得与主合同及合同附件中的附属协议的内容相抵触。

2. 甲方应当将合同变更的原因、可行性及有关事项,在规定的变更时间前_____日通知乙方。

3. 乙方应当按照甲方的规定在代理区域内实行变更,并及时将实施的情况报告甲方。

4. 在本合同期满续订合同时,甲方有权以新制定的代售合同代替本合同。对本合同的修订应基于合理和善意的准则,且新制定的销售代理合同文本应当适用于全部的代售商。

第十一条　合同的终止

1. 本合同因下列情况而终止:

(1) 合同期限届满,甲乙双方不再续签本合同;

(2) 甲乙双方通过书面协议解除本合同;

(3) 因不可抗力致使合同目的不能实现的;

(4) 在合同期限届满之前,当事人一方明确表示或以自己的行为表明不履行合同主要义务的;

(5) 当事人一方迟延履行合同主要义务,经催告后在合理期限内仍未履行的;

(6) 当事人有其他违约或违法行为致使合同目的不能实现的;

(7) 一方宣告破产或宣告解散的;

(8) 法院、政府等行政行为要求代售商终止营业的。

2. 本合同终止后,乙方应立即停止使用与代售有关甲方任何的标识及知识产权。

3. 乙方应在本合同终止之日起_____日内返还甲方为履行本合同而提供的所有物品,包括文件及其副本或其他任何复制品。

4. 本合同终止之日存在的全部完好无损、尚在保质期内、可以再次使用或销售的剩余产品的处理方式为:

(1) 甲方以原售价回购;

(2) 乙方自行处理。

第十二条　合同的解除

1. 甲方有下列行为之一的,乙方有权书面通知甲方解除合同,解除合同的通知在到达甲方时生效:

(1) 在本合同签订时不符合法律、法规关于代售商资格的强制性规定致使乙方遭受经济损失的;

(2) 在签订本合同前未按法律、法规规定提供代理相关信息或提供虚假信息致使乙方遭受经济损失的;

(3) 在本合同签订时不具备或本合同有效期内丧失相关知识产权的所有权或使用权,导致第三方向乙方主张相关权利的;

(4) 因产品质量问题引起大量投诉并被主要媒体曝光,品牌形象和价值及企业商誉受到严重损害的;

(5) 无故停止向乙方供应代售产品的;

（6）公开许可乙方使用的商业秘密，致使乙方遭受经济损失的；

（7）甲方不履行或不完全履行本合同项下的任何义务，乙方书面通知其_____日内更正，逾期未更正的。

2. 乙方有下列行为之一的，甲方有权书面通知其更正，乙方应在接到通知后_____日内更正，逾期未更正的，甲方有权书面通知单方解除合同，解除合同的通知在到达乙方时生效：

（1）因管理和服务问题引起大量投诉或被主要媒体曝光批评，严重损害甲方经营体系的商誉的；

（2）未经甲方事先书面同意擅自全部或部分转让本合同的；

（3）故意向第三人泄露甲方的商业秘密的；

（4）故意向甲方报告错误的或误导性的信息的；

（5）违反竞业禁止的规定参与竞争的；

（6）乙方逾期支付本合同项下的任何款项，逾期超过_____日，仍不改正的。

第十三条 声明及保证

（一）甲方

1. 甲方为一家依法设立并合法存续的企业，有权签署并有能力履行本合同。

2. 甲方签署和履行本合同所需的一切手续（_____）均已办妥并合法有效。

3. 在签署本合同时，任何法院、仲裁机构、行政机关或监管机构均未作出任何足以对甲方履行本合同产生重大不利影响的判决、裁定、裁决或具体行政行为。

4. 甲方为签署本合同所需的内部授权程序均已完成，本合同的签署人是甲方法定代表人或授权代表人。本合同生效后即对合同双方具有法律约束力。

（二）乙方

1. 乙方为一家依法设立并合法存续的企业，有权签署并有能力履行本合同。

2. 乙方签署和履行本合同所需的一切手续（_____）均已办妥并合法有效。

3. 在签署本合同时，任何法院、仲裁机构、行政机关或监管机构均未作出任何足以对乙方履行本合同产生重大不利影响的判决、裁定、裁决或具体行政行为。

4. 乙方为签署本合同所需的内部授权程序均已完成,本合同的签署人是乙方法定代表人或授权代表人。本合同生效后即对合同双方具有法律约束力。

第十四条　保密

甲乙双方保证对在讨论、签订、执行本协议过程中所获悉的属于对方的且无法自公开渠道获得的文件及资料(包括商业秘密、公司计划、运营活动、财务信息、技术信息、经营信息及其他商业秘密)予以保密。未经该资料和文件的原提供方同意,另一方不得向任何第三方泄露该商业秘密的全部或部分内容。但法律、法规另有规定或双方另有约定的除外。保密期限为_____年。

第十五条　通知

1. 根据本合同需要一方向另一方发出的全部通知以及双方的文件往来及与本合同有关的通知和要求等,必须用书面形式,可采用_____(书信、传真、电报、当面送交等)方式传递。以上方式无法送达的,方可采取公告送达的方式。

2. 各方通讯地址如下:_____。

3. 一方变更通知或通讯地址,应自变更之日起_____日内,以书面形式通知对方;否则,由未通知方承担由此而引起的相关责任。

第十六条　争议的处理

1. 本合同受中华人民共和国法律管辖并按其进行解释。

2. 因履行本合同引起的或与本合同有关的争议,双方应首先通过友好协商解决,如果协商不能解决争议,则采取以下第_____种方式解决争议:

(1) 提交_____仲裁委员会仲裁;

(2) 依法向_____人民法院起诉。

第十七条　不可抗力

1. 如果本合同任何一方因受不可抗力事件影响而未能履行其在本合同下的全部或部分义务,该义务的履行在不可抗力事件妨碍其履行期间应予中止。

2. 声称受到不可抗力事件影响的一方应尽可能在最短的时间内通过书面形式将不可抗力事件的发生通知另一方,并在该不可抗力事件发生后_____日内向另一方提供关于此种不可抗力事件及其持续时间的适当证据及合同不能履行或者需要延期履行的书面资料。声称不可抗力事件导致其对本合同的履行在客观上成为不可能或不实际的一方,有责任尽一切合理的努力消除或减轻此等不可抗力事件的影响。

3. 不可抗力事件发生时,双方应立即通过友好协商决定如何执行本合同。不可抗力事件或其影响终止或消除后,双方须立即恢复履行各自在本合同项下的各项义务。如不可抗力及其影响无法终止或消除而致使合同任何一方丧失继续履行合同的能力,则双方可协商解除合同或暂时延迟合同的履行,且遭遇不可抗力一方无须为此承担责任。当事人迟延履行后发生不可抗力的,不能免除责任。

4. 本合同所称"不可抗力"是指受影响一方不能合理控制的,无法预料或即使可预料到也不可避免且无法克服,并于本合同签订日之后出现的,使该方对本合同全部或部分的履行在客观上成为不可能或不实际的任何事件。此等事件包括但不限于自然灾害如水灾、火灾、旱灾、台风、地震,以及社会事件如战争(不论曾否宣战)、动乱、罢工,政府行为或法律规定等。

第十八条　补充与附件

本合同未尽事宜,依照有关法律、法规执行,法律、法规未作规定的,甲乙双方可以达成书面补充合同。本合同的附件和补充合同均为本合同不可分割的组成部分,与本合同具有同等的法律效力。

第十九条　合同的效力

本合同自双方或双方法定代表人或其授权代表人签字并加盖单位公章或合同专用章之日起生效。

有效期为＿＿＿＿年,自＿＿＿＿年＿＿＿＿月＿＿＿＿日至＿＿＿＿年＿＿＿＿月＿＿＿＿日。

本合同正本一式＿＿＿＿份,双方各执＿＿＿＿份,具有同等法律效力。

甲方(盖章):＿＿＿＿＿＿＿＿　　乙方(盖章):＿＿＿＿＿＿＿＿
法定代表人(签字):＿＿＿＿＿　　法定代表人(签字):＿＿＿＿＿
开户银行:＿＿＿＿＿＿＿＿＿　　开户银行:＿＿＿＿＿＿＿＿＿
账号:＿＿＿＿＿＿＿＿＿＿＿　　账号:＿＿＿＿＿＿＿＿＿＿＿
签订地点:＿＿＿＿＿＿＿＿＿　　签订地点:＿＿＿＿＿＿＿＿＿
＿＿＿年＿＿月＿＿日　　　　　　＿＿＿年＿＿月＿＿日

22. 品牌特许经营合同范本

品牌特许经营合同

合同编号:

本合同由以下双方于____年__月__日在____签订。

甲方:_____
乙方:_____

为提升_____经营组织的竞争能力,建立一个长期、稳定并高效运行的经营组织,根据《商业特许经营管理条例》和《合同法》之规定,合同双方就_____品牌特许经营授权许可之有关事项,经协商一致,签订本合同。

第一章 特许经营之产品项目、业务范围、目标及期限

第一条 特许权形式、范围:

1. 甲方授权许可乙方经营的产品为"_____"品牌_____系列产品。

2. 甲方授权乙方许可经营的区域为:_____省_____市(自治区、直辖市)_____所辖范围,未经甲方书面许可,乙方不得经营其他同类业务。

第二条 任务目标:双方依据市场规模,确定销售回款额_____万元,并按以下条款执行,实际销售额时间以首批上货时间为计。

第三条 甲方授权许可乙方经营的期限为:_____年_____月_____日至_____年_____月_____日止。合同签订后_____日内,乙方可以单方解除合同。

第二章 业务范围

第四条 有关订货、配货、调拨及退换货规定:

1. 订货方式:

(1) 首期订货款金额:_____万元人民币以上(指结算价)。

(2) 应季产品交货金额,以产品订货交货期为准。

(3) 续单作业的交货期是依据面料、数量与金额的不同而订的,确定的

时间经甲乙双方共同订货单方式确认为准。

2. 付款方式:现金或转账。

3. 交易原则:款到发货。

4. 运输方式:_____。

5. 途中货品遗失,如乙方能够提供承运部门有效证明资料,由甲方负责向承运部门索赔,否则由乙方承担。乙方收货后应及时进行验货,如有异议,须在提货后三日内以书面传真与甲方联系解决;否则视为乙方验收货品同甲方所发货品无误(超出时限,异议无效)。

6. 调拨方式:如乙方临时紧缺货,甲方将根据自身库存与其他市场库存情况,尽力协助调拨货品。

7. 应季产品调换规定:

(1) 产品换货期限:货到之日起_____日内。

(2) 往返运费由乙方负担。如乙方的换货在超出甲方规定的时间范围内进行,则所有乙方的换货甲方不予调换。

(3) 如甲方货品降价,乙方不得以原价退货后,再以降价重新购进该货品。

8. 退货规定:乙方如对产品质量有异议的,应当于收到货物后_____日内向甲方提出,逾期未提出品质问题,经甲方技质部门品检确属质量问题后,可办理退货,非质量问题造成的损坏,由乙方自行承担往返运费。如有另行品质标准规定并经双方认可,也可作为品质标准范围。

9. 装修要求:

(1) 乙方的店铺应当达到下列面积:单项经营少年装系列的单店店铺不能少于_____平方米;综合经营全部产品的单店店铺不能少于_____平方米。

(2) 乙方店铺装修须报甲方统一设计,按图施工、装修。甲方免费向乙方提供设计图稿,为保证全国专卖店形象统一,营业业务品由甲方代为统一制作,费用由乙方承担(包括运输费)。

第五条 有关零售价格之规定,由甲方统一定价,促销价亦同,在未征得甲方书面许可前,乙方不得擅自进行任何变价销售行为。

第六条 乙方须依照甲方营运作业之规定定期、及时、准确地提供必要的营业资料,包括销售情况、财务报表、顾客投诉、存货及收交记录。

第七条 双方应严格遵守甲方《特许经营加盟合同书》及《加盟店经营管理手册》的规定操作业务。

第三章　特许经营费用之支付

第八条　履约保证金：人民币_____元整，为甲方确保乙方履行本合同约定，合同截止的三个月内全部返还；若乙方在协议期间违反本协议规定，保证金将予扣罚或不予退还；加盟金_____元整，作为品牌管理费，不予返还。

第九条　广告费之规定：乙方完成任务目标，甲方将以营业额（进货额计算）_____%作为乙方业务地区范围的广告促销投入费用，双方各自承担_____%。具体宣传方案必须由甲方统一操作或乙方提出有关方案报经甲方确认后实施，否则乙方自行安排的各广告宣传费用甲方均不予认可。并且，如乙方不能拿出相同数额的资金做市场投入，甲方的销售奖励不予兑现。

第四章　双方权利义务

甲方权利义务：

第十条　有权对乙方的经营活动进行监督检查，并对乙方存在的问题提出整改意见。

第十一条　提供经营加盟店的开业相关资料及加盟店经营管理手册。

第十二条　提供店内陈设规划及有关经营所需的辅销器材或制作标准，包括：店铺平面配置图、商品陈列配置表、吊牌、服装专卖证明书、授权书等（模特、衣架、裤架等陈列道具甲方按成本价供给乙方）。

第十三条　提供产品及与产品相关的知识及信息。

第十四条　提供加盟店的员工培训课程及经营辅导。

第十五条　广告宣传、促销活动统一策划。

第十六条　提供业务信息及一切有关经营业务上的协助。

乙方权利义务：

第十七条　提供经营加盟店所需的合法证件，包括营业地址的租赁合同、营业执照及税务证件等。营业额特别授权期限届满，没有延期的，该商号权属当然归属甲方，乙方不得再使用该商号。

第十八条　接受甲方的监督检查，对甲方提出的整改意见应在_____日内完成改进。

第十九条　雇用合法劳工签订劳动合同，并接受总部应有的员工训练。

第二十条　按总部规定使用 VI 手册，包括店铺之设计，宣传物品及辅销品之规定。

第二十一条　依照甲方的指导及加盟店经营管理手册之规定经营加盟

店;接受甲方统一策划之 VIP 卡,并由乙方承担制作成本费及相关打折费用等。

第二十二条 按时支付予甲方的款项,包括货款及特许经营相关费用等。

第二十三条 维持并促进甲方的商标、声誉及形象,不在加盟店销售其他品牌产品,不加盟经营其他同类产品的特许经营事业。

第五章 商标使用之规定

第二十四条 乙方加盟的广告或推广材料,如出现甲方公司名称或商标有关图片、文字或声音均必须事先得到甲方的书面同意。

第二十五条 乙方承认商标及有关知识产权的权益完全属于甲方。

第二十六条 乙方有义务协助甲方在当地登记商标。

第二十七条 乙方不得以加盟店的名义登记商标或有关知识产权的所有人,除非获得甲方的书面许可或指示。

第二十八条 乙方如获悉任何第三者有侵犯商标或有关知识产权的行为,应立刻通知甲方,并在甲方的指示下提出诉讼,诉讼费则由甲方支付。

第六章 保证保密之规定

甲方保证:

第二十九条 所提供产品质量的保证及不良品退货的保障。

第三十条 保证业务范围(区域)专卖权利及另外开店之优先权。

第三十一条 保证商标使用不会违反任何第三者的权益,如有违反造成乙方损失,愿意赔偿其损失。

第三十二条 保证乙方履行应尽义务的前提下,在同等条件下享受续约优先权。

乙方保证:

第三十三条 不竞争之保证:

1. 乙方在合约期间,不得经营、参观或涉及任何与甲方销售的货品之业务相类似或会产生竞争的行业。

2. 不得雇用或企图雇用在合同终止之前一年内被甲方总部雇用的员工,或诱使该员工离开其原来的职位。

3. 不得经任何方式将货品销售至乙方销售区域以外的任何市场。

第三十四条 确认所有有关于加盟的资料均属于甲方的商业机密,保证并声明无论是在合同期内或终止后的任何时候,均不会利用甲方加盟店业务的任何资料做其他任何业务用途。

第三十五条 保证并确保所有获悉上述资料的员工均不会把上述资料在未经甲方事先书面同意的情况下向任何人泄露。

第七章 合同终止及违约责任

第三十六条 有下列情况之一,甲方有权作出单项_____元的处罚,或通知乙方单方面终止合约而无须负任何法律责任及作出任何赔偿。

1. 乙方连续两个月未实现销售。
2. 乙方违反合同任何条款。
3. 乙方未经甲方书面同意,在店铺内销售与甲方产品相似的其他品牌的产品或假冒产品。
4. 乙方不能按照合同规定及时履行支付各项结算费用。
5. 乙方未经甲方书面同意,将产品以任何方式销售至乙方规定区域以外的任何市场,如有发现,甲方有权进行罚没处理。
6. 乙方未经甲方书面同意,在任何情况下关闭其店铺,或无故终止合同行为。
7. 乙方相关人员企图阻止任何甲方授权人士进入乙方之营业范围、货仓范围、办公范围进行正常业务经营监督活动。
8. 乙方破坏"_____"商标之良好商誉及形象。
9. 乙方未经甲方书面同意,擅自进行批发或将零售价定于超过或低于甲方准许的价格。
10. 乙方未能完成公司规定的年度最低销售额(以进货额计算)。

第三十七条 乙方同意于合同期满或任何原因被终止之后,甲方有权免费取回按合同由甲方免费提供给乙方的所有物品。

第三十八条 乙方因不遵守合同之任何条文或违反合同的任何条款,而导致甲方单方面取消合同终止提供产品时,甲方将保留向乙方追究赔偿及采取法律行动的权利。

第三十九条 合同期满,未获得续期或于任何原因终止后,乙方必须立刻履行以下条款:

1. 支付应付的款项予甲方。
2. 停止经营、立即交回特许经营权证书,并自此不可以任何人士或公司声称属于甲方公司的一部分。
3. 停止使用甲方的商标或与之相类似的商标或记号。
4. 将甲方免费提供的有关物品及相关资料退回甲方。

5. 其尚未出售之库存商品,如甲方接手经营,甲方将按照最后一次统一调整价格与乙方结算。甲方接收的货品为自本协议书到期之日起一年内的货品。

6. 对于店内装修,如甲方接手经营,甲方将按照两年折旧与乙方进行换算补偿。

7. 双方协议终止的,按双方订立的终止协议执行。

第八章　附则

第四十条　本合同为从属交易合同,双方为独立法人,不构成合伙关系。

第四十一条　合同双方不得转让合同上所属任何权利。

第四十二条　本合同执行期间,因不可抗力,致使合同无法履行时,双方应按有关法律规定即时协商处理。

第四十三条　本合同未规定之事项依《合同法》及《商业特许经营管理条例》之规定,双方并同意以甲方所在地为法院管辖地。

第四十四条　合同期满本合同自然终止,双方如续订合同,应在该合同期满前三十日向对方提出书面意见。

第四十五条　本合同未尽事宜,由双方充分协商后作出补充协议。补充协议是本合同的组成部分,与本合同具有同等法律效力。

第四十六条　本合同正本一式二份,经双方签字盖章后生效,甲乙双方各执一份,具有同等法律效力。

甲方名称:＿＿＿＿＿＿＿＿＿　　乙方名称:＿＿＿＿＿＿＿＿＿
(盖章)　　　　　　　　　　　(盖章)
地址:＿＿＿＿＿＿＿＿＿＿　　　地址:＿＿＿＿＿＿＿＿＿＿
电话:＿＿＿＿＿＿＿＿＿＿　　　电话:＿＿＿＿＿＿＿＿＿＿
传真:＿＿＿＿＿＿＿＿＿＿　　　传真:＿＿＿＿＿＿＿＿＿＿
法人代表:＿＿＿＿＿＿＿＿　　　代表人:＿＿＿＿＿＿＿＿＿
委托代理人:＿＿＿＿＿＿＿　　　开户行:＿＿＿＿＿＿＿＿＿
开户行:＿＿＿＿＿＿＿＿＿　　　账号:＿＿＿＿＿＿＿＿＿＿
账号:＿＿＿＿＿＿＿＿＿＿　　　税号:＿＿＿＿＿＿＿＿＿＿
签订日期:＿＿＿＿＿＿＿＿　　　签订日期:＿＿＿＿＿＿＿＿

附录二　本书涉及的重要法律法规及司法解释

1. 《中华人民共和国民法通则》(1987.01.01 施行)
2. 《中华人民共和国合同法》(1999.10.01 施行)
3. 《中华人民共和国仲裁法》(1995.09.01 施行)
4. 《中华人民共和国担保法》(1995.10.01 施行)
5. 《中华人民共和国物权法》(2007.10.01 施行)
6. 《中华人民共和国著作权法》(2010.02.26 修正)
7. 《中华人民共和国著作权法实施条例》(2002.09.15 施行)
8. 《中华人民共和国专利法》(2008.12.27 修正)
9. 《中华人民共和国专利法实施细则》(2010.01.09 修订)
10. 《中华人民共和国民事诉讼法》(2012.08.31 修正)
11. 《中华人民共和国招标投标法》(2000.01.01 施行)
12. 《中华人民共和国招标投标法实施条例》(2012.02.01 施行)
13. 《中华人民共和国拍卖法》(2004.08.28 修正)
14. 《中华人民共和国城市房地产管理法》(2007.08.30 修正)
15. 《中华人民共和国城乡规划法》(2008.01.01 施行)
16. 《中华人民共和国电子签名法》(2005.04.01 施行)
17. 《中华人民共和国产品质量法》(2000.07.08 修正)
18. 《中华人民共和国消费者权益保护法》(1994.01.01 施行)
19. 《最高人民法院关于民事诉讼证据的若干规定》(2002.04.01 施行)
20. 《最高人民法院关于适用〈中华人民共和国民事诉讼法〉若干问题的意见》(1992.07.14 颁布)
21. 《最高人民法院关于适用〈中华人民共和国合同法〉若干问题的解释(一)》(1999.12.29 施行)
22. 《最高人民法院关于适用〈中华人民共和国合同法〉若干问题的解释(二)》(2009.05.13 施行)

23.《最高人民法院关于适用〈中华人民共和国仲裁法〉若干问题的解释》(2006.09.08 施行)

24.《最高人民法院关于审理商品房买卖合同纠纷案件适用法律若干问题的解释》(2003.06.01 施行)

25.《最高人民法院关于审理买卖合同纠纷案件适用法律问题的解释》(2012.07.01 施行)

26.《最高人民法院关于适用〈中华人民共和国担保法〉若干问题的解释》(2000.12.13 施行)

27.《最高人民法院关于审理建筑物区分所有权纠纷案件具体应用法律若干问题的解释》(2009.10.01 施行)

28.《最高人民法院关于审理物业服务纠纷案件具体应用法律若干问题的解释》(2009.10.01 施行)

29.《城市商品房预售管理办法》(2004.07.20 修正)

30.《商品房销售管理办法》(2001.06.01 施行)

31.《商业特许经营管理条例》(2007.05.01 施行)

32.《商业特许经营信息披露管理办法》(2012.04.01 施行)

33.《缺陷汽车产品召回管理条例》(2013.01.01 施行)

34.《城市房地产开发经营管理条例》(1998.07.20 施行)

35.《建设工程质量管理条例》(2000.01.30 施行)

36.《商品房销售管理办法》(2001.06.01 施行)

37.《中华人民共和国城市房地产管理法》(2007.08.30 修正)

38.《最高人民法院关于人民法院委托评估、拍卖工作的若干规定》(2012.01.01 施行)

图书在版编目(CIP)数据

买卖类合同/骆志生编著. —北京:北京大学出版社,2013.6
（企业常用合同范本·律师批注版）
ISBN 978-7-301-22522-6

Ⅰ.①买… Ⅱ.①骆… Ⅲ.①买卖合同-合同法-基本知识-中国 Ⅳ.①D923.64

中国版本图书馆 CIP 数据核字(2013)第 099399 号

书　　　名：买卖类合同
著作责任者：骆志生　编著
丛 书 策 划：陆建华
责 任 编 辑：王建君
标 准 书 号：ISBN 978-7-301-22522-6/D·3332
出 版 发 行：北京大学出版社
地　　　址：北京市海淀区成府路 205 号　100871
网　　　址：http://www.yandayuanzhao.com
新 浪 微 博：@北大出版社燕大元照法律图书
电 子 信 箱：yandayuanzhao@163.com
电　　　话：邮购部 62752015　发行部 62750672　编辑部 62117788
　　　　　　出版部 62754962
印 刷 者：北京宏伟双华印刷有限公司
经 销 者：新华书店
　　　　　　730mm×980mm　16 开本　23.5 印张　409 千字
　　　　　　2013 年 6 月第 1 版　2015 年 1 月第 2 次印刷
定　　　价：49.00 元

未经许可，不得以任何方式复制或抄袭本书之部分或全部内容。
版权所有，侵权必究
举报电话:010-62752024　电子信箱:fd@pup.pku.edu.cn